（小学版）

知心育人
适合每位教师的心理健康教育

董 奇 主 编

张云运 吴洪健 任 萍 陈师韬 副主编

教育科学出版社
·北京·

出版人　李　东

责任编辑　颜　晴　张　璞

版式设计　思瑞博　郝晓红

责任校对　马明辉

责任印制　叶小峰

图书在版编目（CIP）数据

知心育人：适合每位教师的心理健康教育指导手册：
小学版 / 董奇主编. —北京：教育科学出版社，2021.6
（2022.4重印）

ISBN 978-7-5191-2627-8

Ⅰ. ①知… Ⅱ. ①董… Ⅲ. ①心理健康—健康教育—
小学—教学参考资料　Ⅳ. ①G444

中国版本图书馆CIP数据核字（2021）第097118号

知心育人——适合每位教师的心理健康教育指导手册（小学版）
ZHIXIN YUREN——SHIHE MEI WEI JIAOSHI DE XINLI JIANKANG JIAOYU ZHIDAO SHOUCE (XIAOXUE BAN)

出 版 发 行	教育科学出版社	
社　　　址	北京·朝阳区安慧北里安园甲9号	邮　　编　100101
总编室电话	010-64981290	编辑部电话　010-64981265，64981232
出版部电话	010-64989487	市场部电话　010-64989009
传　　　真	010-64891796	网　　址　http://www.esph.com.cn
经　　　销	各地新华书店	
印　　　刷	北京市大天乐投资管理有限公司	
制　　　作	北京思瑞博企业策划有限公司	
开　　　本	850毫米×1168毫米 1/16	版　　次　2021年6月第1版
印　　　张	19.5	印　　次　2022年4月第3次印刷
字　　　数	346千	定　　价　98.00元

编写组

主　编：董　奇

副主编：张云运　　吴洪健　　任　萍　　陈师韬

编写组成员（按姓氏笔画排序）

马金鹤	田　媛	白玉萍	任　萍	刘朝莹	齐亚静
吴洪健	宋　飞	张　丽	张　俊	张　彩	张云运
张树东	陈师韬	屈智勇	胡　迟	柳铭心	董　奇

编者序 EDITOR'S PREFACE

中小学生处于身心迅速发展的阶段，是一个个充满可塑性、变化性的鲜活个体。培养学生积极的心理状态、健全的人格和良好的环境适应能力是落实党和国家教育方针的内在要求，也是学校教育的重要职责，更是学生全面健康发展不可或缺的重要组成部分。这项工作不仅关系到学生身心发展和终身成长，更关系到亿万家庭的幸福，乃至影响国家与民族的未来。

中小学生的发展深受个体和环境综合作用的影响，是在多种保护因素和风险因素相互制约下的成长历程。在经济全球化、社会信息化、知识爆炸、多元文化交融的浪潮中，中小学生的发展呈现出新特点，他们更加善于学习新事物，具备更加多元丰富的知识和技能，但同时也面临更激烈的社会竞争、更大的学习压力和更多的外界影响。如何理解中小学生心理发展的新特点、新需求，做好一般性发展问题的预防和应对，减少特殊和极端心理问题的发生，是一个十分重要同时也长期困扰学校、家庭乃至社会的教育难题。

近年来，党和国家对于学生心理健康和健全人格的培养提出了新的更高要求。习近平总书记在党的十九大报告中指出，要加强社会心理服务体系建设，培育自尊自信、理性平和、积极向上的社会心态。中共中央、国务院印发的《关于深化教育教学改革全面提高义务教育质量的意见》，旗帜鲜明地提出要"五育"并举，并特别强调要"完善人格"，大力开展心理健康教育。相关部门先后出台了《"健康中国2030"规划纲要》《关于加强心理健康服务的指导意见》《健康中国行动——儿童青少年心理健康行动方案（2019—2022年）》等重要文件，明确提出了儿童青少年心理健康相关指标的阶段目标，以及形成学校、社区、家庭、媒体、医疗卫生机构等多方联动的心理健康服务模式等重要任务。

中小学是心理健康教育的主要阵地，中小学教师是开展心理健康教育的主要力量。教师肩负着教书育人的职责和使命，不仅是知识的传播者，同时还是学生发展的引导者和陪伴者，总是在通过直接或间接的方式影响学生的身心发展。因此，每位教师都对学生的心理健康负有责任，这也是落实立德树人根本任务、践行"四有"好老师标准的重要体现。在教育部《中小学心理健康教育指导纲要》《中小学心理辅导室建设指南》等系列文件和专项工作的指导下，我国中小学心理健康教育专业化水平不断提高。但是，面对学生发展的新特点、时代环境的新挑战、国家政策的新要求，中小学教师，尤其是占教师主体的广大班主任和学科教师所承受的育人工作的压力和难度越来越大，迫切需要了解学生发展的一般规律，掌握解决学生日常问题的方式方法，提高处理突发事件的能力。目前，我们在这些方面给予教师的专业支持和帮助还不够，培训和资源相对较少，科学性、针对性和可操作性上也有待加强。

为全体教师提供心理健康教育方面的专业支持，提高教师在教书育人中促进学生积极心理品质发展、为出现问题的学生提供及时有效帮助的能力，是一项需要长期研究和实践的重要工作。为了更好地落实党的教育方针，回应学生全面健康发展和教师育人实践的需求，受教育部委托，我们在广泛调研一线教师需求的基础上，组建了由高校学者、心理和德育教研员、一线心理教师、班主任及学科教师等共同构成的编写团队，从理论知识加实践应用的综合思路出发，共同编写了本套《知心育人——适合每位教师的心理健康教育指导手册》(含小学版和中学版)，致力于为广大中小学教师提供一套在日常工作中促进学生心理健康发展的指导用书。手册从教师实际工作的视角切入，对接教师日常的教育教学工作，聚焦教师工作中的常见问题和难点，帮助教师基于学生发展规律，更好地理解和解决学生情绪、行为、学习、交往、个性等方面的问题。同时，根据教师真实工作场景进行内容设计，指导教师在班级管理、课堂教学、活动组织、师生交流、家校协同等学校教育的各个环节中，有意识地关注学生心理健康，培育学生的积极心理品质，不断提升育人能力，促进职业生涯发展，实现教学相长。

手册可以作为教师解决学生心理健康问题、促进学生积极发展的知识库和方法库。教师可以查阅学生行为表现背后的规律和机制，了解学生身心发展规律，更好地遵循身心发展规律开展教书育人工作；也可以参考解决学生心理健康问题的策略和方法，提升育人能力，更好地促进学生全面发展和终身发展。

在手册的编写过程中，来自教育部、高等院校、教科院所、中小学校的数十位专家投入了大量的精力，参与讨论、编写和修改，在此一并表示诚挚的感谢和敬意！我们希望本手册不仅是一套读本，更是一座连接科研工作者、教研员和一线教师的桥梁。希望大家在共同"读懂"学生的过程中协同开展育人实践创新研究，提升教师育人能力，优化学校育人环境，促进儿童青少年健康成长！

目录 CONTENTS

第六章

家校共育促进小学生发展 195

第七章

教师心理建设与职业生涯规划 233

第一章

从发展的角度了解
小学生的身心特征

　　小学阶段是从学前期向青春期过渡的重要时期。本章从生理发展和心理发展两个方面对小学生的发展特点进行了介绍，强调综合身体、认知、情感、行为等各方面，关注小学生的发展状况，利用发展规律，实施综合育人。其中，生理发展部分，重点从脑发育和身体发展的角度，论述如何科学认识小学生生理发展规律，应用脑发育的规律进行有效教学，同时鼓励学生锻炼身体，促进身体健康。心理发展部分，从认知、情感和行为三个角度展开，从各个领域发展的本质和促进原则出发，结合具体的、典型的教学情境，针对如何促进小学生心理发展提出了相应的教育措施和建议。了解儿童身心发展规律可以帮助小学教师建立更加积极的学生观，调整教育教学内容和方式，丰富教育教学的内涵，扩展外延，让学校的教育教学活动更有效，更适应学生的发展。

第一节 认识并促进小学生的生理发展

通过本节的阅读，您将了解以下方面的内容：

主题 1 小学生的脑发育

应知
了解关于脑的谬误与事实
理解学习活动在脑层面发生发展的过程
了解脑发育的不均衡性与终身可塑性对教育教学的影响

应会
能够将新知识与已有知识相联系，促进学生进行意义建构
采用多样化的活动形式，调动多个大脑区域，整体促进学生学习
传授学习策略，帮助学生提高抑制冲动的能力

小学生的身体发展 主题 2

应知
了解小学生身体发展的特点
理解小学生常见的身体发展问题

应会
鼓励小学生合理地释放精力
指导小学生保护视力
设计和安排适合小学生的体育活动
开展小学生安全教育

主题 1　小学生的脑发育

👁 典型案例

近年来，教育工作者听到了很多"基于脑的教育"的声音。比如：早期脑开发对孩子发育有重要影响，错过了就会耽误孩子的一生；听音乐能让孩子变得更聪明，人们称之为"莫扎特效应"；某些人是"左利脑"或"右利脑"，为了促进脑均衡发展，要进行全脑开发。

诸多的声音中，哪些是事实，哪些是谬误？教师应如何基于脑发育的规律，开展有针对性的教育？

💧 应知

本部分主要介绍关于脑的谬误与事实、学习的脑机制以及小学生脑发育的特点。

一、关于脑的谬误与事实

脑科学的研究能够帮助我们打开人类意识的"黑箱"，一直受到科学领域和社会公众的高度关注。一些来自脑科学领域的研究结论，可能会被当作事实和教育启示，迅速应用到广泛的商业和教育活动中。然而，随着研究技术的革新，已有研究结论可能会被修正甚至推翻。表 1-1 列举了一些关于脑的

表 1-1　关于脑的谬误与事实

谬误	事实
不同人工作的大脑半球不同，一些人是"左脑人"，一些人是"右脑人"	对于所有人而言，脑的两个半球同时在工作
人们只发挥了 10% 的脑潜能	完成各项活动均需要脑的各部分的配合，脑是整体发挥作用的，不存在只发挥一部分脑功能的情况
人到五六岁时，脑就会停止发育	脑具有可塑性，尽管随着年龄的增长可塑性会下降，但这一可塑性在一定程度上是能持续终身的
人类的脑是所有生物中最大的脑	从重量来说，人脑并不是最大的，抹香鲸的脑重量是人脑的 5 倍
多听莫扎特的音乐能让儿童变得更聪明	听音乐不一定会让人变得更聪明，但是学习乐器能够促进儿童某些方面的认知发展，如语言等

谬误与事实，当我们接触到相关信息时，一定要注意区分，正确认识脑。

二、学习的脑机制

学生的学习活动离不开脑，因而认识脑在学习过程中是如何工作、如何发生变化的，有助于教师理解学生学习的过程，改进教的方式，提升教学的效率。

1. 建立神经元之间的联结

在宏观的行为层面上，我们将学习定义为由于经验的获得而导致的行为或行为潜能的改变。在微观的神经水平上，我们则将学习看作神经元之间新的突触联结的建立或已有突触联结的增强或减弱。突触之间的联结遵守"用进废退"原则，一次或几次刺激所建立的联结很快就会消失，需要反复的刺激来增强这种联结。在神经环路与脑区上，学习则会伴随着相关神经环路、脑区的激活模式以及脑网络功能联结动态变化。这就像是我们来到一个陌生的地方，需要反复通过看地图、向当地人问路以及实地探查等方式来熟悉地形，了解去某地的路线及其周边的环境等，这样才能记住与这个地方相关的人和事。

2. 大脑不同区域之间的协调配合

人们常见的学习活动，如阅读和算术运算，通常涉及一系列认知和行为过程，不仅需要众多的神经元集群共同起作用，更需要大脑的不同区域之间相互联系、协调配合。据估计，成年人的脑中约有860亿个神经元，每个神经元跟成千上万个其他神经元相联结。复杂的学习活动，往往需要数百万个神经元相互协同来完成。以阅读为例，看到文字篇章并理解其内容含义，首先需要在视觉上对文字进行加工，然后使用内部语言（默读）进行语音加工，激活记忆中的相关知识，最后结合整体背景形成理解。尽管不同加工阶段可能涉及的大脑区域不同，但是只有不同大脑区域之间协调配合，才能最终完成阅读过程。

无论是神经元之间的联结，还是大脑不同区域间的协调配合，可以说学习过程其实就是通过练习，让脑细胞学会同时放电。从这个意义上讲，儿童的学习活动需要一定量的重复，这种重复有助于加强神经元之间的联结，促进大脑不同区域之间的协调配合。

例如，学习古诗词，儿童并非简单通过看文字就能够完成，通常需要出声朗读，还要有感情的投入，甚至需要通过一些画面协助理解。这个过程就会调动人脑的语言、听觉、视觉、情感、记忆等各个方面的中枢来协同运作。

三、小学生脑发育的特点

小学生的脑发育有其独特的年龄特点，这使得他们的学习能力、学习方式具有一定的独特性。认识小学生脑发育的特点，有助于教师调整学生观、改进教育教学方式方法，更好地促进学生的成长与发展。

1. 小学生的脑发育具有不均衡性

大脑包含左右两个对称的半球。大脑半

球表面包绕着一层像"树皮"一样的组织，这个部分叫作大脑皮质，大脑皮质被纵横交错的沟回划分成四个区域，从前往后依次是额叶、颞叶、顶叶和枕叶（图1-1）。此外，人脑还包括脑干、小脑和边缘系统等。

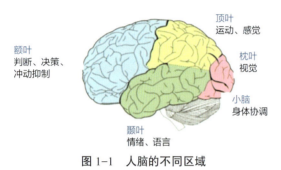

图1-1　人脑的不同区域

人脑的不同区域掌管着不同的功能，但不同区域的脑组织在发展上存在"时差"，这就导致小学生在认知、情感、行为等方面存在不均衡性。以边缘系统和额叶的发展为例，额叶前部（即前额叶），与判断、决策和冲动抑制等一些高级的认知功能有关，这个部分发育比较缓慢，大约要到成年早期才趋于成熟；而边缘系统主要负责动机与情绪，包括愤怒、恐惧等强烈的情绪反应，这个区域发育较早，大约在青少年时期就逐渐趋于成熟（图1-2）。两个功能脑区的发展速度不同，使得小学生在面对快乐、危险的刺激时，特别想要尝试，但是其前额叶的冲动抑制功能尚未成熟，不足以起到警示的作用。所以在某些特定的情绪情境中，他们寻求刺激的渴望会远远超过"危险"的警示，使得他们像"脱缰的野马"一样冲动、爱冒险。这在一定程度上解释了小学生为何会面临较大的意外伤害风险。

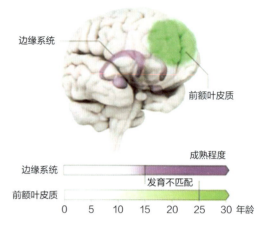

图1-2　边缘系统与前额叶的发展"时差"

此外，脑相关区域的神经元髓鞘的发育（称为"髓鞘化"），也制约着小学生的认知活动水平。髓鞘是神经元轴突外围所包裹的一层膜，它能让轴突绝缘，避免在多个神经元同时工作时，不同神经元的电信号相互传递干扰，从而提高电传导的速度和准确性。研究发现：（1）与手眼协调相关的脑细胞髓鞘化要到4岁左右才能完成；（2）负责集中注意的脑区域的髓鞘化要到10岁左右才能完成；（3）负责思考和推理的脑区域的最为广泛的髓鞘化直到成年后才会完成。以注意发展为例，由于负责集中注意的脑区域的髓鞘化程度较低，因此小学低年级学生很难保持安静，到了大约四、五年级，他们的髓鞘化发展到一定程度，注意力水平和冲动抑制能力均有所提高。在这一阶段，小学生就能更好地管理自己，遵守课堂纪律认真听课了。

2. 脑具有终身可塑性

脑的发展是一个持续终身的过程。学习会塑造发育中的儿童脑机能。有研究者对比了 28 名 6 ~ 9 岁阅读优秀的儿童和 49 名阅读困难的儿童在阅读过程中脑活动的差异。结果发现，阅读困难的儿童没有充分利用大脑左半球的相关区域，并且有时还会过多地使用大脑右半球。研究者设计了字母 - 语音联结的密集训练，以改善阅读困难的儿童在视觉、听觉、运动方面存在的加工失调的问题，发现在 100 多个小时的训练后，阅读困难儿童的阅读水平提高了，而且这些儿童脑工作的模式开始向阅读优秀的儿童"看齐"。

起初人们认为，脑的发育具有关键期，一旦到达某个年龄，脑发育就会戛然而止，但事实证明并非如此，即使过了关键期，学习对脑的塑造作用也还在继续。只是一旦错过了关键期，个体的学习要更加困难，需要花费更多的时间和精力。因此，现在人们更愿意以"敏感期"来代替"关键期"的说法，以突出关键期的相对性。

▼ 应会

认识脑的学习机制与脑的发育特点，有助于我们进行基于脑的学习。这一方式强调学习应当遵从脑的活动规律，以更好地适应并促进脑的发展。其中，最重要的一点是利用意义建构和整体学习来促进小学生的学习。

一、将新知识与已有知识相联系，促进学生进行意义建构

意义建构是脑的核心功能之一。脑在学习过程中，并不是被动地接收信息，而是一直在对其所接收的信息进行重组、加工，并为其所经历的事件赋予意义。意义建构强调学习者在学习之前并不是"白板"，他们能够根据原有的知识经验对当前的信息进行解释，从而获得意义。

考虑到脑会寻找意义模式，并与已有知识网络进行联系，教师应当将新知识与学生已有的知识联系起来，帮助他们建立新的联结。而没有与已有知识建立联结的信息则很容易被遗忘。

此外，学习和巩固知识需要耗费很长的时间。基于反复刺激可以建立神经元之间的联结这一研究结论，教师可以设置不同的情境，多次重复呈现某一知识，在不断练习和训练中协助学生建立更加牢固的联结，提高学习效率。

二、采用多样化的活动形式，调动多个大脑区域，促进学生整体学习

整体学习包括三个层面的含义：在学习者层面上，学习是学习者作为有机体整体参与的，涉及学习者的生理、心理过程及认知、情感过程，而不仅仅是脑的参与；在脑的层面上，脑的功能是整合的，学习不是脑的某个区域的单独参与，而是多个结构和功能区域协同参与的结果；在学习对象层面上，脑并不是对单个的、片段化的信息进行加工，而是对信息所处的复杂的整体情境做出反应。整体学习对教学的启示包括以下两点。

1. 借助故事这一形式进行教学

故事会激活大脑的各个区域（记忆、经验、情感和信念等），有助于学生学习和记忆。需要注意的是，故事应事先组织好，有内在顺序（开头、中间和结尾）。

2. 采用不同活动调动多种感官进行教学

不同学生擅长的加工模式不同，在不同加工模式上的能力也可能存在差异。通过运用多样化的教学和活动模式，调动学生各种感官的参与，可以有效地促进学习。比如，当教授地理课程时，可以通过使用地图、播放歌曲等方式，同时调动学生的视觉、听觉等多种感官，从整体上促进学习。

三、传授学习策略，帮助学生提高抑制冲动的能力

虽然在小学阶段，由于负责情绪、本能的边缘系统较早发育，而前额叶发育较为缓慢，学生在情绪、行为方面比较冲动，但是脑同时也具有可塑性，能够在后天学习经验的影响下发生改变。因此，教师可以设计有针对性的教育活动，提高小学生的冲动抑制能力，促进他们脑功能的整合。

1. 教授学生管理情绪冲动的策略

当学生处于强烈的情绪状态时，他们的身体更多受边缘系统的支配，导致前额叶偏离正常工作的模式。针对处于强烈情绪中的学生，教师可以教他们自我冷静的技术，如深呼吸、数数（心中默数 20 个数字）。教师还可以利用"隔离"技术，比如，分开正在打架的学生，让他们暂时离开导致情绪爆发的场景，等彼此情绪平复以后再用语言去描述事情的经过，促进学生认知与情绪的整合。

2. 教授学生抑制行为冲动的策略

小学低年级的学生由前额叶参与的理智"刹车"尚未发育成熟，可能表现出行为冲动，被外部环境"牵着鼻子走"，一旦外部环境给出刺激，他们就会立刻做出反应。教师可以教他们遇到刺激时不要立刻做出反应，而是把自己的行为划分为"停""想""做"三个步骤。"停"，先暂停行为；"想"，想一想，这是不是我想要的，这么做会有什么后果；"做"，在充分思索以后，再采取行动。

3. 指导学生制订和执行学习计划

小学低年级的学生可能会因为情绪、行为的冲动而显得忙乱且低效。教师可以指导他们制订学习计划，提高他们对时间流逝的觉察，以及对自己当下认知活动的觉察，从而排除一些无关干扰，把精力放在主要的任务目标上。

主题 2　小学生的身体发展

🎯 典型案例

> 某小学因为校舍翻修，只能租借周边培训机构的教室进行临时教学。因为教学空间有限，也没有操场，学生的各种身体活动都受到了限制。比如，教室内坐满了学生，非常拥挤，学生走动时很容易碰到其他人的学习用品。为了减少对其他同学的影响，学生就尽可能不离开座位。课间没有活动场所，学生除非需要去卫生间或者打水，都被要求尽量安静地待在教室里。此外，由于没有操场，体育课只能改为在教室内下棋。
>
> 自从更换了教学点以后，老师们发现学生非常容易疲倦，课堂上多数学生昏昏欲睡。由于课间不能进行身体活动，学生下课时会在教室大声喧哗，互相取笑或嘲讽，很快又升级为肢体冲突……

以前有教师认为，体育活动会让学生变得过于兴奋、躁动，难以平复下来上文化课，而上述案例中的教师们则发现，限制身体活动会带来很多的消极影响。那么，教师应该如何合理地安排学生的身体活动？

💧 应 知

教师需要了解小学生身体发展的特点以及一些常见的身体发展问题，从而在教育教学过程中加以关注，同时避免一些可能会出现的问题。

一、小学生身体发展的特点

小学阶段是个体身体快速发育的时期。

小学生的身体发育迅速而不平衡，这给他们在校的学习带来了诸多挑战，也对学校教育教学工作的开展提出了更高要求。因而了解小学生身体发展特点，是教师开展学校教育教学工作的基础。

1. 活动水平较高

与学前时期相似，小学低年级学生充满活力，非常活跃、好动。刚入学的小学生可能喜欢扭来扭去，如果频繁地要求他们坐好，那么他们中很多人会通过一些处于紧张状态时的习惯来释放能量，如咬笔、咬指甲，显得坐立不安。

此外，小学生常会进行比较剧烈的身体活动。有调查发现，小学三年级是学生意外事故高发期，他们常常会低估危险，从事冒险的活动。

2. 身心容易疲倦

在体力和脑力活动后，学生很容易变得疲劳。所以在体力消耗大的活动后，可以安排一些安静的活动，如听故事，这有助于缓解学生身体上的疲劳感。在精神高度集中的活动后，可以安排一些放松的活动，比如，在阅读和数学课后安排艺术课，这能使学生得到有效的精神放松。

3. 身体肌肉和骨骼持续发展

在小学阶段，个体身体肌肉和骨骼的发育速度明显加快，而脂肪组织的生长速度则会减缓。小学生平均每年会长高5～8厘米，增重2～3千克，因此进入小学高年级后，学生体形会变得越来越瘦长。此外，尽管小学生普遍身体发育迅速，但存在一定的性别差异。9岁之前，男生比女生略高，大约1年后，女生开始快速发育，11～14岁，女生会比男生略高、略重。

但是小学生骨骼发育尚不完全，骨骼和韧带还不能承受较大的压力，所以还不能从事负重较大的活动。教师应鼓励学生从事一些对骨骼和韧带压力较小的活动，如乒乓球、羽毛球等，这可以锻炼学生的协调能力。

4. 精细动作能力持续完善

对于小学生而言，书写是其重要的发展任务之一。学会书写需要精细动作能力的支持。精细动作能力主要涉及手等部位的小肌肉或小肌群的协调运动。6岁以后个体的精细动作能力仍处于完善阶段，并且男生精细动作能力的发展通常略微落后于女生。小学低年级的学生能比较清楚地书写数字、汉字和字母，但写的字很大，这是因为他们在写字时不仅使用手腕和手指，还用到了整个手臂。在学生的精细动作能力没有充分发展时就要求他们书写，他们可能很难使用正确的书写姿势，从而导致脊柱侧弯、近视等生理发展问题。所以教师要注意，在小学低年级尽量不要安排长时间的书写任务。

二、小学生常见的身体发展问题

社会生活水平、家庭生活方式、学校学习安排都影响着小学生的身体发育水平。了解小学生一些常见的身体发展问题可以帮助教师合理安排教育教学工作，促进学生身体健康发育，引导学生建立健康的生活观、积极的学习观。

1. 严重肥胖

肥胖越来越成为我国学生健康方面的重要问题之一。《2018年国家义务教育质量监测——体育与健康监测结果报告》显示，四年级学生肥胖率为8.8%，比2015年上升了1.9个百分点。肥胖尤其是严重肥胖对学生的身心健康有着严重的影响，它不仅影响学生的智力发育和身体健康，还会影响学生的社会交往。身体外貌的吸引力是影响学生社会交往的一项重要指标。身材匀称、形象好的学生更容易被同伴接纳和喜欢，而肥胖的学生容易受到同龄人的嘲笑和拒绝，从而影响自尊。此外，有研究发现儿童期肥胖的人中有超过80%的人到成人期仍然肥胖，儿童期的肥胖问题可能会成为个体一生的困扰。

2. 近视

2018年全国儿童青少年近视调查结果显示，我国儿童青少年总体近视发病形势严峻。2018年全国儿童青少年总体近视率为53.6%，其中，低年龄段近视问题突出，6岁儿童近视率为14.5%。小学和初中阶段近视率随着年级升高快速增长，小学阶段从一年级的15.7%增长到六年级的59%，初中阶段从初一年级的64.9%增长到初三年级的77.0%。到了高中阶段，学生的近视率达到81%。可见，学生近视防控任务艰巨。

高度近视容易导致一系列严重并发症，是致盲性眼病之一，必须引起我们的高度警惕和重视。2018年全国儿童青少年近视调查发现，我国学生近视相关的危害因素广泛存在，户外活动时间、睡眠时间不达标以及过度使用电子产品等不良用眼行为普遍存在，是导致近视率节节攀升的主要原因。

▼ 应 会

教师在教育教学过程中要尊重小学生身体发展的规律，用切实行动维护小学生的身体健康与安全。

一、鼓励小学生合理地释放精力

小学生精力旺盛，一些人到了课堂上也会有各种各样的小动作，看起来坐立难安。为了减少这种情况，教师应放宽对学生身体活动的限制，比如，课间休息时鼓励学生进行身体活动，在课程中设计一些身体活动的环节（如把作业交到讲台上，或者进行角色扮演、身体动作模仿等）。

此外，还可以鼓励学生玩一些看上去"很激烈"但实际上比较安全的游戏，如到操场上玩"老鹰捉小鸡"或"接力跑"，以消耗掉他们"无处安放"的精力。但是，应注意避免安全风险较大的游戏。

二、指导小学生保护视力

教导学生使用正确的书写姿势。教师可以使用儿歌或口诀，将书写姿势的要点变得朗朗上口，易懂易记。比如，正确写字姿势的儿歌："头要正，肩要平，身体坐直本放正，一尺一寸和一拳，预防近视要记清。"正确握笔姿势的儿歌："老大老二对对挤，笔杆斜靠虎口里，手握空小拳，笔拿手指端，笔正对右耳，不要对鼻尖。"

此外，小学低年级学生的眼球还是扁形的，他们很有可能是远视，很难把注意力集中到较小的印刷品或物体上。因此教师在提供纸质或电子材料时，应尽量用大一些的字体，不要让学生一次阅读太多文字，同时要注意观察学生揉眼和眨眼等由眼睛疲劳引发的肢体动作。

三、设计和安排适合小学生的体育活动

身体运动对小学生的身心健康发展具有重要的影响，因此教师要设计和安排一些适合小学生的体育活动，鼓励他们进行身体锻炼。设计、安排体育活动要注意以下事项。

1. 教授运动技能时要适合年龄阶段

比如，9 岁以下的学生，要强调基本技能，如踢、投掷、击打等，给所有学生充分的时间玩简单的游戏。

2. 重视趣味性

为学生提供多种活动，让他们从中选择自己喜欢的项目，按照自己的节奏活动。

3. 保障活动的次数和时间，确保学生每天锻炼一小时

教育部 2011 年印发的《切实保证中小学生每天一小时校园体育活动的规定》对校园体育活动的频率和时长做了明确规定：小学 1 ~ 2 年级每周 4 课时的体育课，3 ~ 6 年级每周 3 课时的体育课；没有体育课的当天，学校必须在下午课后组织学生进行一小时集体体育锻炼；每天上午统一安排 25 ~ 30 分钟的大课间体育活动。

4. 允许学生制定规则和策略

让学生自主商议、制定活动规则，确保活动公平。为了培养学生良好的行为习惯，应重点强化遵守规则的行为，而不是惩罚违反规则的行为。

5. 促进良性竞争

设计不同形式和难度的活动项目，鼓励全员参与，而不是突出表彰个别学生。

四、开展小学生安全教育

首先，教师应教授一些维护安全的知识和技能。小学生活动水平高，但同时又缺乏对危险刺激的辨别和抵御能力，因此很容易在活动中受到身体伤害。教师可运用榜样示范和安全演练的方式开展安全教育，对学生的表现进行反馈，当学生学到安全技能时给予称赞和奖励，从而强化其安全意识，提高其自我保护能力。比如，可在校园设置模拟的交通场景，让学生学习交通规则，教授学生如何识别交通信号灯，如何分辨不同的车道，以及在等候绿灯时应该站立的安全位置。

其次，教师还应教授一些安全常识，鼓励学生在生活中加以实践。比如，强调学生在骑车、玩轮滑和滑板时必须佩戴头盔。这一简单的预防措施能使头部受伤害的危险降低 85%。告知学生及家长，12 岁以下的儿童不能骑自行车上马路，乘坐汽车不能坐副驾驶的位置，而应该坐在司机座位后方，并系上安全带。提醒学生及家长，在复杂环境中多使用能提高儿童辨识度的物品，比如上下学时必须戴上"小黄帽"。

最后，教师还应熟知受伤处理的规程，当学生在学校中受到意外伤害后，要第一时间采取应急措施，并联系专业人士，给予科学的护理。

第二节 认识并促进小学生的心理发展

通过本节的阅读，您将了解以下方面的内容：

主题1 小学生的认知世界

应知
了解小学生认知发展的规律
理解小学生认知发展的特点
学习促进小学生认知发展应遵循的原则

应会
了解小学生的认知发展水平
设置具有挑战性的教学目标
设计情境性的教学任务
采用适合小学生发展特点的教学方式

小学生的情感世界 主题2

应知
理解情绪和情绪智力
了解小学生情绪发展的特点

应会
提供不同的方式，鼓励学生表达和讨论情绪
接纳学生的不同情绪
采用共情的方式回应学生的情感表达
区分学生的情绪和行为，引导学生用合理的方式表达情绪
做情绪管理的榜样示范

主题3 小学生的行为发展

应知
了解小学生行为习得的机制
理解小学生行为发展的特点

应会
采用科学合理的行为主义方法规范学生的行为
掌握从积极心理学的视角引导学生良好行为的方法

主题 1 小学生的认知世界

🔘 典型案例

　　在一堂数学课上，老师教学生进行万以内数大小的比较。老师总结了三种比较的方法：第一种是位数不一样时，位数多的数大；第二种是位数相同时，比最高位，最高位数字大，则整体数大；第三种是位数和最高位数字都相同时，比次高位的数字，以此类推。老师逐一讲解比较的规则，然后把三种规则的练习题目打印在一张作业单上，让学生进行练习。当老师讲完第一个规则后，一名学生就在 5 分钟内完成了所有的练习题目。老师巡视时对这名学生说："我还没讲到那里，你要跟着老师的步调走。"等到课程的后半段，这名学生就不再认真听课了。课程结束前，老师让大家总结本节课的收获，这名学生大声说："没有收获！"

　　教师在教学过程中经常会遇到部分学生已经学会或者熟悉课程内容的情况，如果讲课内容太简单，这部分学生会觉得枯燥乏味，但是如果讲课难度较大，又会有很多学生跟不上节奏。教师应该如何把握教学的分寸，使之既符合课程标准，又能吸引学生的兴趣，让他们在课堂上有收获感？

💧 应知

　　小学生的求知欲旺盛，可塑性很强，不同家庭文化背景、学习经历的学生学习能力差异比较大。这为教师开展课堂教学带来了挑战。了解小学生认知发展规律、改善教育教学方式、整合教育教学内容，是促进小学生认知发展、帮助他们获得学习成就的基础。

一、小学生认知发展的规律

　　在心理学家皮亚杰看来，儿童认知发展的本质是儿童在与外部环境的相互作用中，通过同化和顺应来调整自己的认知结构（称为"图式"），从而达到与外部环境的动态平衡状态。以儿童对鸟的认识为例，儿童最初看到两种常见的鸟类，如黄鹂和麻雀时，如果成人告诉儿童这两种动物都叫作鸟，儿童就会对二者进行概括，认为鸟就是有翅膀、会飞的动物，从而获得了"鸟"的图式。之后，儿童遇到喜鹊，认为喜鹊符合鸟的概念，就直接将其纳入自己已有的图式中，这一过程叫作"同化"。等儿童再大一些，认识了更多的动物，比如：鸵鸟，有翅膀、不会飞，但也是鸟；蝴蝶，有翅膀、会飞，但不是鸟类；蝙蝠，会飞，但飞行的器官不叫翅膀，而是叫"翼"。这时儿童对"鸟"已有的认知受到了冲击，就需要他们调整自己的图式，以达到适应环境的目的，这一过程就叫作"顺应"。在整个过程中，儿童以自己原有的知识经验为生长点，通过对外部环境的积极探索，发展和调整自己的图式，达到与外部环境的动态平衡。

在心理学家维果茨基看来，儿童的认知发展不仅是在个体内部产生认知建构，更是在参与社会交往或社会活动的过程中实现的。儿童通过一定程度的社会参与，将外部环境中的物质工具内化为自己头脑中的精神工具。比如，某小学的教育理念是"培养真诚、感恩、自信的阳光少年"，学校将这一理念转化为一系列的教育教学活动：在学校的升旗仪式中设计一个特别的环节，让少先队的大队长给老校长雕像佩戴红领巾，以表达对老校长的感激和怀念之情；在学校的礼仪规范中要求学生见到来访的客人主动挥手致意，近距离碰面时要问候"老师，您好"；鼓励学生在课堂讨论、展示时落落大方，在交流时分享真情实感。学生在进入小学 2～3 年之后，通过一系列的活动参与，就能在整体上呈现出真诚、感恩、自信的面貌。学生在这些活动中的转变过程，就是维

果茨基所提倡的社会建构过程。

二、小学生认知发展的特点

小学生的认知发展有其独特的年龄特点，了解这些特点是教师顺利开展教育教学活动的基础。

1. 感知能力由"粗"到"精"

小学阶段，儿童的视知觉、听知觉以及空间知觉等能力都有了全面的发展，但仍然存在对细节观察不细致、容易混淆相似事物等不足。一个比较突出的表现是，儿童在识别和书写汉字时，经常会出现错误和混淆。比如，"元旦时，我们全家一起到历史博物馆参观'兵马桶（应为"俑"）'"；"我认为自己是个'品学兼忧（应为"优"）'的好学生"。

2. 抽象思维和逻辑思维明显提升

小学生的思维处于从具体形象思维向抽象逻辑思维过渡的阶段。在小学低年级，学生的思维在很大程度上具有具体性。以概念理解为例，给学生呈现一个概念，如"苹果"，让他们从"东西""水果""吃的""圆的"中挑选一个能确切表明概念意思的词，并说明理由。这时候，低年级的学生通常会停留在表面联系上，更多地选择"圆的"和"吃的"等表象或功能特征；到了五年级，更多学生则会选择"水果"这个词来做精确的关系描述。

到了小学高年级，学生会逐渐获得一些

基本的逻辑图式。（1）类包含。比如，问学生"班里男生多还是学生多"，他们会说学生多，因为男生属于学生这一更大的类别。（2）顺序排列。小学高年级学生能做简单的逻辑递推，比如，已知小明比小华高，小华比小强高，学生能推出在身高方面，小明 > 小华 > 小强。（3）守恒。高年级学生获得了认知弹性，能同时从两个维度来思考问题，比如，同一杯水倒进宽口杯和窄口杯以后，低年级学生可能会根据水的高度得出窄口杯中的水更多的结论，但是高年级学生能认识到倒入杯子之前的水量是一样的，不会因为容器形状的变化而发生改变。（4）符号象征。高年级学生可以理解符号的象征意义，如他们开始识别地图上的各种符号，能明白黑白相间的长条代表铁路。

3. 语言能力发展迅速

来自脑科学领域的研究发现，6 ~ 13岁，个体专门负责语言和理解空间关系的脑区有惊人的发展。脑发育与经验积累的相互作用，使得个体的语言能力有了显著的提高。

小学时期学生的词汇能力增长迅速。有调查显示，母语为英语的学生在小学一年级时单词量为6000，到了五年级时可增加到40000。国内的调查显示，学生在小学阶段的识字量和识字率都有显著提高，给一年级学生呈现715个汉字，他们可以认识其中的82%，到了五年级时，他们已经能认识3075个汉字中的98%。

小学阶段，个体对复杂语言的理解仍在持续发展。小学低年级的学生对语言的理解较为直观和片面，到小学三年级时学生开始懂得双关语和谜语，认识到一个词可以表达两种含义，开始理解明喻（妈妈笑得像朵花儿）、暗喻（老师是天使）、谚语（独木不成林）和成语（凿壁偷光），并且开始意识到比喻不能按字面意思来理解。他们一般要到青少年后期，才能掌握谚语中比较复杂的语言艺术。

此外，小学阶段个体的私人语言现象逐渐消失。如果看到低年级的学生自言自语，不管他们是独自一人还是和同伴在一起，都不必太担心，这是很正常的发展现象。这种现象叫私人语言，是对他人说话和进行独立思考之间的过渡状态。私人语言最早大约在3岁开始出现，在6 ~ 7岁达到顶峰，占到儿童总言语量的20% ~ 60%，随后会迅速下降，到8 ~ 9岁就会消失，取而代之的是无声的内部言语。

4. 对复杂信息的记忆策略有待发展

在简单记忆任务上，小学高年级学生的表现与成年人相当，如他们的新旧再认、机械复述等能力已接近个体发展的最高水平。但在复杂记忆任务上，小学生即使到了高年级仍表现欠佳，他们的精细加工（深度理解）和组织策略（归类等）能力还有待发展。如在图片分类任务中，低年级学生分出的类别少，分类方式也更缺乏逻辑，同时他们的分类方式对记忆帮助不大。

三、促进小学生认知发展应遵循的原则

基于儿童身心发展的独特性，促进小学生认知发展需要注重以下几项原则。

1. 发展性

在对学生进行认知教育时，一定要立足于学生现有的发展水平。维果茨基的"最近发展区"理论指出，教育者布置的任务要在学生的最近发展区内。所谓最近发展区，就是学生在指导下可能达到的潜能水平与当前水平之间的空间。学习任务如果超出了学生的潜能水平，不仅不能促进学生认知的发展，反而会给学生带来挫折和压力。当教师布置的学习任务略高于学生现有的发展水平，成为他们"跳起来能摘得到的果子"时，不仅能促进他们的认知发展，还能极大地提高他们学习的主动性和积极性。

2. 整体性

人是认知、情感和行为的综合体，其认知发展同时受到情感、行为等因素的影响。传统的教学关注学生的行为反应和认知发展，对情绪情感的关注不足。而素质教育主张从整体的视角看待学生以及教育。一项研究总结了已有社会情绪类课程对学生心理发展影响的研究成果，发现开展社会情绪教育以后，学生的问题行为和情绪压力等方面在总体上都有了改善，这些领域的综合发展最终反映到了认知上，使得学生的学业成就水平也大大提高。

3. 情境性

个体的学习需要跟情境化的社会实践活动相结合。教师要提供真实的问题情境，让学生在问题解决的过程中锻炼高水平的思维。在脱离真实情境的环境中学习，容易导致学习者"高分低能"。现代认知发展理论认为，个体的学习应当像日常生活中的学习一样，根植于具体的活动、情境甚至文化环境中。这些情境信息能帮助学生进行有意义的建构，并将知识、技能和体验进行联结。

▼ 应 会

教师开展教育教学工作要遵循小学生认知发展的规律和特点，可以从以下方面入手。

一、了解小学生的认知发展水平

了解小学生现有的认知发展水平是教师开展教学设计的重要起点。教师如何了解小学生的现实水平？常用的方式就是在上新课前，设计一些相关知识的前测。比如，在给一年级的学生教新字之前，教师可以把需要学习的新字列出来，让学生去找自己认识的，以此来了解学生已经掌握的字有哪些，部分掌握的字有哪些，从而根据学生的具体情况有针对性地开展教学活动。

教师还可以通过观察学生在课堂中的反应，尤其是错误反应，来了解学生当前的思维特点。比如，教师在一年级的数学课上讲

解事物的规律时，向学生呈现 9 个排成一排的三角形，前面有 6 个依次按红、黄、蓝三种颜色进行了涂色，请学生预测余下的三个如何涂色。大部分学生都能找到正确的规律，即红、黄、蓝三种颜色为一组，重复出现。紧接着，教师给出作业单，上面有 12 个圆圈，让学生自己编制规则进行涂色。结果有学生依次涂了 3 个红色、3 个黄色、3 个蓝色和 3 个绿色，依然说 3 个为一组。此时，学生所理解的 3 个 1 组，是组内同质、组间异质，并没有体现重复出现的"规律"，这种错误就反映了学生对"规律"的认识水平。

此外，教师要理解和接纳学生一些因认知发展不足而造成的"问题"。比如，小学低年级学生可能把内心的愿望"我想去北京天安门"表述成事实"我去过北京天安门"。这其实是因为他们还不能区分愿望和现实，而不是有意地撒谎。还有前文提到的"自言自语"的现象，这也是低年级学生发展过程中的正常现象，表明学生在进行"出声思考"。如果学生在课堂上自言自语，教师可以提醒他们尽量小声一些，逐步降低音量，直到可以只动嘴唇，从"无声的外部言语"过渡到"无声的内部言语"。

二、设置具有挑战性的教学目标

在了解学生现有水平的基础上，教师可以预估学生的潜能水平，从而设置教学目标。设置教学目标的依据如下。

1. 学科知识的逻辑

不同学科都有自己的课程标准，教师可以依据课程标准，将教学任务划分层次水平，把更高一级的任务作为潜能水平。比如，上述关于"规律"的例子中，当学生理解了"组"和"重复出现的次数"后，教师就可以渗透"倍数"概念。有的学生在涂色时自己定了规律，以 3 种颜色为一组，然后用同一颜色的笔每隔 2 个就涂一次。使用这个方法的学生，已经有了基本的"倍数"概念，教师可以再结合实例进行更高层次的教学。

2. 课程目标的逻辑

教育心理学家布卢姆对动作、认知和情感三个领域的教育目标划分了层次。以认知领域目标为例，目标层级由低到高依次为识记、领会、应用、分析、综合和评价。在"规律"例子中，学生"领会"了规律，能用自己的语言对图形的排列情况进行描述，那么下一步的目标就是"应用"，帮助学生把这个原理应用到新的情境中，所以教师可在此基础上设计让学生自定规律进行涂色的任务。

在本主题的典型案例中，教师讲万以内数字大小的比较时，一名学生已经达到了"应用"规则解题的水平，对这个学生而言，有挑战性的目标层级应该是分析、综合和评价，即教师可以放手让这名学生先做练习题，从练习题中分析、总结规律，再用简练的数学语言进行描述。

三、设计情境性的教学任务

小学生的认知具有整体性，他们不具备分学科认知的能力，需要依靠真实的问题情境进行学习。因此，教师要通过一些综合性、情境性的教学任务，鼓励学生把先前知识、日常生活经验和新概念联系起来，从而建构一个非常丰富的知识体系。教师可以做一些跨学科的尝试，或者依托综合性的课程来设计任务。在皮亚杰和维果茨基的发展理论引领下，有研究者提出了一些情境性的学习模式，如项目式学习（或者基于问题的学习）、探究性学习等。

在设计教学时，教师要注意：（1）选择一个真实的情境任务；（2）通过提问、反馈等方式为学生提供指导和帮助；（3）采用小组分工等方式降低任务难度。比如，在一堂科学课上，教师首先抛出一个真实的问题：如何测量学校旁公园的水域面积？然后，教师鼓励学生头脑风暴，列出所有的方案并讨论各个方案的可行性。学生甲提议，乘船绕水域一周，用时间×速度×水域宽度计算；接着学生乙反馈图形不规则，此方法不可行。学生丙提议，计算地图中水域面积，按比例尺扩大。此时，教师可以引导大家沿着学生丙的思路分组讨论。最后，根据可行的方案提出具体的解决步骤。通过这类情境性的教学活动，学生既能掌握不规则图形面积的计算方式，又能学会综合性地考虑问题，提高问题解决能力。

四、采用适合小学生发展特点的教学方式

教师要根据不同年龄、不同年级的学生发展特点，采取相应的教学方式。

1. 适合小学低年级学生的教学方式

（1）使用具体的道具，通过视觉上的辅助促进学生的理解。比如，讲述篇幅较长的故事时，可以使用时间轴或人物关系图；讲解图形时，配合实体道具。

（2）给学生动手操作和检验的机会。比如，数学课上，教师提出问题：用小的立方体堆积成大的立方体，是否整个立方体越大，这个立方体的表面积也越大？教师可以让学生先猜想，再让学生拿出积木道具亲自验证自己的假设。

（3）结合学生熟悉的事物来解释复杂的观点。比如，讲解"面积"时，让学生去测量学校内不同大小的教室或教室内不同大小的文具和书籍，帮助学生理解影响面积大小的因素。

（4）讲解复杂的操作步骤时，可以边演练边操作，并且注意分解步骤，一次只给1～2条指令，避免学生记不住。

2. 适合小学高年级学生的教学方式

（1）使用道具、图表、插图等视觉辅助材料，为学生理解课程提供帮助。

（2）提供机会让学生探索假设性的问题，以发展他们的逻辑思维和创造性思维。

比如，可以提问学生：如果人有第三只眼睛，你会把它放在身体的哪个部位？为什么？

（3）借助一些与学生生活密切相关的材料和观念，教学生一些概括性强的概念，而不是只告诉他们一些具体事实。比如，

在赏析诗歌的意境时，可以先让学生挑选出中央电视台《经典咏流传》节目中，他们觉得改编最成功的歌曲，并阐明理由，然后组织学生一起探讨改编后的歌词、曲调以及舞台呈现方式能否充分表达作者的想法和感受。

主题 2　小学生的情感世界

◎ 典型案例

　　五年级的学生轩轩在日记《雨后的"彩虹"》中写道:"早上出门前妈妈说今天会下雨,叮嘱我带伞,但我看着晴空万里,一溜烟跑去上学了。等到中午的时候,真的下起雨来,才后悔没有听妈妈的话。下午放学后,看着同学们纷纷被家长接走,想着最近爸爸出差,妈妈一个人操持家务、监督我的学习,挺累的,她今天应该不会来了吧。突然,我看到一个熟悉的身影,是妈妈!她冒着大雨来接我了,妈妈见到我就脱下自己身上的雨衣给我披上,而她自己却一直打喷嚏!顿时,我心里很不是滋味,便扑向妈妈的怀里!我想这就是母爱,不管刮风下雨都围绕着我!有妈妈在身边,我的心情就像雨后的彩虹一样灿烂!"

　　轩轩的老师看过这篇日记后写道:"日记内容很棒,把自己的心理活动写得很细致!读者能感受到你的心情,也能感受到妈妈对你的爱!你是一个懂事的孩子,希望以后在家里替妈妈多分担,做点自己力所能及的事!妈妈会因为你而骄傲,加油!"

　　轩轩的家长给轩轩写道:"父母都爱自己的孩子,希望这件事之后你可以懂得体谅父母,你已经长大了,不要让父母操心!"

　　轩轩在看到老师和家长的点评后,却只写道:"我的文章运用心理描写还原了当时的情境,使文章很生动。"

　　从上述案例中可以看出,轩轩一开始在日记中流露出了真情实感,但是在教师保证家长会为轩轩感到骄傲,而家长却对孩子提出了进一步的要求后,轩轩选择了平淡地描述写作风格,不再表露自己内心的情绪感受。教师和家长的评析出了什么问题?应该如何反馈,才能促进孩子的情感表达?

◈ 应 知

　　对于小学生而言,情绪是他们生活的"主打歌"。由于前额叶等负责计划、决策等高级认知功能的脑区发育相对滞后,他们的学习生活会更多地受情绪的影响。因而了解学生情绪情感的发生和发展特点是对小学生正确施教的基础。

21

一、情绪和情绪智力

1. 消极情绪和积极情绪都有存在的合理性

情绪是我们对内外部事物的主观体验及相应的行为反应，与个体愿望和需要是否得到满足紧密相关。如果我们的需要得到了满足，我们会体验到积极情绪；而需要没有得到满足时，我们可能会体验到消极情绪。比如，当我们的自我价值得到实现时，可能会体验到自豪感，反之可能会感到羞愧；当我们受到他人的接纳和尊重时，我们会感到愉快，并心生感激，反之可能会感到愤怒、恐惧。

通常，人们比较容易接受的是积极情绪。比如，教师可能希望学生在学校里是开心的、平静的，希望他们能从教师和家长的付出中感受到爱，产生感激之情。但是当学生表现出恐惧、悲伤或愤怒时，教师可能会下意识地阻止学生的情绪表达，中止学生的分享，或者对学生说"不用怕""别哭了""别生气了"。

其实，所有的情绪都有存在的合理性，对我们的生活都具有非常重要的意义。愤怒的出现，通常是因为我们达成某一目标的过程遇到了阻碍或受到了干扰，如权益受到损害（文具被同学损坏了）、受到挫折和伤害（被同学叫绰号）、独立或自主权受到侵犯（被安排做不想做的事情）或者被忽略（课堂上连续好几次举手，都没有被教师关注到）等。此时的愤怒情绪，可能对我们目标的实现具有促进作用，如让其他同学意识到应该停止叫绰号的行为。而其他的消极情绪，如恐惧会让我们远离危险；悲伤意味着我们失

去了重要的人或物，提醒我们以后要珍惜和爱护自己看重的人或物；嫉妒情绪的积极面则是"见贤思齐"，它让我们渴望像别人一样优秀或取得相应的成就。因此，面对学生的消极情绪，教师和家长不应该一味压制学生的情绪表达，而应该寻找情绪产生的原因以便从根源上解决问题，同时教授学生合理调节消极情绪的方法，以免造成不良影响。

2. 良好的情绪智力体现为能与自己及他人好好相处

情绪智力是指个体监控自己及他人的情绪和情感，识别并利用这些信息以指导自己的思想和行为的能力。心理学家戈尔曼认为情绪智力包括五个成分（图1-3）。（1）自我觉察能力：监控自己情绪的变化及觉察情绪出现的能力，是情绪智力的核心。（2）自我管理能力：管理自己的情绪，使之适度地表现出来的能力。（3）自我激励能力：依据活动的目标调动和指挥情绪的能力。（4）移情能力：通过社交信号，识别他人情绪的能力。（5）社交技巧：调控自己和他人情绪反应的技巧。

从戈尔曼的情绪智力结构理论可以看出，情绪智力的五个成分中有三个成分是关乎自己的，即能够觉察、管理自己的情绪并激励自己应对挫折，以实现个人的成就目标。因此，情绪智力高并不等于"长袖善舞""察言观色"，教师在培养学生的情绪智力时，一项很重要的工作是提高学生的情绪觉察和管理能力，让他们与自己的

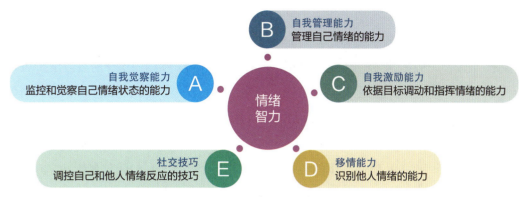

图 1-3　情绪智力的结构

内心感受和谐相处。

二、小学生情绪发展的特点

进入小学阶段后，随着认知水平的提高以及学习生活环境的变化，儿童在情绪的稳定性和可控性等方面有了显著的发展。

1. 情绪内容日益丰富，情绪深刻性不断增加

在学前阶段，儿童喜、怒、哀、惧等基本情绪的发展较早，但自豪、羞愧等复杂情绪的发展较晚。进入小学阶段后，随着学习领域和社交范围的扩大，儿童基本情绪的影响因素会发生变化。对小学生来说，完成各项学习任务是其最主要的需要。学习任务完成得顺利，需要得到满足，他们就会迅速产生愉快的情绪体验，反之则会产生消极的情绪体验。而且，小学生在集体中的角色，与同伴、教师之间的关系，学校、班集体对个人的要求和评价，都会引起他们复杂多样的情绪体验。以恐惧情绪为例，在学前阶段，儿童会害怕黑暗、鬼怪、打雷、独自一人或

与父母分离等事物和场景；进入小学阶段后，儿童害怕的对象拓展到测验考试、人际交往、身体外貌等内容，他们会担心自己的考试成绩，担心自己在同伴、老师心目中的印象。

同时，小学生的各种高级情感也在不断发展、深化。小学生在学校接受社会主义核心价值观教育后，他们的情感体验和国家、民族、社会等联系起来，从而产生热爱祖国、热爱人民的高级情感。小学生在各项活动中也逐渐养成了团结、友爱、互助等良好的个性品质，他们会因自己能够为集体服务、为班集体获得荣誉而自豪。这样，他们情绪情感的内容日益丰富起来。

2. 情绪觉察能力提高，但还不能明确地表达自己的情绪感受

从 6 岁开始，儿童就可以使用基本的情绪词语描述自己的情绪状态，但儿童早期使用的情绪词语是比较笼统的，如开心和不开心。随着年龄的增长，他们对积极情绪或消极情绪的觉察开始不断分化，产生了更精细化的情绪体验，如同样是消极情绪，他们会

进一步区分为生气和伤心。一般来说，小学中低年级的学生还不能准确描述自己复杂的情绪感受。比如，一名三年级的学生在日记中写到放学时妈妈没有来接自己，回到家依然没有找到妈妈，电话联系后被告知妈妈临时去外婆家住了，因此感觉"妈妈不在家，心里好像少了点什么"。从事件发生的经过来看，学生可能因为回家后找不到妈妈而失落，也对妈妈没有提前告之行程的行为有一种想生气又不能生气的无奈，还有对妈妈的思念。当这些情绪混合在一起后，学生就不能很好地觉察和命名，只能用"心里好像少了点什么"来笼统地描述。

3. 情绪管理能力提高，逐渐能灵活运用情绪调节策略

在情绪表达方面，小学低年级的学生还不善于掩饰自己的情绪，各种情绪都会表现出来；到了高年级，小学生大多能根据学校的纪律要求控制自己的情绪。此外，男女生在情绪表达上存在性别差异。一般来说，女生根据情境表达情绪的能力比男生发展略早1～2年。一项研究发现，当女生和男生同时收到让自己感到失望的礼物时，7岁的女生就已经开始采用"高兴"的情绪来掩饰自己的失望了，而男生大约要到9岁才能做到。

在情绪管理方面，小学生使用的情绪调节策略通常有两种：回避和寻求社会支持。比如，在面对恐惧时，学前儿童和小学低年级学生要么使用回避策略，如捂住眼睛不去看引起恐惧的刺激物，以转移注意力，要么

使用寻求社会支持的策略，如寻求父母、教师和同伴的帮助，移走引起恐惧的刺激物或提供陪伴等。到了10岁左右，学生可以根据情境的变化，在两种策略之间进行有效的切换。

小学生抑制情绪冲动的能力也随年龄增长有明显提高。在与同伴发生冲突时，低年级的学生会因为无法控制情绪冲动而使矛盾激化；而高年级的学生可以抑制自己的冲动，使用言语化解冲突。比如，在排队时被同伴推搡，低年级的学生可能会表现出明显的不满或者反击，而高年级的学生可能会说"请别推了，等下就轮到你了"。

4. 移情能力持续发展，对他人的情绪识别和情绪理解能力提高

整个小学阶段，学生的移情能力处于持续提升态势。在识别他人面部表情方面，小学低年级的学生能够识别高兴和愤怒情绪，但是对轻蔑、惊讶、厌恶情绪的识别要到中高年级才趋于稳定。在情绪理解方面，大约从8岁开始，小学生克服了自我中心，能理解同样的情境会引发不同人的不同情绪。比如，看到巧克力，可能有的人很开心，有的人很矛盾，因为他们想吃又怕吃了会坏牙或发胖。

▼ 应 会

适宜的教育既可以减少"师源性心理伤害"，促进学生身心健康发展、学业进步，

也可以提高教育教学效率，提升教师教育教学的成就感。

一、提供不同的方式，鼓励学生表达和讨论情绪

在常规的学校教育情境中，教师比较容易关注学生的行为和认知表现，如通过观察学生遵守课堂纪律的情况了解其行为，通过课堂互动或测验了解学生的认知水平。虽然教师对学生情绪情感的发展也会有一定的关注，但相对来说关注程度仍须进一步加强。

1. 设计丰富的活动，不断丰富学生的情感体验

比如，在数学、科学课中设置悬念，让学生猜测结果，然后验证学生的猜想，让学生体验好奇；在语文、英语课中让学生进行角色扮演，运用符合场景和人物心理活动的方式进行对话，让学生揣摩不同角色在不同情境下的情绪状态；在班会等活动中设置小组讨论环节，增进生生、师生之间的交流，让学生体验到归属感和被认可的喜悦感。

2. 鼓励学生在不同形式的活动任务中充分表达自己的情感

比如，可以在习作中用文字叙述自己的经历和感受，并且在班级或小组中进行讨论和分享；在绘画任务中用色彩和图案展现自己的生活；在音乐和舞蹈课中，用身体动作体验韵律和表达情感。

二、接纳学生的不同情绪

如前所述，学生所有的情绪都具有存在的合理性，所以当学生出现某种情绪反应时，教师要做到接纳，而不是否定、批评。比如，有一名四年级的男生在日记中写道，去学校的阅览室上课，需要自己准备鞋套，但当他去商店购买时，发现只剩下粉色的鞋套了，他就觉得非常尴尬。幸好在进入阅览室前同班的一个同学看出了他的窘迫，就主动提出与他交换，这才替他解了围。后来他就在日记中非常珍重地表达了对同学的感激之情。教师在批改作文时点评道："重要的是在阅览室学习了知识，用什么颜色的鞋套不重要。"在这则案例中，教师的反应就是在否认学生的感受。实际上，小学生已经发展出了性别角色意识，他们会倾向于认为某些特定的行为是男生会做的，而另外一些行为则是女生会做的。当他们做出自己认为违背性别角色的行为（如男生穿粉色鞋套）时，就会担心受到同伴的嘲笑，会觉得尴尬。所以，穿什么颜色的鞋套对他们来说是非常重要的事情。此时教师应该从内心接纳学生的情绪和感受，只要指出他的感受就好——"同学替你解了围，你非常感激"。

那么，教师如何做到接纳学生的情绪呢？

1. 设身处地站在学生的角度，感受、理解学生的情绪

被冷落时感到伤心，被冤枉时感到委屈，被挑衅或攻击时感到愤怒，受到肯定时面露喜色，当众发言时感到焦虑和紧

张……，这些都是很正常的情绪反应。教师可以把自己置身于跟学生相同的情境中，反问自己："如果是我，我会是怎样的心情或感受？"如果教师能产生类似的情绪反应，就能理解学生的情绪了。

2. 在接纳学生情绪的基础上进行认知教育

接纳学生的情绪并不意味着认同学生的看法，教师要在接纳学生情绪的基础上进行认知教育。有时候学生会从自己的立场揣测别人的想法，从而产生相应的情绪体验。如果他们的认知有偏差，那么情绪就会显得"不可理喻"。如果教师表现出否定的态度，那么学生的情绪就被堵住了，这时认知教育的效果就会大打折扣，甚至会引起学生的抵触。

比如，语文课上，一名学生分享开家长会之前自己的煎熬心情，说班主任老师用"恶毒"的眼神盯着自己。这时有同学说这么形容老师不礼貌，语文老师则说"老师相信你内心是尊重班主任老师的"，但这名学生没有做出反应。很明显，语文老师想要矫正学生对班主任老师的看法和态度，但学生并未接受。其实，在与学生做情绪沟通时，有一句话叫"情绪出不来，认知进不去"。只有当学生自己的情绪被"看见"和接纳时，他们才会从认知上接受新的观点和想法。此时，语文老师可以聚焦学生的情绪，回应他"你用'恶毒'的眼神这种夸张的手法是想表达当时的煎熬心情"。然后再引导同学们

讨论，为什么这名学生会觉得班主任老师的眼神是"恶毒"的，有哪些可能。通过讨论和反馈，学生可能就会意识到在他忐忑不安的时候，有可能在解读班主任老师的行为时产生偏见，从而意识到想法和情绪之间是相互影响的。

三、采用共情的方式回应学生的情感表达

在本主题的典型案例中，轩轩一开始表达了自己内心的情绪，但是在收到教师和家长的反馈后，反而不再表露内心。为什么会出现这样的变化？其实，轩轩在作文中叙述妈妈为自己穿雨衣的事情，实际是要表达对妈妈的感激之情，而教师和家长没有回应他的感情，教师和家长缺乏共情的回应阻碍了轩轩的情感表达。

那么，教师如何做到共情呢？

首先，共情回应的内容包括两个方面：描述导致学生产生情绪反应的行为事件和学生表达的具体情绪及强度。针对轩轩的情绪表达，教师可以反馈：妈妈冒雨来接你，并把自己的雨衣给你穿（事实），让你觉得非常（强度）感动和感激（情绪）！在这里，轩轩要表达的情绪是与妈妈付出的爱相关的积极情绪，是感动和感激。在其他情境下，如果得到了自己想要的结果，体验的情绪就是高兴、满意；反之可能是苦闷和悲伤。在反馈他人情绪时，教师要结合当时的情境，准确地指出具体的情绪。图1-4列举了一些常见情境中的积极情绪（橙色背景的词）和消极

与得失相关	与期待相关	与他人相关		与安全相关
高兴	兴奋	感激	崇拜	紧张
骄傲	庆幸	感动	鄙视	担忧
满意	惊喜	欣慰	厌恶	焦虑
苦闷	失落	背叛	委屈	害怕
悲伤	绝望	愤怒	嫉妒	惊吓

图 1-4 情绪词汇库

情绪（灰色背景的词）。

其次，教师在做出共情回应时，还要注意以下两点。

（1）回应的对象是叙述的当事人，不要为其他人发言。比如，在轩轩的叙述中，虽然提到了与妈妈相处的环节，但教师的关注点应该在轩轩身上，而不是替妈妈发言。回应其他人的情绪不仅模糊了焦点，而且很有可能是不准确的。

（2）当学生在自我反思时，不要继续提要求，不要给学生"加码"。如轩轩已经体会到了妈妈的爱，教师只要反馈出这一点就可以了，不必继续提要求，否则会抹杀学生自我反思的积极性。如果教师要强化认知教育的效果，可以指出学生积极的人格品质，如"你是一个心思细腻的孩子，能从妈妈的点滴行为中感受到她对你的爱"。也可以请学生将自己的反思过程具体化。比如，学生在与人发生冲突后，意识到了自己的错误，他会表达"老师，我认识到自己的错误了"。

教师通常的反应是："哦，那你说说，你错在哪儿了？"这样的反馈容易增加学生的内疚感、羞愧感，反而让学生难以启齿，甚至产生抵触情绪。教师要做的是先肯定学生自我反思的努力（"你意识到了自己的错误"），然后采用中立的立场追问"我想知道你的思考过程，你是如何意识到的"。

四、区分学生的情绪和行为，引导学生用合理的方式表达情绪

小学生已经具备一定的情绪调控能力，但他们很有可能在强烈的情绪状态下做出不恰当的行为，如一怒之下打人、扔东西等。此时，教师要做的是，把学生的情绪感受和行为方式区分开来，告诉学生"可以生气，但不可以打人或扔东西"。

面对学生的不当行为，教师可以在共情的基础上，为学生的行为设定限制。设限包括四个步骤。（1）指出学生的感受、愿望、想法或动机："你很生气"，"你很想要回答

问题"。（2）指出限制的内容，说明不能接受的具体行为："不可以打人"，"不可以大声叫嚷或离开座位"。（3）提供其他可行的途径："你实在很生气的话，可以捶抱枕（或者到操场上去跑两圈）"，"想回答问题，要先举手示意，在老师邀请之后再回答"。（4）陈述最后的选择："如果在老师提醒三次后，依然打人或扔东西，就得不到奖励"，"如果一节课上再次出现没举手就回答问题的情况，之后要连续举两次手，老师才会邀请你来回答"。

在对行为进行设限时，一定要注意，先共情再说出限制，这样学生才会觉得自己的情绪是被理解和接纳的，不被接纳的只是某个或某些特定的行为，从而更加愿意做出改变。此外，在说出限制时，注意要设定完全的限制，如要说"不能打人"，而不是"不能打某人"或"学校里不能打人"。设定完全的限制会有效地避免讨价还价的情形，此外，完全的限制是清晰明确的，能帮助学生理解和遵守行为规则，增强学生的安全感。

五、做情绪管理的榜样示范

情感教育的最终目的是培养高情绪智力的学生，让他们能敏感地觉察自己和他人的情绪，能够有控制地表达自己的情绪，并实现自己人际交往的目标。如何培养高情绪智力的学生呢？除了前文中的接纳、共情、设限等策略之外，教师自身的榜样示范也非常重要。心理学家班杜拉的观察学习实验表明，榜样的身教作用大于言传。在学生的情感教育工作中更是如此，教师也要做好情绪管理的示范。

1. 坦然接受和面对自己的情绪，适度地在学生面前表露自己

比如，在写作练习中，通常是教师布置题目，让学生来完成。实际上，教师也可以自己尝试写作，用文字表达自己的情感，给学生做一个示范。又如，在知识爆炸和学习渠道多元化的时代，教师在讲解某些内容时可能会发现某些学生了解得更多，且会在课堂上提出一些很有挑战性的问题，可能会让教师的"权威形象"受损而使其感到焦虑和愤怒。遇到这种情况，教师可以开诚布公地讨论学习方式的多样化，承认每个人了解、擅长的领域不同，用开放的心态让学生进行讨论和分享。

2. 注意管理自己的情绪

在师生沟通和交流的过程中，教师应注意管理自己的情绪，尽可能做到温和、坚定。教师的工作内容繁多，在处理教育事务的过程中，可能会疲惫、生气。但是教师也要注意，只有先管理好自己的情绪，跟学生沟通交流才会有良好的效果。

主题 3 小学生的行为发展

◎ 典型案例

小志从入学以后就经常和同学发生矛盾。如果遭到了同学的言语挑衅，小志一定要打了对方才能平息怒火。经过询问以后，老师了解到，小志的父亲教他在学校里不能"认怂"，受到欺负一定要还击。

老师告诉小志，真正有勇气和担当的人，要用自己的实力赢得同学们的认可和尊重。为此，老师与家长沟通，让小志在家里阅读课文，如果能达到正确、流利的水平，就邀请他在班里带读。此外，老师还与小志和他的家长提前商议好行为规范，当小志达成时，家长就满足他的一个愿望。经过一年的调整，小志的攻击行为大大减少，也逐渐获得了同学们的认可。

上述案例中的小志为何会有攻击行为？教师的教育为何能起效？

◎ 应 知

儿童行为是训练的结果。参与儿童行为训练的是他们的教养者、教师、同伴以及其他能够影响他们的"身边人"。儿童是怎样学会这些行为的？儿童的哪些行为是不良行为？这些不良行为的特点是什么，又是如何影响他们的？

一、小学生行为习得的机制

儿童是如何习得行为的？班杜拉研究了儿童的募捐行为和攻击行为，发现他们在观察榜样的行为及其后果之后，模仿、再现了榜样被奖励或未被惩罚的行为。此外，还有研究者发现，儿童会通过成人的告诫来抑制自己的冲动行为。

1. 观察模仿

班杜拉的研究发现，儿童会模仿成人榜样的行为。他设计了一个募捐实验，将儿童分成四组，每组配一个成人助手，在成人与儿童建立融洽的关系并取得儿童信任之后，实验者要求成人与儿童给孤儿院的孩子捐款。四个组的成人助手分别扮演四种不同的角色。（1）"真君子"：号召儿童捐款的同时，自己也真正捐款。（2）"刀子嘴豆腐心"：口头表示反对，实际行动时又慷慨地捐款。（3）"伪君子"：口头表示支持捐款，实际上没有捐款行动。（4）"真小人"：言行一致地不捐款。结果发现，第一组儿童捐款比例最高，第四组儿童捐款比例最低，这说明儿童会模仿成人榜样的行为。此外，研究还发现，第二组儿童捐款的比例高于第三组，这说明当成人榜样的言行不一致时，儿童更加关注榜样的行动而非语言，说明身教的作用大于言传。

2. 赏罚控制

募捐实验证明，儿童会模仿成人榜样的行为，那么他们是模仿成人榜样的所有行为，还是选择性地模仿有益的行为？募捐实验之后，班杜拉又做了攻击行为实验，对儿童模仿行为的选择进行研究。实验将儿童分成三组，分别观看一段成人攻击洋娃娃的影片，三组儿童观看的影片中攻击过程相同，只是成人遭遇的后果不同。（1）奖赏组：成人在攻击洋娃娃之后，受到另一个成人的夸奖，并得到巧克力和汽水等奖品。（2）惩罚组：成人在被另一个成人指责之后落荒而逃。（3）控制组：成人未受到奖励或惩罚。之后，实验者将儿童带到一个与影片相同的实验情境中，让他们自由玩耍10分钟，这期间实验者通过单向玻璃观察其行为。结果发现，奖赏组与控制组儿童表现出的攻击行为相当，惩罚组儿童表现出的攻击行为最少。一周后，班杜拉又找来这些儿童，让他们回忆成人榜样的动作，回忆得越多越好。结果每个组的儿童都学会了榜样的攻击行为，说明惩罚只是抑制了行为的表现，并没有阻断行为的学习。

3. 提前告诫

儿童如何抑制自己的行为冲动，知道什么该做、什么不该做？研究发现，提前告诫可以有效地帮助儿童抵御诱惑。研究者给儿童提供了新奇的玩具，然后把儿童分为三组：第一组提前告诫，当儿童伸出手想取玩具时，成人立刻严厉制止，说"那是给大孩子玩的"；第二组在儿童拿到玩具后予以制止；第三组对儿童不加任何限制。然后让儿童在无人监管的情况下，取自己喜欢的玩具。结果得到提前告诫的儿童遵守规则的情况最好，事后制止组次之，不予限制组最差。

二、小学生行为发展的特点

小学生的行为因其道德发展水平、言语和动作的发展特点、情绪情感的发展限制而有着独特的形态。

1. 一些道德行为习惯的水平随年龄而变化

在整个小学阶段，学生行为习惯的可塑性很大。如在关心集体、不损坏公物、劳动以及自觉遵守纪律等方面，表现为低年级水平较高，中年级降低，而高年级再次升高。这可能是因为低年级学生的道德认知发展水平尚处于服从权威的阶段，他们会根据成人的要求来约束自己的行为，但此时形成的行为习惯并不稳固；到了中年级，学生有了初步的独立自主意识后，开始变得"不听话"了，因此会打破原来已经形成的行为习惯。

2. 身体攻击行为减少但言语攻击行为增多

攻击行为是有意伤害他人身体或心理的行为，可分为身体攻击、言语攻击和关系攻击。其中身体攻击是指直接通过身体动作实施的攻击行为；言语攻击是指通过口头语言实施的攻击行为；关系攻击是指通过造谣等方式破坏对方的形象和人际关系的攻击行为，具有很强的隐蔽性。国内有学者调查发现，整个小学阶段学生身体攻击的频率在下降，但言语攻击在四、五年级略有上升。这可能是因为进入小学后，学生外显的攻击行为容易被识别，也容易招致批评和惩罚，同时也会招来同样的报复，随着年龄的增长，他们开始采用较为"安全"的言语攻击。研究还发现，男生的身体攻击行为多于女生，而女生的关系攻击行为多于男生。随着学生认知的进一步成熟，他们能更加准确地判断对方的意图，如果发现对方有敌意，他们会觉得"以牙还牙"的方式是非常合理的，更倾向于表现出报复性的攻击行为。

3. 亲社会行为得到发展

在小学阶段，学生的亲社会行为呈上升趋势。比如，先给学生四种物品，让他们根据自己的喜好程度进行排序，再考察他们如何进行物品分配，结果发现随着年龄的增长，学生更加倾向于把自己喜欢的物品分配给别人，表现出一种利他主义的"自我牺牲"。此外，移情的发展也对学生的亲社会行为有重要影响。大约在 7 岁以后，学生能设身处地地推断他人的感受，比如，看到别人伤心，他们会站在他人的立场，考虑他人的痛苦，从而做出安慰、助人等行为。父母和教师在管教学生时，如果能采用角色扮演的方式，或者鼓励学生去考虑别人的感受，就能在很大程度上促进学生移情能力的提高，从而增加其亲社会行为，减少其攻击行为。

▼ 应 会

了解学生行为背后的规律，可以帮助教师采取积极的方式来引导和训练学生的行为。

一、采用科学合理的行为主义方法规范学生的行为

在训练学生的行为时，行为主义的方法对于小学低年级学生通常是比较简单有效的。

1. 强化法

对学生表现良好的行为进行及时且系统性的强化。一些小学设计了系统的奖励方案来规范学生的行为。比如，学校将学生符合校规的良好行为罗列出来，小到课堂上积极回答问题，大到比赛获奖。具体的良好行为可以得到不同学科教师的印章，学生集齐特定数量的印章以后可以兑换荣誉奖牌，通过

这种方法来鼓励学生的良好表现。

2. 榜样示范法

在小学低年级，学生喜欢模仿成人，如教师和父母，此时教师需要以身作则，为学生树立良好的榜样。以书写规范为例，虽然习字教育主要由语文教师负责，但各科教师的书写都有可能潜移默化地影响学生。班杜拉的募捐实验证明榜样的身教作用大于言传，因此低年级各学科的教师在书写时都应注意规范，应按照正确的笔画顺序书写。

到了小学中高年级，学生更加偏好同龄人榜样，与此同时，成人的影响作用开始下降。此时，教师可以选择优秀的同龄人作为榜样，鼓励学生"见贤思齐"。但也要注意，高年级的学生进入青春期以后，因为渴望被同伴接纳，同时反抗成年权威，可能对教师"偏爱"的某些优秀学生心生抵触，因此教师要尽可能地把积极关注分配给班级中更多的学生，避免集中表扬个别学生，以免使学生承受过多的同伴压力。

3. 科学合理地使用惩戒

惩戒能在一定程度上规范学生的行为，但是要科学合理地使用，以不损害学生身心健康为前提。惩戒的方式方法要适时、适度、适机。教师在实施惩戒时要注意以下几点。

（1）提前告诉学生什么样的行为会受到惩戒，并解释行为不被允许的原因。向学生解释其行为对他人造成的影响，以提高学生的移情能力。比如，被叫绰号的学生会觉得

自尊受到伤害，如果你被叫了绰号，你会有什么感受？

（2）将令行禁止贯彻到底。班杜拉的攻击行为实验表明，对错误的行为不予以惩戒就是在变相地纵容；而且一旦放松规则约束，学生就会表现出通过观察习得的不良行为。

（3）保护学生的自尊和隐私，不要羞辱学生。

（4）同时教授和强化学生其他的期望行为。比如，在与同学发生争执时，打人、骂人可能是无效的解决策略，要教授学生人际交往的技能，以及如何通过沟通和协商化解冲突。当学生能采用期望的行为解决冲突时，及时肯定他们的努力和进步。

一、从积极心理学的视角引导学生的良好行为

随着学生年龄的增长，教师会发现行为主义方法的训练效果不断减弱。比如，某些学校采用的奖励制度，对于中高年级的学生就会失去吸引力。此外，行为主义的手段依靠外在的奖惩，对学生人格品质的成长关注不够。对此，可以借鉴人本主义的思想，对学生的成长保持积极的预期，采用正向表述、鼓励等方式，有效促进学生完善自我。

1. 正向表述行为规范

当学生做出不良行为时，教师会下意识地说"你不能这样"或"不可以"。其实，学生早期的认知还处于"非黑即白"的二元论阶段，他们会把成人对其行为的拒绝等同

于对自己的拒绝，因此在收到消极的信息后，他们会因为焦虑或愤怒而变本加厉。一种有效的替代性表述方式就是把"不要做某件事"变成"可以做另一件事"。比如，小学低年级的学生刚踏进校园，还没有养成主动向教师问好的习惯，此时，教师不要说"你为什么不向我问好"，而是应该在给学生做一个问好的示范以后，要求学生"你可以用同样的方式向我问好吗"。同样，针对课堂上举手回答问题的情况，教师也可以用正向的方式表述行为规范"举手以后受到老师邀请的同学才可以回答问题"，而不是说"没有举手不能回答问题"。

2. 使用"滤镜"缩小问题行为，强化良好行为

小学阶段的学生人格还不稳定，可能会受到情境的影响做出违背规则或遵守规则的行为。教师要"区别"对待两种行为，将问题行为与学生区分开来，即问题是问题，学生是学生；而对待学生良好的行为，则要给予积极的反馈，强化学生的良好行为。

当学生表现出问题行为后，教师不要给学生贴"爱打架"或"调皮"的标签，而是要与学生结盟，一起去对抗问题。教师要从问题行为中分析学生未被满足的需求或者缺乏的技能有哪些。教师可以反馈给学生"你太生气了，忍不住打了人"，然后跟学生一起分析打人的后果，如对挨打一方的影响、对班级秩序的影响。通过后果分析，使学生认识到打架并不是好的问题解决策略，引导学生使用协商等策略，同时学习如何管理自己的情绪。

当学生表现出良好的行为时，教师要及时给予积极的反馈。研究发现，8岁的儿童做了好事以后，如果得到了积极的反馈，如"你是个乐于助人的好孩子""你待人真友善"，他们在两周后的助人任务中更愿意伸出援手。这是因为，8岁之后，儿童开始从心理品质的层面认识自己，他们会将别人给予的积极反馈纳入自我认识，用亲社会的自我概念来约束自己的行为。因此，当学生为集体服务时，可以反馈"你是一个主动担当、有责任感的孩子"；当学生体恤父母师长的辛苦时，可以反馈"你是一个敏感善良的孩子"。在本主题的典型案例中，教师的教育方式就是用积极正面的形象来约束小志的行为，同时采用了行为主义的强化手段，巩固了学生的良好行为。

【本章学习回顾】

请您回顾本章的知识要点，思考如下问题：

复习　小学生在生理和心理方面各有什么发展特点？

联结　小学生的情绪发展对他们行为的影响可能有哪些方面？

　　　如何理解班里学生发展情况的不同？

反思　如何通过对小学生身心发展的理解来因材施教？

第二章

在学习过程中促进
小学生健康成长

　　小学生的学习是一个全身心投入的过程。做有准备的学习者，拥有良好的学习动机和习惯，不仅有助于他们在学业上取得成功，也对其品格塑造、积极心态培养有长远影响。

　　教师作为小学生进入学校后最重要的指导者，将陪伴他们勇敢接受挑战，帮助他们实现积极的自主发展。教师应关注学生的适应问题，及时发现并帮助学生适应转变，通过教学培养、激发学生的学习动机，重视培养学生的自主学习能力和良好习惯，为学生整个学习生涯夯实基础，奠定终身发展的基石。

第一节 帮助小学生完成入学适应

通过本节的阅读，您将了解以下方面的内容：

主题 1 指导小学生幼小衔接

应知
了解幼小衔接的意义及深远影响
了解幼小衔接可能引发的新生适应不良问题
了解影响学生入学适应不良的多种因素

应会
把握学生自身及其家庭情况
帮助学生获得学校生活的积极情感体验
深化学生规则意识，培养学生良好习惯
指导家长帮助学生尽快适应小学生活

指导小学生小初衔接 主题 2

应知
了解小学和初中在校园生活环境以及学习方面的不同
了解青春期心理特点给小学生升学适应带来的挑战

应会
帮助学生提前了解中学的环境和要求
指导学生在小学时期做好升学的学习准备
帮助学生认识和应对青春期的变化
注重学生心理建设，引导学生积极迎接未来

适合每位教师的心理健康教育指导手册

主题1 指导小学生幼小衔接

典型案例

　　小豪是一名刚从幼儿园进入小学一年级的学生。开学已经两个星期了，他从早晨起床就开始拖拖拉拉，有时到了校门口可能还会大哭，拉着妈妈的手不放开，说想要回家。他在课堂上也表现得很被动，从来不主动举手提问或者回答问题。上数学课的时候，他不是用手支着下巴看天花板，就是自己在纸上写写画画，老师讲什么他几乎都跟不上。回到家，小豪不是看电视就是玩玩具，一点儿也不想学习，爸爸妈妈让他复习一会儿功课，他总是说："马上，等一下。"这个"马上，等一下"一等就是一天。

　　上述案例中小豪这样的学生不是个例。我们通过观察可以发现，初入小学，有些学生能够快速适应新的学习生活，有些学生则会出现适应不良的情况。部分学生的不适应症状不会自动消失，若不及时干预，可能会导致恶性循环，不仅影响其学业成绩，还会不断减弱其自尊心、自信心，影响其身心健康发展。

　　这些状况需要引起一年级教师的重视，如何帮助学生适应新环境、更好地融入校园学习和生活，考验着教师们的教学才能和管理水平。

应知

　　本部分将介绍幼小衔接的重要性，以及新生在幼小衔接阶段适应不良的具体表现和

影响因素。

一、幼小衔接的教育契机惠及当下且影响深远

　　幼儿园与小学是两个不同的教育阶段，二者之间的衔接过渡关系到之后整个教育过程的连贯性。教育部2012年颁布的《小学教师专业标准（试行）》明确指出，教师应"了解幼小和小初衔接阶段小学生的心理特点，掌握帮助小学生顺利过渡的方法"。教师如果能够帮助学生提升对更高一级学习阶段的适应能力，养成良好习惯和性格品质，就能为学生夯实整个漫长学习生涯的基础，并且会对学生的健康成长及心智发展产生深远影响。

　　我们常常急切地关注上述案例中的"小豪"们，希望能帮助他们尽快度过转折期。

其实从学生的长远发展来看，出现适应不良的问题时恰恰是培养适应能力的契机。小学一年级学生正处于可塑性大、自控力较薄弱的人生初始阶段，教师应该以终身学习、终身发展的理念，从积极的视角来分析他们出现的适应问题，尊重学生的身心发展规律和教育规律，科学应用策略，保持从容和耐心，帮助学生在过渡中促发展，在发展中求适应。

需要注意的是，学校适应教育不单纯是教师或某个群体的责任，它需要学校、家庭及社会协力推进。

二、幼小衔接引发新生适应不良问题

从幼儿园自由自在的生活进入小学有规章制度约束的生活，学生往往会出现各种适应问题，主要有以下几类。

1. 学业适应问题

小学入学阶段是学生学会学习的重要阶段。学生从幼儿园进入小学，将面临作息时间、自理要求、学习内容、师生关系等多方面的变化。进入小学之后的学业适应关系到学生对学校课程与学校生活的态度和感受。入学新生在学业适应方面常存在较大的个体差异。

（1）课堂适应问题
- 不能做好或忘记做课前准备。
- 不能按规定时间上下学、上下课。
- 课间不会合理安排自己的休息时间和活动方式。
- 注意力不集中或集中时间较短。

- 理解能力不强，听不懂教师的要求或讲解，不能按要求完成学习任务。
- 没有良好的阅读、书写、倾听习惯。
- 不遵守课堂纪律，如上课时随便说话、随意走动，回答问题不举手或课堂上不发言，不能规范地、积极主动地进行课堂答题。

（2）课外适应问题
- 不能积极主动地参与活动。
- 记不住教师布置的作业。
- 不能积极主动地完成作业或写作业拖延。
- 做事只有三分钟热度，没有完整地读过一本书、画过一幅画。

2. 行为适应问题

面对新的学习生活，学生可能会由于缺乏适当指导，不能很好地适应，产生一些行为问题。如很多一年级新生自理能力不足，不能收拾整理、妥善保管自己的物品，学习用品丢三落四，不会系鞋带、穿衣服或穿着邋遢等；有的学生规则意识有待提高，习惯于按照自己的意愿来行动，缺乏对行为规范的认识和理解，不能自觉遵守学校规则；还有的学生自控能力较弱，即使对行为规范有一定的认识与理解，也不一定能自如地约束和控制自己的行为，常会有不想写作业、不想上课的想法和行为。此外，在学校里遇到困难不知道该怎么办时放声大哭，这也是很多新生常见的行为表现。

3. 情绪适应问题

从被呵护的幼儿转变成逐渐自立的小学生，一年级新生在过渡过程中的情感历程需要被关注。部分新生可能会因陌生环境产生一定程度的不适。情绪管理能力较弱的学生可能会出现精神紧张、情绪状态不佳等不适现象，严重者甚至会对校园环境和集体生活感到焦虑、恐惧。

4. 人际适应问题

一年级新生离开原来熟悉的环境和小伙伴进入小学，需要结交新朋友、适应新的班级和教师，容易产生孤独感。适应不良的新生往往同伴交往能力弱，不会表达自己的想法，不知礼让，欠缺合作意识，缺乏和教师的沟通。

以上四个方面的适应问题相互影响。比如，学生可能因为学业的不适应导致情绪情感的不适应，也有可能因为学业的不适应导致行为和人际关系的不适应。

三、影响学生入学适应不良的多种因素

刚进入小学的学生处于接受正规学校教育的初始阶段，要面对诸多变化，其生理和心理都要面临巨大挑战，影响学生入学适应不良的因素主要包括以下三类。

1. 外在环境

儿童从幼儿园进入小学，面临的第一个不适应就是环境的转变。幼儿园的环境设置生动活泼、色彩亮丽，有许多活动区域，儿童可以自由选择游戏，与同伴进行交流。小学的教室环境布置相对更有规则感，座位固定，生活与游戏功能减少，学生能够自由活动的机会较少。学生来到这样一个完全陌生

的环境，如果不能快速适应这些变化，心理方面就会无法避免地产生巨大波动，出现剧烈的情绪起伏。

2. 课程设置

幼儿园和小学在课程设置、开展和活动时间的安排等方面都存在明显差异。幼儿园主要是整合课程，分健康、语言、社会、科学、艺术五个领域，没有统一的教材和课程模式，以活动和游戏为主。小学是分科教学，学科之间界限清晰，使用统一课程和教材，以集体教学为主，重视对知识的掌握。

对学生来说，从幼儿园的游戏活动到小学的知识课堂，要跨越的沟渠确实不小。一年级新生注意力发展水平虽与幼儿园时相比有所提高，但仍处于发展中。小学学习时间相对较长，生活节奏较紧张，学生在幼儿园时认为是理所当然的个人要求，如随时喝水、上厕所等，在以学习为主的小学课堂上都有很多不同的规则加以规范。这将导致一部分学生较难适应，累积的困难会使学生慢慢失去学习的动力，甚至出现疲倦、注意力不集中、厌学的情况。

3. 人际关系

进入小学阶段，教师和家长在对学生的期望等方面也发生了相应的变化，这些变化可能使学生出现不适应问题。

（1）师生关系

一年级新生进入小学就像进入一个新的"大家庭"，他们需要面对幼儿园已有关系的断裂以及小学新的人际关系尚未形成的局

面，需要接受新教师。

师生关系作为新生进入小学后重要的人际关系之一，对学生的身心发展具有重要影响。小学教师会将更多精力放在教学及班级管理工作上，师生之间的情感联系可能没有幼儿园师生关系那样密切。因此，渴望被新教师接纳、与教师积极互动的学生会有一定的心理落差。教师如果对一年级新生期望水平过高，提出过严的要求，也可能增加学生在师生关系上的心理落差。

（2）亲子关系

家长的教育理念会直接影响孩子的学习态度、学习习惯、身体健康发展、自理能力等方面。

有些家长对孩子的年龄、心理特点了解不够，缺乏教育理论和教育方法，当孩子出现问题时不会进行正确的引导；有些家长不想孩子输在起跑线上，对孩子提出过高要求，认为孩子进入小学之后，就应该立刻按照学校的规定完成学习任务；有些家长为培养孩子丰富的兴趣爱好，除学校学习任务外，还给孩子报了各式各样的兴趣学习班，却忽略了孩子在这个阶段有可能面临的适应困难，加重了孩子的心理负担。

▼ 应会

本部分主要介绍一些具有操作性的策略，帮助教师开展一年级新生学校适应教育，助力新生顺利度过幼小衔接转折期，为其奠定终身发展的基石。

一、把握学生自身及其家庭情况

教师可以通过入学资料了解学生的基本情况，如学生姓名、家庭关系、家庭住址等。在入学第一天，能够准确地喊出每个学生的名字，会使学生感受到教师对自己的关注，对教师产生亲切感，从而迈出建立良好关系的第一步。

为更好地了解学生，教师可以进行一些有针对性的家访。选择需要家访的学生时，可以参考以下几种情况：学生学习不适应；出现问题行为、情绪困扰、人际冲突；家庭情况特殊等（关于如何针对处于困境和有特殊需要的学生开展教育工作以及如何开展家校共育，可参见本书第四章及第六章）。

二、帮助学生获得学校生活的积极情感体验

首先，教师可以通过一些积极暗示，帮助学生意识到自己身份角色的转变，如要求学生自己准备入学用品或为自己写名牌等。

其次，教师可以运用一定的教育方法和智慧，抓住课堂的生活性、游戏性和情境性，点燃学生的学习动机，如组织多样的活动和游戏，让孩子发现学校生活的乐趣。

最后，教师可以帮助学生认识新朋友，感受集体的温暖和关爱，培养他们对新环境的归属感。

三、深化学生规则意识，培养学生良好习惯

入学阶段也是培养良好习惯和养成行为

规范的黄金时期。教师应加强对学生自理能力、学习能力的培养，要求学生遵守日常行为规范（如能够按时上下课、完成作业），树立并强化其规则意识，帮助学生养成良好的生活和学习习惯。

◉ 知识窗

教师小锦囊——培养学生习惯的策略

- 确保学生了解各科目的时间安排
- 确保学生知道教师对他们的基本期待（如不能迟到，遵守课堂秩序，举手发言，盛饭排队）
- 确保学生了解课堂学习、作业提交等的基本规范

四、指导家长帮助学生尽快适应小学生活

入学适应特别需要家长的参与，教师要注重与学生家长的沟通，引导家长培养学生良好的习惯。

教师可以为家长提供一些评估工具，帮助家长了解学生的入学适应情况。

以下问题可用于评估学生适应新环境的情况。

- 我的孩子认识所有上课的老师，并能喊出他们的名字。
- 我的孩子愿意和老师交流。
- 我的孩子认识班里超过一半的同学。

- 我的孩子有两三个好朋友或知道哪些同学和自己有相同的兴趣爱好。

以下问题可用于评估学生学业适应情况。

- 我的孩子能够整理并保管好自己的文具物品，能为第二天的课业做准备。
- 我的孩子能在课间为下一节课做好准备。
- 我的孩子能听懂老师讲的内容。
- 我的孩子能按时、按要求完成作业。
- 我的孩子能坚持每天阅读。
- 我的孩子能做家务。

自评表可用于督促学生做自我管理（如学习用品管理，表 2-1）的小能手。

表 2-1 家校共育自评表

行为要求	星期一 自评	星期二 自评	星期三 自评	星期四 自评	星期五 自评
1. 学具没有丢失	☺	☺	☺	☺	☺
2. 铅笔削好 8 支	☺	☺	☺	☺	☺
3. 书本干净不折角	☺	☺	☺	☺	☹
4. 课前做好学具准备	☺	☺	☺	☺	☺
5. 每天整理书包	☺	☺	☺	☺	☺

主题 2　指导小学生小初衔接

◎ 典型案例

　　遥遥是一名刚升入初中一年级的学生，从开学到现在已经一个多月了，她越来越怀念小学的时光。小学的学习任务轻、学科少，而中学的学科多，需要花费更多的时间去学习。每天回到家后她开始做作业，一直要做到晚上 10 点才能完成。此外，班级的同学来自各个学校，遥遥在人际交往中比较被动和退缩，在目前的班级里，她还没有交到知心朋友。

　　遥遥的小学班主任管得多、管得细，经过多年的相处，师生关系十分融洽。相反，初中的班主任管得不多，许多事情都让学生自己处理。回到家里，爸爸妈妈关心的询问总是让她觉得厌烦，认为他们管自己管得太多。她还感受到自己的身体在发生剧烈的变化，如长高、乳房开始发育、月经初潮等。她开始在意自己在异性心中的形象，也有了自己喜欢的男生……，对这些变化，她茫然无助，不知道该向谁倾诉。

　　看到遥遥刚升入初一就面对的这些困难，小学教师需要思考：是否可以从小学就开始帮助学生做好升学准备？教师应该如何引导学生正确应对升学变化，以及时调整自己来适应即将到来的初中生活？

◎ 应　知

　　初中阶段与小学阶段的学习生活有很大的不同，在刚进入初中时，学生需要面对学习环境、课程内容、人际关系等各方面的变化。与此同时，由于进入青春期，学生也将面对巨大的身心变化。环境和自身的双重改变，可能会让学生应接不暇。

　　为了让学生更好、更快地适应初中生活，在小学高年级就开始做准备是很有必要的。在这个过程中，教师发挥着举足轻重的作用。教师可以帮助学生认识和了解初中与小学的不同以及可能面临的各种挑战，帮助学生尽早培养与之相适应的学习习惯、行为习惯，调整学生的心理状态，为升学做好准备。

一、小学初中大不同

1. 校园生活环境方面的变化

　　小学与中学的校园生活环境有较大的差异。绝大多数小学生在家附近上学，由家人

知·心·育人 小学版
适合每位教师的心理健康教育指导手册

照顾生活起居。升入初中后，学校可能会离家较远。部分学生需要住校，并且需要自己安排学习计划、照顾自己的生活起居。

2. 学习方面的变化

学习上，初一年级增加了政治、生物、地理、历史等新科目。由于科目较多，教师与学生的接触较为有限，教师对学生的管理相对小学减弱，学生容易出现懈怠的现象。若是在小学阶段没有养成主动学习的习惯，在升入中学后，学生继续依赖教师管理和督促，可能会在学业上表现出适应困难。

二、青春期心理特点带来的挑战

青春期是学生进行探索尝试的时期，也是由儿童迈向成人的必经阶段。面对青春期的到来，学生在应对身体与心理急速变化的同时，还要应对繁重的学业，这对于他们来说无疑是一个异常有挑战的阶段。这一时期的学生，既不同于儿童，也不同于成人，这种状态是由一些重要的生理和心理变化造成的。

1. 生理变化

（1）脑发育的变化使情绪波动加大

青少年大脑前额叶皮质还没有发育成熟，可能导致青少年的情感体验更强烈。特别是不成熟的杏仁核过分活跃，这是导致青少年情绪不稳定的一大原因。杏仁核非常容易受到激素的影响，造成情绪的波动。如果将杏仁核比作汽车的引擎，前额叶皮质比作刹车系统，那么青春期的学生就好比一部引

擎强劲、动力十足，但刹车系统却不很灵敏的汽车，在需要停车的时候经常控制不住自己。

（2）身体发育带来诸多改变

青少年进入青春期后会出现第二性征，与性有关的激素激增会引发青少年巨大的身体变化，其身高和体重会迅速增加，且会面临身体比例和体形的改变以及性成熟。

男生的喉结逐渐突出、嗓音低沉、肌肉发达、出现胡须、身体汗毛逐渐增多、腋毛和阴毛开始出现，随着性激素分泌的增多，男生会发生遗精现象。女生嗓音细润、乳房逐渐隆起、盆骨渐渐宽大、腋毛和阴毛开始出现，随着性激素分泌的增多，女生会出现月经现象。身体的发育会使学生逐渐关注自己在同伴眼中的形象，尤其是在异性眼中的形象，人际关系萌生出更复杂的状况，从而增加了小初衔接的难度。

2. 心理变化

青春期是自我意识发展的第二飞跃期。青少年的内心世界越发丰富起来，他们花很多的时间内省，"我是什么样的人""我的特征是什么""别人喜欢我还是讨厌我"等一系列关于"我"的问题开始萦绕在他们心头。

随着青少年自我意识的高涨，他们可能会越来越频繁地表现出对父母、教师或者其他权威的质疑。同时，他们也变得更加喜欢辩驳，喜欢找出他人观点的漏洞。

3. 同伴关系的变化

进入青春期后，青少年与同伴的关系越

来越密切。对比童年期，青少年时期的朋友对个体的影响更加广泛，他们彼此会在价值观、态度和行为风格等方面相互影响。如果有心事倾诉，好朋友常常是最先想到的倾诉对象。这种交流对青少年的心理发展有积极的意义，同伴交往能够使他们更好地认识自己、理解他人。因此，拥有亲密、稳定、支持性友谊的青少年一般对自己的评价更为积极。

▽ 应 会

学生在从小学升入初中的转折期所遭遇的挑战，主要是两个学习阶段的差异以及青春期身心变化带来的冲击。教师可以指导学生提前了解中学阶段的特点和要求，提前做好知识、技能以及心态方面的准备。

一、帮助学生提前了解中学的环境和要求

教师可通过参观、举办讲座等形式，让学生提前了解中学的环境和要求。教师可组织学生集体参观中学校园，了解中学的学习环境、学习内容及学习时间表；还可以请已经毕业的学生回校分享自己适应初中环境的经验，如学习生活是怎样的，小学与中学在学习和生活方式上有哪些差异，比较实用的学习习惯和学习方法有哪些，自己是如何克服困难并逐渐适应中学环境的；等等。总之，要加强小学高年级学生对中学整体情况的了解，帮助他们做好进入中学的心理准备。

二、指导学生在小学时期做好升学的学习准备

在初中，教师更重视学生的自主学习能力。因此，小学高年级的教师要主动培养学生的自主学习能力，为小初衔接做好准备。自主学习能力包括很多方面的内容，如主动预习与复习、上课认真听讲、主动思考、运用各种工具进行学习、反思学习等。

班主任可以举行自主学习的主题班会，在班级中开展学习习惯与经验分享。各学科的教师要主动地要求、带领学生进行预习与复习，进行学习总结与反思，以帮助学生在学科学习中逐渐达到自主的水平（具体方法可参见本章第三节）。

三、帮助学生认识和应对青春期的变化

1. 帮助学生适应青春期变化

教师可通过主题班会、心理辅导课、讲座、知识手册、宣传栏以及同伴教育等多种形式，将青春期身心变化规律等知识生动地分享给学生，让学生了解自己的生理变化与心理变化，以更好地应对进入青春期后面临的挑战。此外，教师还要帮助学生认识到，青春期是脑快速变化的时期，也是学习的黄金时期，是不能错过的成长期。学生在这一阶段的任务是通过学习促进自己的认知、道德、学业、情感和社会性的全面发展。

2. 指导学生掌握情绪调节的有效方式

（1）了解情绪，正常看待

首先，教师要让学生了解到，喜怒哀乐

是一个人正常的情绪反应，是人本身的一部分。表达自己的情绪是正常的、正当的，适度表达自己的情绪有益于身心健康。本主题典型案例中的遥遥因缺少同伴的支持而产生了迷茫无助的感觉，教师可以告诉遥遥这样的感觉是正常的反应，是允许出现的。

（2）觉察情绪，了解原因

教师要引导学生学会觉察自己或他人的情绪，了解积极情绪与消极情绪产生的原因。教师可以通过主题班会、角色扮演、情景剧等多种方式来帮助学生了解自己和他人在不同情境中会产生的情绪反应，并找出这些情绪产生的根源。

（3）分享情绪，互帮互惠

教师要引导学生与他人分享自己的积极情绪与消极情绪，选择让自己感到安全可靠的情绪分享对象。同时，引导学生学习做一名有效的、可靠的倾听者，学会倾听他人的情绪体验：要有足够的耐心和丰富的爱心，不要表现出不耐烦、无动于衷的态度，更要避免嘲笑、讽刺对方，要注意保护对方的隐私，等等。

四、注重学生心理建设，引导学生积极迎接未来

1. 创造成功的心理体验

成功的体验会给学生带来自信。教师要欣赏和鼓励学生的每一次努力、每一点成功，如学生当众顺利地完成了三分钟的发言，球赛结束前三秒钟仍有很好的发挥，考试因谨慎而多得了几分，等等。这些都值得教师给予肯定。

帮助学生设定一些通过努力有把握达成的短期目标，让学生付出努力后能看到自己的成果。

2. 开展心理辅导活动

为促进学生心理健康，教师可开展多种多样的心理辅导活动。

（1）建立心理辅导站。由专兼职心理教师、班主任担任辅导员，耐心听取学生的倾诉，热心解答问题。

（2）开通"热线广播"，设立"咨询信箱"。让学生拨打热线或写信，倾诉自己的心理困扰，心理辅导员以接听电话或回信的方式和学生交流谈心，解决他们的忧虑。

（3）开设"心理健康教育专栏"、心理辅导课程。介绍相关的心理知识，帮助学生解决生活中的小矛盾。

（4）举办心理健康专题讲座。如进行考前心理疏导，介绍如何正确认识自我、面对挫折、调节情绪、提高人际交往能力等，指导学生以健康的心态和积极的方式去学习和生活。

第二节 培养小学生良好的学习品质

通过本节的阅读，您将了解以下方面的内容：

主题1 培养小学生良好的学习动机

应知
认识学习动机的重要意义
了解学习动机的分类及内外动机的合力作用
熟悉小学生学习动机的发展过程
了解激发可持续发展的学习动机的方法

应会
简要评估学生的学习动机
运用多种策略激发学生学习兴趣，培养学生学习动机
指导学生设立目标、树立榜样，提升学生学习动机
通过评价与激励促进学生学习动机可持续发展

培养小学生良好的课堂学习习惯 主题2

应知
认识良好的课堂环境是学生积极参与学习的基础
关注注意力水平对课堂学习效率的影响
理解问题意识可以助力高效课堂学习

应会
营造良好的课堂环境
培养学生认真听课的习惯
培养学生思考和提问的习惯

主题3 培养小学生良好的课外学习习惯

应知
了解有效的预习是学习的助推器
理解复习可以促进知识的掌握与巩固
了解学习后的遗忘规律

应会
引导学生进行主动预习
引导学生掌握复习的策略
指导学生合理安排任务，提高自主学习的能力

主题 1 培养小学生良好的学习动机

典型案例

【案例一】

秦老师担任小学一年级语文教师时，发现孩子们很有意思。当老师拿出小贴画，表示认真学习的小朋友就能得到时，他们会立刻非常听老师的话，认真地学习。当他们回答正确时，老师的表扬会像强心剂一样注入他们的心灵，能推动他们更努力地学习。

新学期，因为学校人事变动，秦老师来到五年级教语文。然而他发现，之前对一年级学生很实用的策略，对五年级学生却不太管用了。当他拿出小贴画表扬努力学习的学生时，学生们脸上流露出一副不以为意的表情，好像在说"我都这么大了，你还拿小贴画忽悠我"。秦老师的小贴画在高年级没了吸引力，而且很多其他的表扬、激励策略在高年级也相继失效，甚至遭到学生排斥。

这是怎么回事？秦老师如何才能调动五年级学生的学习热情？有没有什么办法可以让小学生更加高效地学习，并能维持学习的积极性和主动性？

【案例二】

在小学执教的 8 年时间里，田老师发现：班上某些学生往往在各方面，如品行、学习成绩、体育等都表现优秀。在与家长交流的过程中，大多数这类学生的家长都会说："我们其实很少管。"他们并不需要时时处处提醒并监督孩子的行为。

与此同时，田老师也发现，班上还有一批学生，他们的学习能力也很强，也就是所谓的"脑袋聪明、很好用"，但他们却需要教师和家长予以严格监督与提醒。一旦教师和家长对他们的管教稍有松懈，他们就会立刻"管不住自己"，出现不认真听课、不完成作业等情况。

前一类学生往往成绩稳定，一直能自觉学习；而后一类学生的学业成绩波动性很大，特别是在小学高年级时，他们中的大部分会出现学业成绩下滑的趋势。田老师总结认为，这些现象与学生的学习动机有一定联系。

案例一中的这些问题都指向了教师，教师应该了解学生在不同阶段的发展特点，并有针对性地激发和培养学生的学习动机，否则将会遇到像秦老师一样的尴尬状况。

案例二其实显示了一种学习动机分化现象。教师如何做才能有效激发学生持续学习和终身学习的动机，提高学习主动性？

应　知

人类的每种行为都是由一定动力推动的，学生学习行为亦是如此。我们可将推动学生学习行为的动力称为学习动机，它是激发个体进行学习活动、维持已有学习活动、使学习活动朝向一定学习目标的内部启动机制。

一、学习动机对小学生意义重大

小学是个体接受教育的基础阶段，学习成为小学生的重要活动。他们需要通过学习实现智力增长和身心发展。而在学生学习的过程中，学习动机直接影响学生的学习方式与努力程度，且学习动机的指向水平进一步对学生的学习行为及学业成绩产生影响。

在班级里我们会见到学习热情不高的学生，他们容易出现不能持续集中注意力、经常走神开小差、好动、没有耐心、做作业字迹潦草、作业经常出错、对某些学科有厌烦心理、干事拖拉等问题，这些状况对他们的成长与发展非常不利。预防和解决学生学习过程中的行为问题往往需要从他们的学习动机入手。教师需要发现学生学习动机缺失或较弱的环节并予以影响或干预，从而在根源上解决问题。

教师只有了解学生在不同阶段的发展特点，采取有针对性的措施，才能有效激发、培养学生良好的学习动机。这也是案例一中秦老师所面临的问题。学习动机能够使学生对所学内容有一定的指向性（如对学习表现出浓厚的兴趣，上课能集中注意力等），并能够帮助学生将积极的状态、行为保持下去，保证学生的学习行为朝向一定学习目标不断发展，提升其学习能力。

二、内外动机合力推动学生学习

依据不同动力来源，学生的学习动机可分为外部动机与内部动机。前者由外部因素，即学习行为结果所引发，如学生努力考出好成绩，是为了获得教师的表扬、父母的奖赏或同学的尊重等，这些目的来自学习活动之外，称为外部动机。案例一中秦老师的小贴画和其他形式的表扬都是教师常用的外部诱因。当一年级的学生为了得到它们而立刻认真学习时，获得小贴画和表扬就成为学生强大的外部学习动机。后者由学习内容和活动本身所带来的快乐与满足引发，如有的学生对昆虫感兴趣，在学习有关昆虫的课程时眼睛睁得大大的，听得很认真，并且积极地回答问题，这就是内部动机在起作用。所谓"知之者不如好之者，好之者不如乐之者"，强调的正是内部动机的作用。

学生学习行为的维持有赖于内外部学习

动机的协同作用。因此，教师在强调内部学习动机的同时，绝不能忽视外部学习动机的作用。当学生的内部学习动机被点燃后，相应的外部环境也应发挥作用，以使学生的内部学习动机处于持续的激活状态，从而保持稳定的学习动力。如学生对学习内容感兴趣，通过主动、努力的学习取得了好成绩，在学校里获得了教师的表扬、同学的尊重，回到家里受到了父母的夸奖，这些来自外部的认同又会促进学生在学习上更加努力，从而形成一种良好的循环效应。

三、小学生学习动机的发展过程

1. 直接学习动机向间接学习动机发展，但以直接学习动机为主

学生学习动机的形成并不是一蹴而就的，在小学低年级，学生学习动机主要与学习过程和学习内容相关，而后逐步发展至与学习目的和学习结果相关。学生起初喜欢生动有趣的学习内容、直观形象的讲授方式、丰富多样的学习活动，但并未意识到学习的长远目标。到了小学中高年级，他们开始将学习活动指向未来的间接目标，如希望将来能考上理想的大学、成为一名科学家等。

2. 外部学习动机向内部学习动机转化，但以外部学习动机为主

调查发现，小学低年级学生在外部动机上得分显著高于高年级学生，而在内部动机上的得分则较低。小学低年级学生的学习是为了获得积极的外部刺激，如获得更高的分数或更好的名次，并进一步得到教师、家长或同学的认可（正强化）；或者避免消极的外部刺激，如教师、家长的批评或同学的奚落（负强化）。随着年级的升高，小学生逐步发展出对学习的内在兴趣，他们倾向于为了理解或者掌握知识、技能而学习。所以案例一中秦老师使用的小贴画等外部奖励的方式，已经不能满足高年级学生的需求了。

虽然小学生的学习动机开始由外部动机向内部动机转化，但依然以外部动机为主。小学生尚未形成长远的发展目标，缺乏用长期目标来指导、调节自己学习状态的能力，因此在一些复杂的学习任务中，即便是高年级学生也需要外部激励。

3. 学习动机的发展存在分化现象

大约从小学中年级开始，学生的学习动机开始出现分化现象，即一部分学生逐步养成了自主学习的习惯，比如，记录每天或每周需要完成的学习任务，主动在课前预习或课后复习，在课堂上专心听讲，这使得他们更早获得学业成功，体会到学习的乐趣，因此较早地发展出了较高水平的内部学习动机；一部分学生依然会为了得到奖励或避免惩罚而学习，保持着一定水平的外部学习动机；还有一部分学生，因为学业成绩不佳，导致同伴关系、师生关系或亲子关系不良以及产生较差的自我概念（如"我不是学习的料"），进而对学习产生消极情绪，如焦虑甚至厌倦等，维持着较低水平的学习动机。

案例一中，对于小学高年级的学生，教师采用的外部强化手段对于内部动机占主导或者缺乏学习动机的学生来说是无效的。教师需要根据学生不同的动机状态，制定有针对性的教育措施。比如，对内部动机占主导的学生，可以提供一定难度的任务，让学生体会到学习的乐趣；对于缺乏动机的学生，需要降低任务难度，让他们有机会获得成功体验，减少焦虑、厌倦等消极的情绪体验。

四、激发可持续发展的学习动机

1. 适度使用外部学习动机以防损耗内部动机

案例二中，教师和家长的严格监督是后一类学生强有力的外部动机，这些外部动机能够促使学习活动发生，有时也会促使内部动机产生。然而，在教育活动中过分强调奖惩，大量使用外部诱因，则可能削弱内部动机，甚至造成动机缺失的后果。下面这个有关动机的经典心理学故事就生动诠释了这一现象。

◉ 知识窗

孩子在为谁而玩？

一群孩子接连几天在一位老人门前玩耍嬉闹，老人难以忍受。于是，他分别给了每个孩子25元，并说："你们在这里玩耍使得这里非常热闹，我感觉自己都年轻了不少，这些钱是我的一点儿心意。"孩子们很高兴，第二天一如既往地来这里玩耍嬉闹。这次老人走出来给了每个孩子15元，解释说是因为自己没有收入，只能少给一些。孩子们觉得15元也还可以，仍然兴高采烈地走了。第三天，老人出来分给每个孩子5元，孩子们勃然大怒："一天才给5元，知不知道我们有多辛苦！"他们向老人发誓，再也不来这里为老人而玩了！

最初，孩子们玩耍只是因为自己喜欢，驱动他们玩耍的是其内部动机——开心。然而，当老人给孩子们奖赏之后，"为了奖赏"的外部动机大大地压制了"为了开心"的内部动机，孩子们失去了原来玩耍的乐趣。当老人减少奖赏之后，孩子们便逐渐失去了在他家门口玩耍的动机。这启示教师在教学实践中应该适度使用表扬、奖励等外部诱因，注意促进学生外部动机的内化。如果学生的内部动机充分，就不要过分强调奖惩，防止破坏其内部动机。

2. 关注内部动机以持续有力地推动学生的学习行为

外部动机需要外在刺激物的诱发，需要活动过程之外的其他因素（如教师、家长、规章制度、奖罚措施等）的监控。在教学实践中，教师尽管常使用表扬、奖品等来激发学生的外部动机，但实则更期望学生可以基于自己的内部动机进行学习。相对而言，内部动机更具强效性和稳定性，能够持续对学生学习产生积极作用。在它的推动下，学生可以自主而又愉快地投入学习过程，使学生无需外在因素的推动，亦无需教师或家长的监督，就能够积极主动地进行学习。正如案例二中前一类无需监督的学生，他们的内部动机在一定程度上被调动起来，无需他人监督就能自己进行学习。

3. 播撒终身学习的种子

教师需要激发学生持续学习和终身学习的动机，促进他们全面可持续成长。教师应当做好表率，鼓励学生把目光从个人投向全人类、从家庭投向社会，制定具有社会意义的长远目标。为社会做贡献这样的学习动机一旦融入学生的内心，往往会使学生拥有长久不衰的动力、百折不回的意志，在这种状态的引领下他们会持续成长。

▼ 应会

教师需要在对学生的动机状态进行评估的基础上，兼顾学生的内部动机和外部动机，针对不同年级的学生，采取有针对性的教育策略。

一、学习动机的简要评估

观察或者询问学生一些要点，可以帮助教师追溯学生学习动机的来源，识别动机的类型和程度大小，从而更有针对性地激发和培养学生的学习动机。

1. 内部学习动机与外部学习动机

持有内部学习动机的学生在学习过程中更关注对知识、技能的学习和掌握，常有以下表现。

- 喜欢学习新知识。
- 喜欢钻研新的学习方法。
- 喜欢所学内容。
- 喜欢有挑战性、能激发好奇心的课程内容。
- 愿意尽力深入理解课程内容。
- 对于不懂的问题愿意花更多时间。
- 挑选能学到东西而不是能获得高分的作业去做。
- 期待能够运用所学知识解决问题。

持有外部学习动机的学生在学习过程中更关注成绩分数和他人的赞许，常有以下表现。

- 学习过程中最在意的是成绩。
- 想取得比别人更好的成绩。
- 好好学习是为了获得"优秀学生"等荣誉称号。
- 学习目标之一是向别人显示自己很擅长功课。
- 学习目标之一是避免别人觉得自己不够聪明。

- 上学是因为教师、家长希望自己能取得成功。
- 上学是因为没有其他什么更好的事情可做。
- 上学是因为在学校里可以见到朋友们。

2. 较强学习动机与较弱学习动机

动机强度不同，学生的表现也会有差异。学习动机较强的学生常有以下表现。

- 按时完成作业。
- 在课堂上注意力集中。
- 在课堂上认真听讲。
- 积极参与学习活动。
- 愿意动脑筋思考问题。

学习动机较弱的学生常有以下表现。

- 做作业拖延。
- 不愿意动脑筋思考问题。
- 学习时想别的事情。
- 学习时觉得很无聊。
- 学习时觉得很气馁。
- 依赖手机、电脑。

二、激发学生学习兴趣，培养学生学习动机

兴趣是最好的老师。若想学生喜欢学习，始终保持强劲的学习动力，就要激发学生对学习任务本身的兴趣。这要求教师在了解学生认知特点的基础上，以适切的方式将学生的注意力导向学习任务本身。

由于不同年龄阶段学生的认知特点不同，因此激发学生学习兴趣的手段也不尽相同。

1. 针对低年级学生

由于低年级学生认知的具体形象性与有意注意时间较短的特点，教师在进行教学时要用直观形象的学习材料引发他们的思考和对学习的兴趣。下面结合一年级拼音相关内容的教学，进行举例说明。

（1）可以设计不同的动物头饰，让学生佩戴并模仿动物的形象与叫声，通过肢体动作调动其多方面感官参与学习。请学生分辨青蛙叫声"gua"和小狗叫声"wang"中的韵母。

（2）可以设计有趣的游戏来帮助学生识记。如"找朋友"，每个学生代表一个字母，寻找能够组合成字音的小伙伴。

（3）可以让记忆与具体的形象相结合，如引导学生观察、联想"字母 o 就像在读'喔'这个字时嘴巴张开的形状"。

2. 针对中年级学生

对中年级学生，教师可以更多地运用竞赛或者合作的方式。可让学生分组竞赛，也可鼓励学生和教师比赛，尽量使不同学生在竞赛中都有获胜的机会。在此过程中，应适当减少具体形象记忆的分量。

3. 针对高年级学生

考虑到高年级学生抽象逻辑思维的发展，教师在激发其兴趣方面可以尝试以下方法。

（1）与旧知识做联结，激发学生对新知

识的期待。

（2）鼓励学生交流自己的学习方法，尝试借鉴多种途径和方法记忆新知识。

（3）引导学生认识到掌握一定知识技能对未来学习与工作的重要意义，发展学生的间接兴趣。

在教学活动中，教师要依据教学任务的难易程度恰当激发学生的学习动机：在进行较为简单的教学任务时，尽量让课堂气氛紧张一些，促使学生集中注意力；在进行较为复杂、困难的教学任务时，尽量营造轻松、自由的课堂气氛，帮助学生更好地进入学习状态；在学生学习面临困难或出现问题时，尽量心平气和地予以引导，以免学生产生紧张和焦虑情绪。

三、指导学生合理设立目标，利用榜样力量激发学生的学习动力

小学生可能对自身能力水平缺乏清晰的认识，或者对任务难度缺乏准确的估计，往往制定出非常"宏大"的目标，难以执行。而合理的目标应该是明确的、可测量的、可行的、有时间限制的，是学生经过努力以后能够实现的。学生制定了学习目标以后，教师可以根据以上原则指导他们把目标具体化。

比如，在新学期，学生为自己设立了类似于"好好学习，天天向上"这样笼统的目标，教师可以通过提问、提示等方式，指导学生进一步思考和细化自己的目标。

（1）"好好学习"的标准是什么？"天天向上"是进步的意思，当你发生了哪些变化时，算是学习有进步？你希望自己在新的学期中，在哪些科目上获得进步？

（2）根据当前的学习状态，能否在预期时间内达成这个目标？实现目标的有利条件和障碍分别有哪些？你打算如何利用有利资源，或者如何克服可能遇到的困难？

（3）如果把一学期的目标进行分解，那么在开学的第一个月、第一周，你需要做什么？

（4）如果能够实现目标，你（或家人）打算如何奖励自己；如果做不到，会有什么样的后果？

（5）一段时间以后，根据目标的执行情况，再调整总目标和阶段性目标。

此外，榜样的力量对学生的长远发展意义重大。教师可以利用榜样的激励作用促进学生更好地成长。从榜样人物的来源来看，有日常生活中的榜样，如父母、教师和同伴，也有历史人物榜样，等等。低年级的学生更容易对权威人物产生认同，教师可以结合教学内容分享杰出人物或教师自身的成长故事，让学生了解每个人的成长都是"日积月累"的过程。

随着年龄的增长，同伴的影响力逐渐增加。教师可以树立优秀学生的榜样，在班级中通过演讲、习作等方式分享如何通过努力实现进步的故事。此外，小学中高年级的学生开始把目光投向青年偶像。教师可以引导学生选择"正能量"的偶像，关注他们在成名之前为事业所做的各种准备工

作，了解他们在"光环"背后的辛苦付出，发现他们身上的积极品质，从偶像身上汲取成长的动力。

四、通过评价与激励手段促进学生学习动机可持续发展

1. 采用恰当的激励策略，促进学生保持良好的学习动机

当学生按任务要求解出难度较大的数学题时，教师却对其作业的整洁程度大加赞扬，这会产生什么样的效果？任何表扬都应让学生觉得有据可依，表扬过度、不及或不当都会损害学生学习的动机。

发放小贴画、礼品等都可以成为激励孩子学习的外部强化手段，需要注意的是，物质奖励对小学低年级的学生是较为有效的激励措施，而对于高年级学生来说可能收效甚微。此外，教师在给予学生负面评价时一定要注意方式方法，对事不对人，即要从整体上认同学生，在具体行为上指导学生改进。

2. 肯定点滴进步，为每个学生创造获得成功体验的机会

首先，每个学生都是一个独立的个体，我们应该了解学生的独特需求，肯定其点滴进步，激发其学习动机。学业成绩不佳的学生可能具有很强的动手能力，或是在艺术方面有过人的天赋与才华，教师要善于发现不同学生的闪光点并加以鼓励和表扬。同时，教师进行教学设计时要考虑学生的"最近发

展区"，应适时创造机会让学生获得成功体验，激发成就动机。

其次，无论学生出现积极的学习行为还是消极的学习行为，我们都可以从中发现积极的种子。例如，一个学生语文成绩不够好，在语文测验中出现作弊行为。这种行为虽然是错误的，但是仍然蕴含着积极的因素，那就是这个学生希望自己能够获得好的语文成绩，并且在语文测验中获得成就感。这正是教师可以激励这个学生学好语文的切入点。教师应肯定其行为背后的动机，激励并引导其选择正确的方式和途径，不断发挥积极的力量，促进积极的行为，从而实现持续的成长。

3. 引导学生进行积极取向的归因

教师需要引导学生从有利于今后学习的角度对学习结果进行可控、可变的积极取向的归因，如归因于努力程度、学习方法、时间投入等自身因素。在实际教学中，教师可通过赞赏努力的方式引导学生关注自己做出的努力，及时反馈学生因努力而获得的相应结果，使学生感觉到自己的努力是有效且重要的。

4. 通过情感激励，促进学生学习动机的发展

情感是影响人类行为的直接因素之一。教师面对不同学生，应采取不同的情感激励策略：对于在学科学习中保持优势的学生，要引导他们拥有更高、更广阔的视野，用教

师自己对学科的所知与向往，鼓励他们深入探索学科知识；对于在学科学习方面没有优势的学生，要善于了解他们的心理世界，与他们沟通交流，欣赏他们的长处，以此带动他们对学科的热爱。

一位热爱学生、热爱生活、热爱学习的教师一定能够调动学生的学习兴趣，激发他们的动力，引领他们走上快乐、自觉、主动的学习之路。

主题 2　培养小学生良好的课堂学习习惯

◎ 典型案例

上课铃响后，学生们依旧吵吵嚷嚷、无法安静。数学王老师走进班里，朝学生们挥了挥手："来！大家看看我手里拿着什么？"学生们马上望向王老师，异口同声道："彩纸！"

将学生的注意力都集中到课堂上后，王老师进入了今天的主题：在长 20 厘米、宽 15 厘米的长方形纸板中最多可以剪多少个半径为 2 厘米的圆？王老师让学生根据上节课讲过的方法，先做做这道题。结果发现全班包括最优秀的学生在内，无一例外地这样计算：

$20 \times 15 = 300$（cm^2）

$3.14 \times 2^2 = 12.56$（cm^2）

$300 \div 12.56 \approx 23$（个）

接着，王老师给每个学生发了一张与题目中面积一样大的彩纸，让他们画出并剪下半径为 2 厘米的圆。学生们跃跃欲试，完全投入剪圆的过程，苦思冥想后发现根本剪不出 23 个完整的圆。

学生们或一脸疑惑，或露出不好意思的笑容，明白自己之前的算法过于简单与理想化了。王老师点了几名学生，让其分享自己的发现和感悟。在交流讨论的过程中，学生们理解了这道题正确的解题思路与方法，王老师让他们将其总结出来，这堂课的目标就基本达到了。

上述案例中的王老师通过有趣的活动，将学生的注意力维持在课堂上，通过循序渐进的提问，促使学生发现自身思维的局限，加强学生对新知识的理解。在日常教学活动中，教师如何才能像王老师一样，满足高效课堂的教学要求？

◎ 应 知

高效课堂是指学生在课堂教学活动中高质量完成学习任务，并相应提升知识掌握程度与学习能力。它要求学生主动参与课堂教学活动，要求教师在了解学生发展特点的基

础上，积极引导学生，激发学生兴趣，保证高效完成课堂教学任务。

一、良好的课堂环境是学生积极参与学习的基础

课堂环境是教学活动的重要组成部分，对教学质量与教学效果有着重要影响。在上述案例中，轻松愉快的课堂环境有利于调动学生情绪，促使学生积极参与课堂教学活动，激发学生的学习兴趣。在此基础上，教师通过恰当引导，能够促进学生逐渐养成良好的学习习惯。课堂环境包括物理环境和心理环境两部分。

课堂物理环境影响着学生的上课状态。比如，温馨、舒适的教室布置使学生心情愉悦，给学生带来良好的体验，让学生喜欢学校，进而爱上学习。

课堂心理环境对学生学习状态的影响更大。学生只有处在安全舒适的环境中，才能将更多时间与精力投入学习。而在一个时时刻刻都感到紧张，可能会被批评的环境中，学生会产生焦虑情绪，影响学习效率。上述案例中，王老师面对吵闹的班级并未发怒或是批评学生，面对学生错误的回答也未表现出失望的态度，而是通过引导学生亲自实践来证伪。王老师这种温和、包容、不评判的态度，以及为学生提供亲身体验的教学方式，让学生在安全舒适的状态下快速投入课堂学习。

二、注意力水平影响课堂学习效率

注意力对小学生的课堂学习有较大的影响，是其需要具备的基本能力。良好的注意力是小学生养成良好学习习惯的标志之一。上课集中注意力，紧跟教师的节奏，将达到事半功倍的效果。

不同年龄段的儿童注意力连续集中的时间有所不同。一般情况下，7 ~ 12 岁的儿童为 10 ~ 15 分钟，10 ~ 12 岁的儿童为 15 ~ 20 分钟，12 岁以上的儿童可保持大约 20 分钟。因此，教师应为不同年龄阶段的学生设计相应时长的课堂教学内容，适时调整课堂节奏，促进课堂教学高效进行。

小学低年级学生在注意力的分配上存在一定的困难。例如，大部分低年级学生无法一边做笔记，一边认真听讲，这是因为他们对写字仍旧不熟练。随着年龄的增加，写字变得熟练后，学生便可将更多的注意力分配到听讲上来。因此，教师应根据学生这一特点，合理安排教学。

课堂上还经常出现这样的情况：学生在参加完一项活动后，无法快速地将注意力转移至下一项活动上，导致注意力不足，错过重要的信息。上述案例中，学生在刚上课时依旧吵吵嚷嚷，尚未进入学习状态，这便是学生无法迅速转移注意力的表现。因此，教师需要适时进行语言或非语言的提醒，帮助学生转移注意力。

三、问题意识助力高效课堂学习

问题意识是指学生具有积极思考，自由

探讨，勇于发现问题、提出问题、解决问题等自觉的心理活动，这是学生创造力的重要组成部分。

培养问题意识有助于提高学生认知能力，激发学生学习兴趣，发展学生主体性与个性，增强学生学习实效，并提升学生的问题解决能力。此外，培养问题意识还有助于优化课堂教学氛围，促进师生沟通与交流，使教师得以有效掌握学生的学习情况，并根据实际教学情境适时调整教学策略与内容，提高教学效果。

但这并不意味着只要教师多拓展一些学习任务，或是学生积极配合教师提问就能发现、提出或解决问题。学生问题意识的培养与提升需要教师调整认识观念、坚持学习和练习相关技巧，从而有效培养学生积极思考、善于提问、勇于表达的习惯。

▼ 应 会

课堂是教书育人的主要阵地，促进学生积极参与课堂学习，促进学生各方面的整体发展是所有教师的主要任务，教师应该怎样做才能达到这样的目标？

一、营造良好的课堂环境

1. 师生共建适宜的班级环境

开学时，教师可指导学生在墙壁上张贴一些有意义的名人名言，在桌面上整齐地摆放学习和生活用具，在教室的窗台上摆上几盆花草，让教室充满生气。平时上课时，教

师可根据课上所讲的主题来布置教室。如在讲与春天相关的诗歌时，可在黑板上画上柳絮，在墙上贴上与春天相关的图片。在布置班级环境时，教师应充分尊重学生的想法，引导学生积极参与，贡献智慧与力量。在座位编排方面，应保持适当的间距，方便教师走动以及与学生沟通交流。对于那些好动、爱说话的学生，也应合理安排他们的座位，避免影响到其他学生。

2. 尊重学生，建立良好的师生关系

小学生在与教师交往过程中的感受影响着他们的行为，他们更愿意遵守自己喜欢的教师制定的规则。在良好的师生关系中，学生也将更有安全感。

教师需要了解学生的基本情况，如家庭情况、兴趣爱好、心理状况等，课上课下多与学生沟通交流，通过适当的微笑、鼓励、表扬等方式，让学生感受到被尊重、被关注。教师应保持自己情绪的稳定，不轻易发脾气，做事公正，这也是一种尊重学生、平等对待学生的方式。

3. 建立合理的课堂评价机制

教师应表扬学生的优点和进步，灵活运用言语和非言语的方式及时进行强化。言语上的强化可以是口头的表达，如夸奖学生表现得很好，最近有很大的进步等。非言语的方式可以是微笑、竖大拇指或是轻轻地拍拍学生的肩膀等。此外，教师还可适当奖励学生，如给课上积极举手回答问题的学生加分，积分达到一定程度便可得到奖励。

当学生表现不佳时，教师也应选择合适的方式，视情况给予学生反馈和评价。对于那些破坏课堂规则的学生，教师在坚持课堂规则的同时，也应选择温和的方式加以制止，而不是严厉地批评学生。如教师可让课上说话的学生起来回答问题，或者走到学生身旁，轻轻地拍拍学生的肩膀以示提醒。

此外，有些学生会为了引起教师的注意而在课堂上捣乱。针对这些学生，教师可暂时忽略其捣乱行为，同时表扬和奖励课堂上表现优异的学生。教师也可以选择延迟评价的方式，如在课下与捣乱的学生讨论其不良行为，让学生评价自己的行为，制订改进计划，并做出约定。教师应利用各种方式，帮助学生改正捣乱行为，以维持良好的课堂纪律。

二、培养学生认真听课的习惯

1. 使学生明确上课听讲的重要性

教师可使用榜样示范法强化学生认真听课的意识，如表扬认真听课的学生或展示认真听课学生的作业，让学生感受认真听课的重要性。

在课堂上教师也可以通过言语的表达，激发学生认真听课的意愿，如"认真听课的孩子是自律的孩子"等。

2. 结合学生发展特点，加强教学的趣味性和直观性

小学生对感兴趣的事物可以保持较久的注意力，在教学设计中，教师可添加学生感兴趣的因素，如加入动画人物、播放与课堂知识相关的视频、将讲故事与知识传授相结合等，保持教学的新颖性和趣味性。也可利用丰富的教具展现抽象的概念，通过角色扮演或情境再现的方式加深学生对知识的理解，激发学生参与课堂的兴趣，维持学生的注意力。在课堂结束时，可以通过"未完待续"的方式设置悬念，提前告知学生后续学习内容，让学生抱有期待，提高兴趣。本主题典型案例中的王老师通过让学生动手参与，将数学问题与手工相结合，引导学生将注意力紧紧锁定在课堂上。可见，让学生亲自动手实践，也可帮助学生集中注意力，促进高效学习。

3. 设置明确、具体的教学目标

小学生更容易对那些明确、具体的目标保持注意力。此外，对任务意义理解的深入程度和完成任务愿望的强烈程度都会影响学生注意力的维持水平。因此，教师在明确任务目标时，可将目标拆分为几个小部分，依次进行。还可适当地加入言语指导，每当学生完成一部分时就给予积极的反馈。最后，教师在布置任务时应赋予任务意义，这个意义最好是符合学生需求并且是学生感兴趣的内容。在这一过程中，学生的注意力与意志力将得到锻炼，有利于其良好习惯的形成。

4. 使用明确信号，促进活动衔接

教师在教学过程中可通过动作或言语，将学生的注意力及时拉回到课堂上来。如

在上课前，用言语提醒学生已经是上课时间，督促学生将注意力转移到课堂上来。案例中的王老师在课前运用肢体动作——挥舞手臂，快速将学生的注意力吸引到教师身上，这为后面推动教学活动做了良好的铺垫。在教学活动转换时，教师应该做好衔接，可通过一些总结性言语，告知学生上一活动已经结束，并对下一活动进行预告，引起学生对接下来学习内容的期待。

三、培养学生思考和提问的习惯

1. 通过"发现学习"促进学生思考

（1）创设问题情境

教师需要提供有意义的问题情境，通过引发学生认知上的不平衡，激发学生的好奇心和主动探索的兴趣与动机。教师设置的学习内容不宜过难，仅比学生原有问题解决能力稍高一点的学习材料能有效实现发现学习的效果。案例中的王老师在学生已掌握计算面积的知识基础上，提供了适宜的问题情境，从而激发了学生探索的热情。

（2）提出假设，引导学生探索

教师需要提供合适的学习材料，创设适宜的学习环境，引导学生积极思考、主动探索、寻求问题解决。案例中的王老师先提供了数学知识基础并让学生自己提出解题思路，再通过提供彩纸等材料营造轻松、开放的环境，让学生自行发现问题、解决问题。然而，在此过程中，教师不仅仅是让学生自由地利用材料，还需要进行指导性的提问，

帮助学生探索，这对于学生发现和迁移知识是必不可少的。

2. 提高教师自身的提问技能

教师在创设问题情境时应基于学生的现有发展水平，以启发性问题（尤其是教学的重难点问题）为基点，设计问题难易梯度，激发学生的求知欲。需要注意的是，教师设置问题既要兼顾班级大部分学生的发展水平，也要保持一定难度，要考虑学生的"最近发展区"。

3. 指导学生有效提问

教师在不断提高自身提问技巧的同时，也要引导学生学会提问、积极提问，并形成一定的自主提问技能。

（1）提出一个有价值的问题

在课堂伊始，教师可引导每个学生都提出一个有价值的问题，以此开始课堂教学，在完成教学任务过程中师生尝试共同解决问题。

（2）形成"问题解决记录本"

在课堂结束之后，教师可指导学生记录自己所提的问题及问题解决过程，长此以往，形成学生自己的"问题解决记录本"。

指导学生有效提问、整理问题解决策略的最终目的在于使学生形成善于思考、主动探索的好习惯，在学习中不断获得成就感，从而真正学会有效提问，主动学习，做学习的主人。

主题 3　培养小学生良好的课外学习习惯

🔵 典型案例

【案例一】

张老师要求学生必须自主预习功课。

过了一段时间，有学生这样对他说："老师，预习没有什么效果，我坚持预习了两三个月，成绩一点也没提高！"

张老师问这名学生："你是怎样预习的？"

学生说："我就是看看课文，浏览一下就过去了。"

为什么这名学生的预习没有效果呢？

【案例二】

在学完商与余数后，王老师给学生们布置了这样一项作业：回家和爸爸妈妈打扑克牌，爸爸、妈妈、学生自己各抽一张牌，爸爸和妈妈的牌组成被除数，学生自己的牌组成除数，再找一副牌在桌上摆开。如果算式成立，看谁能最快地从桌上的牌里找到商或者余数。到周末的时候，王老师又布置了另一项作业，让学生与父母打"24"（用牌数加减乘除组成 24，当然 24 换成其他数也可以）。学生反馈这样的作业有意思极了，比布置一百道口算题要强多了，大部分学生都愿意去做。

王老师还会结合实际生活布置作业：学习了钱币之后，他会让父母带着学生去购物，让学生自己花钱，自己计算；学习了数字 8 之后，他会让学生去水产市场观察螃蟹。总之，他的作业很有趣，让学生在有趣的作业之中学会了数学。

两位教师都希望学生在课外养成自己预习复习的好习惯，却用了不同的方法，也产生了截然不同的效果。

💧 应 知

良好的学习习惯有助于学生的后续发展。小学阶段，尤其是小学低年级阶段，是学习习惯养成的关键时期，教师需要在遵循学生身心发展规律的基础上，采取科学合理的策略，通过教育和训练，培养他们良好的学习习惯。除了上课认真听讲，课前预习、课后复习也是良好学习习惯的表现。

一、有效的预习是学习的助推器

按照皮亚杰的观点，儿童在与周围环境的互动中，通过同化与顺应两个基本过程逐渐建构起关于外部世界的知识，在"平衡—不平衡—新的平衡"循环发展中不断丰富与完善自身的认知结构。

同化与顺应贯穿学生学习的全过程。预习中，学生在掌握旧知识的基础上理解新知识，并利用某些旧知识解释新知识，即为同化的过程。但也有一部分新知识是无法被解释的，即已有知识无法同化新知识，学生内在的认知平衡被打破。为保持认知平衡的状态，学生将调动学习兴趣，不断扩充新知识。在课堂上，学生带着问题听课，有目的地听讲，将新知识与已有知识融合，建立起新的知识体系，实现平衡状态，这是顺应的过程。

案例一中，学生在预习时仅仅浏览课文，未仔细思考新知识与已有知识的关系，没有同化与顺应的过程，无法进行深入的信息加工，因此，预习效果并不理想。这启示教师在指导学生预习的过程中，需要注意并利用这一认知过程，帮助学生达到良好的预习效果。

二、复习促进知识的掌握与巩固

在任何刺激与反应之间，反复练习将增强两者间的联结。因此，练习就成为学习过程中的重要一环。如果学习者在实践中对所获得的联结加以正确重复，就会使联结更加牢固。学生在复习的过程中，便运用了这一规律。学生学习知识或技能时，必须通过不断练习才能对知识和技能加以理解和掌握。复习的次数越多、间隔越短，学生对知识和技能的掌握就会越熟练。案例二中，学生在课下通过玩扑克牌的方式复习数学知识，便是不断练习的过程。

需要注意的是，复习过程中的反馈对复习效果有一定影响。若复习后，学生能够获得积极的结果反馈，如得到教师表扬，发现复习后自己得到提高，或是复习过程体验良好，都会促使学生更加积极、有效地进行复习活动。案例二中，王老师通过布置有趣的课后作业，让学生与家长互动，体验如何在真实生活情境中复习、巩固数学知识。学生在成功运用知识后获得成功的体验，这也是一种良好的反馈，大大增强了他们对学习的兴趣，使他们体验到练习的好处，促进他们养成复习的习惯。

三、学习后的遗忘有一定的规律

学习中的遗忘是一种必然现象，且存在一定规律，即遗忘在学习后即刻开始，最初阶段速度最快，之后逐渐减慢。艾宾浩斯记忆曲线（图2-1）呈现了这一变化规律，揭示了及时复习的原理和必要性。

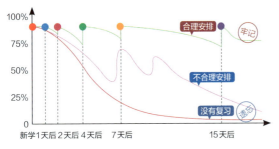

图 2-1　艾宾浩斯记忆曲线

小学生需要养成自主学习的品质，而自主学习的品质在课外学习情境中主要体现在预习和复习环节中。本部分主要介绍一些引导学生主动预习和复习的策略，以提高学生自主学习的能力。

一、引导学生进行主动预习

1. 激发学生预习的主动性

小学阶段正是培养学生良好学习习惯的关键期，但由于该阶段的学生年龄尚小，部分学生，尤其是低年级学生，往往难以理解预习的作用，对预习的重要性认识不足，所以积极性也不高。因此，在培养小学生预习习惯前，教师应告知学生预习的作用与重要性，引起学生的重视。可通过讲故事或者分享名人事例的方式，向学生解释预习是自学能力的表现，激发学生对预习的需求。

2. 给予积极的强化

对学生预习习惯的培养，切忌急于求成，要一步一个脚印，循序渐进。教师可通过布置一些简单任务，让学生尝试预习。在

课堂中，组织学生分享预习的心得和体验，对于认真预习的学生，给予及时的奖励。小学阶段，学生十分渴望表扬和肯定，积极正向的奖励可以带来良好的情绪体验，强化学生的预习行为，并激发学生的预习兴趣，促进学生自觉养成预习的习惯。

3. 树立良好的榜样

小学生容易模仿他人，且倾向于模仿同伴，尤其到了小学中年级，学生在班级里有了稳定的同伴群体，容易相互影响。基于这一特征，教师可引导学生以班级中预习习惯良好、掌握有效预习方法的学生为榜样，推动全体学生养成良好的预习习惯。此外，对于那些学习习惯较差的学生，教师可帮助他们与习惯良好的学生结成小组，借助同伴的力量，改善学生的学习习惯。

4. 教会学生预习方法

案例一中，学生虽听从教师的话，开始了预习活动，但是由于没有掌握正确的预习方法，导致学生认为预习无用，损害了学生预习的积极性。对于那些尚未掌握预习方法的学生，教师需要教授他们正确的预习方法，可参考以下方法。

（1）在刚开始预习时，首先浏览新的学习任务，了解知识脉络和基本内容，扫清字词障碍，确定基本内容和思路。

（2）以圈、点、勾、画等方式对预习内容加以批注和摘抄，标记出重难点内容，以便在听课过程中分配更多时间与精力。

（3）把一时无法理解的内容记录在课本上，做个记号，等到上课时认真听教师讲解，直到弄懂弄通。

二、引导学生掌握复习的策略

1. 合理布置作业

（1）培养学生做作业的兴趣，提高学生主动性

学生对感兴趣的内容会更容易记忆，教师在布置作业时要尽量增强学生的兴趣。可以将作业与生活实际相联系，如学习了书信的写法后，让学生给好朋友或者亲人写一封信。案例二中，教师在布置作业时建立起了知识与生活实际之间的联系，增加了学生的学习兴趣，也促进了学生对知识的理解和掌握。

为进一步激发学生的兴趣，教师还可在划定大致范围的前提下启发学生自行设计作业内容，提示题目形式包括但不限于填空题、选择题、判断题、问答题等，以促使学生有效完成作业、复习知识，并在此过程中提升问题设计能力，提高学习的主动性与能动性。

（2）布置作业应当因人而异

班级学生人数众多，且彼此之间的基础知识掌握程度、学习能力及兴趣爱好等都有所不同，为此，教师要因材施教，对不同情况的学生可布置不同的作业。如在语文课上学习完《春天》一文后，教师可让有绘画特长的学生根据自己对课文的理解，结合生活经验，把自己认为能代表春天到来的景物画

下来。对不喜欢动笔但喜欢口头表达的学生，教师可以让他们晚上观看一些新闻节目和少儿节目，第二天利用课前时间，把前一晚看到的内容口头表达出来。

（3）组织学生小组合作完成作业

以小组合作的形式完成作业，可以增强学生的合作意识，培养学生的合作能力及问题分析与解决能力。教师可以给学生布置需要小组合作完成的作业，例如，在布置英语作业时可以这样设计：近期我们刚刚学了一篇英语短文，里面有多个角色，大家可以自己组成团队，分别扮演不同的角色，复述这篇短文，共同复习。这既能提升学生的学习兴趣，也能巩固学习的效果。

2. 指导学生掌握有效复习的策略

（1）利用遗忘规律，合理安排复习时间

● 高频次短间隔

根据艾宾浩斯记忆曲线，学生在学习后的最初阶段要进行及时多次、间隔短暂的复习。随着记忆巩固程度的提高，可相对延长复习的间隔时间。需要注意的是，复习期间的间隔时间是必要的，如无间隔，学生在强度较大的学习过程中容易疲劳，造成神经活动抑制，影响复习效果。

● 分散复习

复习时，除注意间隔时间外，内容上也要根据情况进行间隔。学生可将不同学科、同一学科中的不同重难点、包含过多知识点的内容拆分开来，在不同时间段进行分散复习。

● 把握记忆黄金时段

每天睡觉之前与睡醒之后是人类记忆的黄金时段。教师可指导学生学会在每天晚上入睡之前将当天所学知识择其要点复述（默写提纲或默想）一遍，在起床后记忆新内容或再复习一遍昨晚复习过的内容。

● 定期整体回顾

教师可指导学生利用周末时间，针对一周所学内容进行自我检测，及时发现疑难或模糊之处，力争尽快解决，决不拖延。在每个单元学习之后，自主回顾该单元的主要内容及学习收获，及时消化，巩固记忆。

（2）促进学生有意义复习

有意义、能理解的内容相比无意义、难以理解的内容更不容易被遗忘，因此，教师应指导学生学会在理解中记忆知识内容。上课过程中，教师应帮助学生深入理解新旧知识点及其之间的关系，引导他们建立新旧知识之间的联结，以便课下复习时更好地理解记忆。

除此之外，教师也可引导学生创造性地赋予知识以意义。案例二中，王老师引导学生在与家长互动或是真实生活情境中复习所学内容，就是赋予知识以生活实用意义，让学生切实感受到学习的意义与价值，有助于其更好地理解与掌握。

三、指导学生合理安排任务，提高自主学习的能力

为保证预习、复习、完成作业等活动均能有序地开展，学生需要学会合理安排任务及时间。教师可指导学生使用任务安排计划表（表2-2），让学生自主完成各项任务。刚开始，学生可与家长一同制订任务安排计划表，当学生表现良好时，家长应给予学生一定的表扬或强化。随着学生能力的增强，可让学生自主制订计划表。

表2-2　任务安排计划表

顺序	任务	计划时间	实际用时	完成情况	自我评价 / 改进方式
1					
2					
3					

第三节 根据小学生的学习特点因材施教

通过本节的阅读，您将了解以下方面的内容：

主题 1 根据小学生的智力发展特点开展教育

应知
了解智力的概念
了解学生智力差异的具体表现
认识学生智力的发展性及后天环境的作用
理解智力水平不等于成就水平

应会
巧用鼓励，培养学生的成长型思维
创设丰富的课堂活动，让学生不同的能力优势得以发挥
设计创造性和实践性任务，提高学生的创造能力和实践能力

根据小学生的学习风格开展教育 主题 2

应知
掌握学习风格及其分类方式
认识学习风格对学习效率的影响

应会
正确看待学习者的学习风格
为学生布置具有匹配性和挑战性的学习任务
对学生进行学习策略的指导

主题 1　根据小学生的智力发展特点开展教育

👁 典型案例

心理学家斯腾伯格在小学时被诊断为智力低下，后来高中同学无意间知道了这件事，就开始嘲笑他，并表示不愿意和"白痴"一起上学。斯腾伯格为此询问自己的高中老师，是哪些人在研究智力？怎么就把他诊断为"白痴"了？老师告诉他，心理学研究智力。后来斯腾伯格考入了耶鲁大学，矢志研究智力，并且在拿到心理学学士学位后进入斯坦福大学，拿到了博士学位，随后回到耶鲁大学任教。

斯腾伯格对心理学的突出贡献之一就是提出了人类智力的三元理论。他还致力于人类的创造性、思维方式和学习方式等领域的研究，提出了大量富有创造性的理论。

斯腾伯格的经历说明了什么？他为何能从"白痴"逆袭成为世界级心理学家？作为教师，我们应该如何看待学生的能力差异，如何促进学生的能力发展？

💧 应 知

斯腾伯格的经历说明，智力的测量可能是不准确的，个体的智力水平是发展变化的。教师需要从多个视角了解学生智力的内涵、表现和发展特点。

一、从多个角度认识智力

什么是智力？对此心理学家尚未达成一致的看法。关于如何界定智力，目前主要有三种取向：第一种取向认为智力是从经验中学习的能力；第二种取向认为智力是适应周围环境的能力；第三种取向强调人们对自己思维过程的理解和控制能力（即元认知能力）。

那么，人的智力包含哪些方面？不同学者对智力的解释不同，这里列举三种观点。

1. 智力二元论：智力包括先天的流体智力和后天的晶体智力

智力二元论把智力分为流体智力和晶体智力，其中流体智力主要受先天遗传因素的影响，包括感知觉能力、机械记忆、运算速度、推理能力等；晶体智力是个体后天学习的知识、技能等。个体的流体智力在 30 岁左右发展到顶峰，之后开始下滑；而晶体智力则在生命前 20 年快速发展，之后一直维持缓慢增长。

秀的学生同样具有才能。因此，教师需要从多个角度指导学生，帮助学生发现他们身上的特殊才能。

2. 多元智能理论：智力是一组能力，包括八个相互独立的成分

加德纳提出了多元智能理论，认为个体的智力包括八个相互独立的成分（图 2-2）。传统的学校教育和智力测验比较强调其中的三种能力：语言能力、逻辑数学能力和视觉空间能力。个体如果在这三个方面表现不良，很有可能被误认为"智商不高"。加德纳则从更加宽泛的角度来看待智力，认为八种能力在每个人身上以不同方式、不同程度组合，使得每个人的智力各具特点，这就是智力的差异性。那些在一般智力领域表现不突出，但在音乐、运动或人际交往上表现优

3. 三元智力理论：智力包括三种彼此关联的能力成分

斯腾伯格的三元智力理论认为智力包括分析能力、创造能力和实践能力。其中分析能力用于分析、评价某一推断是否符合逻辑；创造能力指突破已有的经验，产生新颖、独特想法的能力；实践能力指个体与环境相互作用，选择、适应和改造环境的能力。

根据斯腾伯格的观点，一个智力高的人不一定在三种能力上都表现优秀。比如，有的人分析能力强，擅长想象的、学术性的问题，更容易在学业测验中脱颖而出；而有的

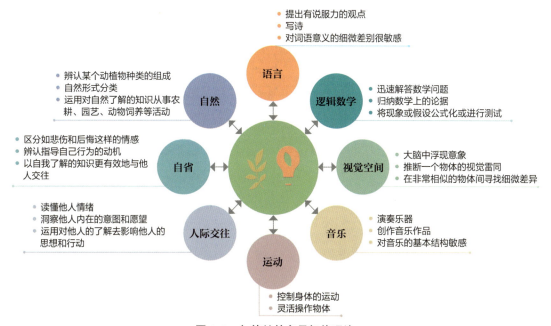

图 2-2　加德纳的多元智能理论

人擅长具体的、实践性的问题，更容易在生活、工作情境中适应良好。所以一个分析能力强而实践能力弱的人，可能他会取得很好的学业成绩，却不能解决实际问题；相反，有的人可能学业成绩不佳，但是实践能力和解决问题能力很强。

二、了解学生智力差异的具体表现

心理学家对智力的不同观点为我们了解学生智力差异提供了理论依据。那么，学生的智力差异具体体现在哪些方面呢？

首先，学生的能力并不一定体现在学业测验或智力测验的结果中，有的能力容易被发现，有的能力可能会被忽视或低估，在使用智商概念时要注意避免绝对化。因为智商是通过智力测验计算得来的，测验内容并不一定反映学生实际的能力结构。比如，一个学生可能语言、逻辑数学能力一般，而他所擅长的运动或人际交往在学业测验中也无法体现出来。

其次，不同智力成分存在水平差异。一个学生很难在多种能力上都表现突出，因此在每个学生身上，可能会有一种或几种优势能力，这些优势能力和其他能力共同构成这个学生的智力组合。比如，"天才指挥家"周周比较突出的是音乐能力，而其他能力如语言、逻辑数学能力都逊色于普通人；"纸上谈兵"的赵括比较突出的是分析能力，但其实践能力则较差。

最后，智力表现早晚存在差异。根据智力二元论，如果一个学生思维敏捷、反应迅

速、机械记忆强，表现出比较高的流体智力，那么他很有可能被划分为天资聪颖的"早慧型"；还有一些学生可能在流体智力上不占优势，但能够通过不断学习丰富自己的知识和技能，他们的晶体智力在不断提高，这些学生可能属于"后发型"。

三、认识学生智力的发展性及后天环境的作用

儿童的智力是不断发展变化的。后天的教育环境对学生智力的发展功不可没，良好而丰富的教育环境不仅有助于儿童掌握知识和技能，还能促进儿童的脑发育。心理学家曾经用老鼠做实验来证明后天环境对大脑发育的影响。他们把同样的老鼠平均分成三个组，分别放入三种环境中养育：（1）贫乏环境，单独住在略小的笼子里，只有适量的水和食物；（2）标准环境，与同伴住在大笼子里；（3）丰富环境，有25种玩具的大笼子。4～10周后，研究者对老鼠的大脑进行分析，发现在丰富环境中成长的老鼠大脑皮质最厚，神经元体积也最大，而在贫乏环境中成长的老鼠大脑皮质最薄，神经元体积也最小。这说明脑具有充分的可塑性，后天的良好环境可以促进大脑更好地发育。

此外，有研究者对低收入家庭的3～4岁儿童实施有计划的教育干预，结果发现，与未参与计划的儿童相比，受到干预的儿童在5岁时智商达到正常水平的比例更高，成年后获得普通高中毕业证以及达到平均收入的比例也都更高。

四、智力水平不等于成就水平

从斯腾伯格的经历中可以看出，他之所以能从一名"智力低下"的学生成长为出色的心理学家，与他不屈不挠的性格是分不开的。他没有被智力测验的结果及同学的言论击垮，而是凭着自己坚强的意志和不懈的努力，攻克一个又一个的难关，最终达到常人难以企及的成就水平。斯腾伯格的经历很好地证明了个人成就并不完全由智力决定，还受到成就动机、人际关系等非智力因素的影响。

所以，教师不但要通过有效的教学方法促进学生多种智力成分的发展，更要教授他们相关的知识、技能，注重成就动机、意志力等非智力因素的培养。

应 会

根据智力的发展性特点，教师可以培养学生的成长型思维，帮助他们用发展的眼光看待智力；根据加德纳的多元智能理论和斯腾伯格的三元智力理论，教师可以设计丰富的教学活动，促进学生不同能力的发展。

一、巧用鼓励，培养学生的成长型思维

科学家们对智力有不同的看法，学生也有自己的观念。关于智力是否可变，在学生中间主要有两种截然不同的观点：一种观点认为个体的智力水平是相对稳定的（固定型思维），相应的，学习就是为了打败别人，取得好名次，考试就是为了证明自己聪明或愚笨；另一种观点认为个体的智力是发展变化的（成长型思维），相应的，学习就是不断自我提高的过程，考试就是检验自己学习状况的手段，持这种观点的学生也喜欢挑战有一定难度的任务，进行深度学习。不难看出，拥有成长型思维的学生是好的学习者，他们喜欢与过去的自己相比较，不断地取得进步。

为了培养学生的成长型思维，教师应当使用积极有效的反馈，鼓励学生的内在努力和积极表现。比如，当学生扬扬得意地向教师和同学展示自己丰富的知识时，教师不要使用"你好厉害""你好聪明"这样泛泛的表扬，而要肯定学生为获得这些知识所做出的内在努力，如"你花费了很多时间上网查找资料，为我们今天所学的知识提供了丰富的背景信息"。或者，当学生在解题过程中尝试了很多遍依然没有找到正确的方法时，教师不要直接提供帮助，因为这样就传递给学生一个信息（"我觉得你完成不了"），而应该先肯定学生坚持不懈的品质（"你试了很多次都没有成功，但你依然不放弃"），在征得学生的同意后，再给予帮助（"我发现你有一个地方错了，需要我给你提示吗？还是你愿意自己再想想？"）。

此外，教师还可以设计一些任务，让学生把自己学习、进步的过程记录下来，让他们清楚地看到，自己是如何通过努力实现能力提升的。比如，在语言类课堂上，让学生定期把自己已经熟练掌握的汉字或英文单词抄写在"智慧本"上，让他们看到自己"智

慧库"的增长；在数学课或科学课上，鼓励学生记录自己思考、实验的过程，当学生获得正确的解题方案或实验方案后，反馈给他们"你尝试了很多方法，最终找到了解决问题的方法"。

二、创设丰富的课堂活动，让学生不同的能力优势得以发挥

多元智能理论提示我们，不同学生身上可能存在不同的能力优势，充分发挥每个学生的优势能力是极为重要的。那么，教师在教学过程中如何实践这一理论呢？一种比较有效的方法就是在教学设计中关注六种教学切入点：叙述的、逻辑和量化的、审美的、体验的、人际的及存在的。下面以六年级上册《道德与法治》中"认识居民身份证"一课为例进行阐述。

1. 叙述的

鼓励学生使用书面语言或口头语言表达自己的观点和看法。比如：请讲述我国居民身份证的发展历程；请回想自己在办理、使用身份证时的故事，并把这段经历写成作文。

2. 逻辑和量化的

鼓励学生进行逻辑推导，或者使用数字对信息进行分析和整理。比如：思考第一代身份证到第二代身份证发生了哪些变化，为何会有这些变化；请预测一下，未来的身份证会是什么样子，并说明依据；请列举出身份证的不同用途；思考身份证号码是如何编

排的，有何规律，我们可以从中获取哪些信息。

3. 审美的

鼓励学生从美学的角度欣赏、评鉴课程相关内容；使用艺术方式，如舞蹈动作、美术作品、音乐作品等对课程内容进行转化。可以问学生：身份证的正面（有国徽的那一面）是何图案（长城），为何使用该图案？如果请你来设计，你会如何设计？

4. 体验的

鼓励学生通过实际的观察、操作、实验等活动来深入了解课程相关内容。比如，模拟一下生活中的场景：你的家人要使用自己的身份证复印件办理贷款业务，他／她应该如何使用自己的复印件？如何在复印件上填写使用说明？请拿出复印件，进行填写。在学生完成体验活动后，再公布正确的做法：在不遮挡信息的情况下，在身份证背面头像旁边注明"此复印件仅限办理××银行贷款使用，复印无效"。

5. 人际的

鼓励学生进行人际沟通与交往，通过采访、小组合作、辩论等方式进行学习。比如，可以问学生：你对身份证有什么好奇的地方，你要深入了解哪些方面的问题，请找到与你志趣相投的同学，组成小组一起采访身边从事不同职业的人（警察、教师、律师等），看看他们是如何认识身份证的。

6.存在的

鼓励学生思考事物存在的意义。比如，可以问学生：为什么需要身份证，如果没有身份证会怎样？为什么叫"居民身份证"，不叫"公民身份证"？身份证上有哪些信息，保留这些信息有何意义？

加德纳的多元智能理论提示我们，针对同样的课程内容，可以组织不同的课堂活动。学生对信息的理解，可以通过多种方式进行表达，如抽象的词汇、数字、公式，形象的图像、表格、图表等，艺术的诗歌、绘画以及身体的动作等。当然，教师不需要每次课都从上述的六个切入点入手并涵盖八种智力成分，而要在设计课堂任务时不断思考：是否还有其他形式的信息表征方式或课堂活动？课堂活动是否充分发挥了不同学生的能力优势？

三、设计有针对性的任务，提高学生的分析能力、创造能力和实践能力

教师的教学不能只停留在识记和理解层面，还要鼓励学生进行分析、创造和实践。教师要了解学生主要的学习方式，以及该方式是否与他们的能力结构相匹配，然后在此基础上调整学习活动。

首先，教师要发现学生的能力模式。一般来说，分析能力比较强的学生，在学校中有比较好的学业表现；创造能力比较强的学生，思维比较跳脱，喜欢天马行空和打破常规；实践能力比较强的学生，喜欢具体的问题情境及动手操作。

其次，教师在发现学生的能力模式之后，可以根据课程内容调整分析性、创造性与实践性学习任务的形式和比重。表2-3中列举了语文、数学和音乐三个学科中相应的学习任务，以供参考。

表 2-3　三种学科中针对不同能力模式的学习任务

学科及课例	典型学习任务		
	分析性学习	创造性学习	实践性学习
	分析、评价、解释、比较、判断	创造、发明、探索、想象、假设	运用、利用、实施、应用
语文：古诗《山居秋暝》	• 分析：诗歌中运用了哪些描写手法 • 判断：诗人在写这首诗时是何种心境 • 比较：在你学习过的古代诗词、文章中，有哪些句子描写了同样的心境 • 解释：请用白话文翻译诗歌	• 创造与想象：你觉得诗歌描写的是什么样的场景，请用文字或图画表示 • 假设：假设你是诗人王维，请模拟他的神态、语气念出这首诗	• 应用：用"动静结合"或调动多种感官（视觉、听觉）的方式，描写你遇到过的一处风景

续表

学科及课例	典型学习任务		
	分析性学习	创造性学习	实践性学习
	分析、评价、解释、比较、判断	创造、发明、探索、想象、假设	运用、利用、实施、应用
数学："三角形的面积"	• 比较：三角形与平行四边形有何关联 • 评价：数方格和割补法在计算图形面积时分别有何优势和劣势	• 探索：请用几何画板调整三角形的形态，观察三角形的面积与哪些因素有关 • 创造：请利用三角形面积的计算公式编制两道应用题，并提供参考答案	• 应用：利用割补法和不同图形的面积计算公式，计算一个不规则户型的房屋面积
音乐："打字机"	• 分析：请分析乐曲中 A 段、B 段各自的音乐结构 • 比较：请比较 A 段到 B 段的变化 • 评价：作曲家在管弦音乐中加入打字机的声音后，对音乐有何影响	• 发明：将你学习中或生活中的一件或多件物品改造为乐器，来模拟音乐的旋律 • 假设：如果作曲家生活在现代，他会用类似的音乐描述哪些职业群体，他会给音乐取什么名字	• 实施：请使用你发明的乐器，为现代的某个职业群体演奏一小段音乐，来展现他们的工作状态

主题 2 根据小学生的学习风格开展教育

◎ 典型案例

兰兰是一个聪明活泼的女生，学习态度非常好，上课积极回答问题，回家认真完成作业。但是兰兰有一些特殊的习惯：她喜欢在思考和阅读题目时大声说出来，这在考试中是不允许的；她还喜欢用手指着文字阅读，这种低年级的阅读习惯，到了高年级就不再被倡导了。

后来老师发现，兰兰对感觉通道的偏好与其他学生不同。通常情况下，人们在获取信息时首选视觉通道，然后是听觉，而触动觉最少（通过触摸、操作等方式获取信息）。而兰兰则偏好听觉与触动觉。像她这样的学生只"看"的话不容易弄懂题目的含义，而"出声"思考和阅读则为他们提供了听觉反馈信息，加强了他们对视觉文字材料的理解。此外，用手指着文字也增加了他们所需要的触觉和运动知觉成分。

上述案例是一位教师在了解学生的学习风格后所做的教学反思。那么，学习风格都有哪些类型？不同学习风格对学生学习和教师教学有何影响，且影响程度如何？

◎ 应 知

学习风格是指学习者以特定的方式感知、思考和组织信息的偏好，这种偏好具有跨时间和跨学科的一致性。学习风格只是个体的学习偏好，并无优劣、高低之分。一种学习风格可能在某些情境下是适应的，而在其他情境下可能就是不适应的。本部分主要介绍学习风格的分类及其对学习效率的影响。

一、学习风格的分类

关于学习风格的分类众说纷纭，下面从信息输入和加工的角度介绍几种常见学习风格的分类方式。

1. 根据感觉通道偏好分类

个体虽然运用所有的感官收集环境中的信息，但大多数人并没有均等地使用视觉、听觉和触动觉，学生对不同感觉通道的偏好影响着他们的学习方式。多数人更偏好视觉信息，有的人更偏好听觉信息，也有人更偏好触动觉信息，即通过具体的操作活动来获取信息，还有少部分人属于两种或三种感知觉结合型。案例中的兰兰就属于听觉和触动

觉的混合型。

2. 根据表达风格分类

从信息加工的角度来看，个体接受输入信息并对信息进行加工以后，还要把自己产生的想法表达出来。人们在输出信息时，也有不同的偏好，有的人喜欢用口头言语的方式，有的人则喜欢通过书面语言进行表达，还有的人喜欢使用肢体动作。

3. 根据认知风格分类

（1）冲动型与沉思型

冲动型的人是行动派，喜欢先动手后思考。他们有着快速的认知步调，甚至会在没有准备好解决方案或答案不确定的情况下立刻做出反应。他们在那些对反应速度有较高要求的仕务（如抢答、辩论）中能更多地争取到回答的机会，但也会因为思考不够全面，在一些需要细节加工的任务中表现不够好。比如，冲动型的学生通常回答问题很积极，但可能答案不完整；考试时没有检查，出现失误；阅读速度很快，但难以回答细节问题等。

沉思型的人与冲动型的人正好相反。他们愿意花费更多的时间收集信息，并在充分的分析之后再给出答案。沉思型的学生做作业一般会比较慢，他们会设法理解题目，考虑好最佳方法再下笔作答。这类学生在课堂上不如冲动型的学生活跃，他们没有把握时不会积极回答问题；他们的阅读速度不快，但读得非常仔细，一点小小的细节也都会留意到。与此同时，他们也可能会因为"思虑太多"而错失很多机会。

（2）场独立型与场依存型

人们在加工信息时受周围环境的影响程度存在差异。那些不易受环境影响的人，更擅长在复杂的大环境中分辨目标信息，这些人的认知风格属于场独立型；相反，有些人在识别目标图形时容易受背景信息的影响，因此他们完成任务的速度会比较慢，这类认知风格即为场依存型。

场独立–场依存是一个连续体的两端，个体可能处于中间的某个位置，不一定是纯粹的某个类型。此外，两种认知风格没有好坏之分，只是偏好不同，适合不同的认知任务和学习领域。在学校里，场独立型的学生心理分化程度较高，在理性思维方面较为出色，容易完成需要找出问题的关键成分和重新组织材料的任务，他们主要受内部动机支配，喜欢个人钻研、独立思考和学习，不易受其他线索的暗示。

相反，场依存型的学生愿意花更多的时间识别社会线索，比如，观察他人的面部表情，推测他人的态度和行为，因此也被认为是体贴、友好的，适合从事社会交往方面的工作和任务。他们的学习容易受到外部因素的影响，如在他们的笔记中更多反映的是教师或教科书的思想结构和顺序。他们也更容易受外部动机的支配，因此教师的批评或鼓励等对这类学生影响很大。

（3）深层加工与表层加工

研究发现，个体在学习环境中加工信息的深度不同。有的人喜欢深层加工，他们把学习活动看作一种理解基本概念或意义的方法，倾向于为了获得知识而学习，较少考虑他人的评价；有的人喜欢表层加工，他们在学习时看重记住学习材料本身，而不是理解学习内容，同时他们的学习也容易受到外部因素的影响，如奖惩、他人的期望和评价等。

二、学习风格对学习效率的影响

1. 利用学习风格优势

学习风格与每个人的性格一样，正如没有某种性格绝对优越于另一种，也没有绝对占优势的学习风格。学生需要做的是发挥自己的学习风格优势，以求获得事半功倍的学习效果。比如，视觉型学习者可以在学习中广泛使用图画、图表，将需要记忆的关键文字转化为符号进行记忆；听觉型学习者可以将需要记忆的信息大声朗读出来；读写型学习者可以将理论或者观点用自己的话加以组织，以求得到更深层的理解；动觉型学习者可以用现实生活的例子，应用个案研究来理解抽象的概念。

2. 平衡各种学习风格

在学生学习的过程中，每一种学习风格都会或多或少地使用到，因此教师应尽量让学生在各种学习风格领域得到均衡的发展，除了发挥擅长的学习风格外，还要适应各种学习情境，灵活地做出选择，这样才能够提升整体的学习效率。教师要指导学生平衡各种学习风格，不能只是沿着自己的典型风格去发展。

应 会

如前文所述，学习者的学习风格分类繁多，但能得到重复验证的只是其中的一部分。而且相关测量工具的测量结果可能并不可靠，教师不可简单使用一些测量工具或者根据学生的自我报告，将其划分为某种特定的学习风格类型。既然如此，学习风格的教育价值是什么，教师在教学中又应当如何加以利用？

一、正确看待学习者的学习风格

首先，要综合使用观察、测试的方式，全面了解学生的学习风格。研究者虽然从不同维度划分了学习风格的不同类型，但并不是所有学生都典型地属于某种类型，大多数学生会展现出多种不同的学习风格，只不过更偏向于其中一种或几种。

其次，学习风格是学生的学习偏好，并没有高低、优劣之分，每一种学习风格都能匹配某些特定的学习情境。比如，冲动型的学生可能更适合高反应速度的任务，沉思型的学生则更适合细节思考的任务；场独立型的学生可能更擅长自然科学，场依存型的学生则更适合人文社会科学；喜欢表层加工的学生在记忆类任务上表现突出，深层加工型的学生更擅长理解综合类学习任务；等等。

二、为学生布置具有匹配性和挑战性的学习任务

学习风格为教师提供了一个了解学生学

习特点的视角。在实际应用中，我们不能只停留在解释层面，而是要结合不同学习风格的特点，提供丰富的学习任务，以照顾不同学习偏好的学生。以沉思－冲动型为例，在课堂互动中，如果依照"教师提问—学生举手回答"的程序，那么沉思型的学生就会错失掉很多互动的机会。这种情况下，教师可以采用轮流回答的方式，让所有学生都有机会参与课堂互动。

此外，教师还要注意每种学习风格的学生都存在特定的任务"短板"，因此需要设计一些具有挑战性的任务，以弥补学生的不足。比如，对于冲动型的学生，教师可以试着从这些角度弥补他们思虑不足的短板。

1. 增强计划性和条理性

比如，在解四则运算的应用题时，教师可以把解题思路外化，让学生在初学时按步骤进行思考。

◉ 示 例

四则运算应用题解题步骤

题目：学校组织一、二年级学生去参观科技馆，一年级去了 27 个人，二年级去的人数是一年级的 2 倍，请问一、二年级一共去了多少人？

针对这个题目，第一步，教师提示学生先提问题：应用题中要解决的问题是什么？一共去了多少人？

第二步，判断已知条件中的数量关系：一年级＋二年级，且二年级的人数是一年级的倍数。

第三步，选择算法：加法与乘法的混合。

第四步，代入已知条件：一年级 27 人，二年级是一年级的 2 倍，所以最终的算式是 $27+27 \times 2$。

2. 鼓励学生停下来检查和思考

比如，在提问后，告诉学生"先思考一分钟，之后再说答案"，"把你的想法记录下来，再检查一下有无补充"，"写完作业再检查一遍"。

3. 鼓励学生观察细节

比如，阅读材料中某些特定的词语是否出现，出现了多少次。还可以设计一些观察和比较的任务，让学生从细节处着手。

对于沉思型的学生，教师可以布置一些在限定时间内必须完成的任务，鼓励学生抓紧时间，迅速做出反应；也可以布置一些整体思考的任务，如概括一篇文章或一本书的中心思想等，鼓励学生整体思考，忽略一些不必要的细枝末节。

三、对学生进行学习策略的指导

学生在评估自己的学习风格时，可能会错误地使用直觉，因此教师需要帮助学生更准确地认识自己的学习风格，以便对学生进行有针对性的学习策略指导。

1. 帮助学生了解自己的学习偏好

比如：在信息输入方面，更加偏好听、看还是动手？思考问题的速度如何，准确性如何？喜欢简单的记忆任务，还是稍微复杂一些的理解任务？喜欢自然科学还是人文社会科学？

2. 通过观察、提问等方式，提高学生对自己学习过程的监控能力

比如：老师刚刚讲这首诗歌的时候，你在做什么，是在看 PPT，听老师讲，还是自己动手记笔记？你理解这些字词的含义吗？有的学生在教师讲课时只是听和看，没有动手勾画或做笔记，然后就以为自己的学习风格是视觉型或听觉型。实际上，学生之所以没有做笔记可能是因为偷懒，喜欢简单和舒适的学习方式，而不愿意付出认知努力；或者他们不知道有效记笔记的方法，所以只能用惯常的方式来完成学习任务。

3. 对学生开展学习策略方面的指导

在完成某些特定学习任务时，教师可以直接要求或教授学生采用特定的学习策略进行学习，以帮助学生发展出新的、更加有效的学习方式。当教师在讲解一些需要深度理解的内容，如古诗时，就可以直接要求学生用自己的语言解释诗歌的内容，促使他们进行深层加工；在讲解重要的知识点和难点时，可以要求学生听、看、写，从而学会进行多重任务的加工；在习作教育的早期，可以让学生先用口头语言表述自己的想法，然后把自己的口头语言写出来，再修改为符合书面语言表达的形式。

在本主题的典型案例中，教师对兰兰的学习特点分析比较到位，但还是需要在理解、尊重学生差异的基础上布置一些具有挑战性的任务，帮助其提高学习效率。比如，由于阅读是一种心智活动，需要内部言语的参与，出声阅读确实属于低年龄段的特点，而且不利于学生对阅读内容的理解。因此，对出声阅读的高年级学生，教师可以先要求学生指读时不出声，并且逐渐提高对阅读时间的限制，帮助学生从不出声的外部言语阶段过渡到内部言语阶段。此外，教师还可以教授一些阅读策略，帮助学生快速找到关键内容，如阅读记叙文时寻找时间、人物、事件等要素，还有使用中心句法找到每一段的关键思想等。

【本章学习回顾】

请您回顾本章的知识要点，思考如下问题：

复习 影响学生幼小衔接和小初衔接的主要因素有哪些？

学习动机包括哪几类？学习动机是如何分化的？

联结 您在自己的教学育人实践中，是如何有效激励和促进学生的学习动机的？

结合您的实际经验，提炼三条有效的学习习惯培养策略。

反思 针对本章介绍的学生智力发展差异，您觉得自己做的哪些是符合规律的？还有哪些是可以进一步提升的？

小学生的学习有何特点？如何结合小学生的学习差异和特点因材施教？

第三章

培养小学生积极的
自我与社会性品质

　　小学阶段是儿童自我与社会性发展的重要时期。衡量个性与社会性发展的指标繁多，本章从促进小学生形成良好自我意识的角度，选取了"克服自我中心"和"提高自尊水平"两个主题；从促进个体与环境良好互动的角度，选择了"提高心理韧性"和"培养责任心"两个主题。学校和教师要在尊重和理解儿童身心发展特点的基础上，采用丰富的教育教学活动，通过积极的干预和引导，促进学生形成良好的个性和社会性品质。

第一节 促进小学生形成良好的自我意识

通过本节的阅读，您将了解以下方面的内容：

主题 1 引导小学生走出自我中心

应知
了解自我中心的概念及表现
了解自我中心的消极影响

应会
在理解和接纳学生自我中心思维的基础上，进行行为设限和要求
设计丰富的活动，提高学生的社会认知水平和同理心
提高学生对自身感受和需要的觉察能力

提高小学生的自尊水平 主题 2

应知
了解自尊的含义以及高自尊的意义
理解小学生自尊的发展特点及影响因素

应会
指导学生积极地认识自己
采取教育措施，促进学生自我的发展
指导学生批判性地看待外部评价
识别低自尊或自尊不稳定的学生，进行有针对性的教育引导

主题1 引导小学生走出自我中心

◎ 典型案例

小宁在习作课上分享了一篇作文，表达了自己对过世姨父的怀念之情。她在作文里写道，姨父在世的时候经常陪自己玩，想起他就觉得甜甜的；但有一次，姨父捉弄了自己，当时觉得不开心，不喜欢他这么做，但现在姨父不在了，心里感觉酸酸的。

学生甲反馈说，要珍惜身边的亲人，不要等到失去的时候才追悔莫及；学生乙联想到自己已经过世的爷爷，说爷爷在自己很小的时候就不在了。

小宁听到之后就反馈说，你还见过你爷爷，我连我爷爷的面都没见过。然后几名学生也联想到了自己已经过世的亲人，开始分享自己伤心、悲惨的经历。

老师觉得很疑惑，学生们的习作和分享都是真情实感的表达，本来是很触动人的，怎么变成了比惨？

学生们在习作课上的表现与一种叫作"自我中心"的心理现象有关。小宁在分享自己的经历时，其他学生受到了触动，纷纷进行自我表达。学生甲对小宁的经历进行了评论，还告诉对方要珍惜亲人；学生乙情绪受到感染，表达了自己对亲人的怀念。之后从小宁的回应开始，学生们纷纷开始比惨。不难发现，他们的关注点都在自己身上，而不是回应表达的当事人。这种站在自己的立场思考问题的现象就是自我中心。

◎ 应知

随着小学生自主意识的增强，他们开始以自我为中心来观察和认识周围环境、人物及事件。本部分将介绍自我中心的内涵及其对小学生发展的消极影响。

一、什么是自我中心

"自我中心"是著名的心理学家皮亚杰所提出的，它是指儿童在心理发展的早期，还不能很好地区分自我与外部世界，他们倾向于把一切事情都与自己关联起来，认为自己是宇宙的中心。自我中心在儿童身上比较典型的表现就是不能进行换位思考，他们只能根据自己的需要、感受或观点进行简单的"推己及人"，而不能认识到他人的立场与自己的不同。

皮亚杰曾经做过一个实验，他摆放了三座错落有致的沙丘模型，让儿童从不同的角度进行观察，然后询问儿童坐在他对面的玩偶看到的山丘是什么模样的，结果7岁之前的儿童会认为对方看到的景致和自己看到的是一样的。

另外一位心理学家塞尔曼设计了两难问题来考察儿童对他人观点的理解，问题情境如下。

小莉是个8岁大的女孩，她很喜欢爬树，而且是很厉害的爬树能手。有一天，她爬树时不小心从树上掉了下来，幸好没有受伤。但是爸爸看见了这一情境，很担心，他让小莉以后再也别爬树了。小莉答应了。过了几天，小莉和她的朋友们碰见了小杰，小杰的小猫被卡在一棵树上，下不来，必须立即采取措施，不然就会摔下来。在场的人里只有小莉会爬树，但她想起了自己对爸爸的承诺。研究者陈述完故事后，询问儿童：你觉得小莉应该爬树吗？如果爸爸知道了，他会有什么反应？假如你遇到这样的情况，你会怎么做？

研究发现，6岁之前的儿童意识不到别人的观点与自己的观点存在差异。比如，孩子自己很喜欢小猫，就认为小莉会去救猫，而爸爸也很喜欢猫，所以很乐意小莉伸出援手。

到了小学低年级，儿童会意识到别人的观点与自己的观点存在差异，但他们认为这种差异仅仅是因为信息不对称造成的。比如，爸爸如果知道小莉救猫的原因就不会生气，否则他就会生气。

随着年龄的增长，小学中段的儿童开始慢慢地整合自己的观点与他人的观点，能够比较好地理解第三方——即便大家都接受了一样的信息，但依然会有自己的原则和立场。比如，小莉喜欢猫，所以她会救猫；但爸爸不一定喜欢猫，而且他很担心小莉爬树会有危险。

到了小学高年级，儿童开始具备"二级观点采择"的能力，他们不仅能直接推测甲、乙的立场和观点，还能站在甲（或乙）的立场，去推测乙（或甲）的心理活动。比如，小莉喜欢猫，所以她会救猫（直接推测小莉的心理活动）；但她知道自己违背承诺去爬树，会让爸爸担心或生气（站在小莉的立场，推测爸爸的心理活动）。或者，爸爸不希望小莉爬树；但他知道小莉喜欢猫也喜欢爬树，而且也知道当时情况紧急，小莉爬树是为了救猫，不是故意要违背承诺。

大约过了小学阶段，儿童开始从普遍的社会角色的角度来考虑他人的言行和态度，比如，他们会认为小莉救猫是仁慈、正当的表现，大部分的父母都明白这个道理，所以一个通情达理的爸爸不应该也不会惩罚小莉。

二、自我中心的消极影响

自我中心的现象并不是小学阶段的儿童

所特有的，青春期的孩子也有，甚至成年人身上也有不同程度的保留。总体上，随着年龄的增长，儿童自我中心的程度会下降，他们会更多地从他人或现实的角度去看待、理解事物。但自我中心思维会在一定程度上限制儿童的社会认知、人际交往、道德品质等诸多领域的发展。同时由于个体之间发展水平的差异，过度的自我中心会对儿童的发展造成消极影响。这主要体现为以下几个方面。

第一，自我中心思维可能导致个体出现固执己见或盛气凌人的态度，这种状态下容易对他人进行批评、否定，或对他人产生歧视、偏见等不友好的态度和行为。处于自我中心的儿童只站在自己的立场思考问题，认为自己的想法、观点和行为方式才是正确的，而与自己相悖的都是错误的。

第二，在社会生活中由于不能准确地了解他人的感受，或者不能很好地平衡自己与他人的需要，而显得"直白"或"自私"。比如，当同伴在课堂上回答错误时，他们可能会直言不讳地大喊"错啦错啦"，从而造成同伴窘迫、羞愧的感受；或者在分配物品时，首先考虑自己的需求，同时由于他们还不能很好地控制行为冲动，可能会争夺或抢占自己喜欢的物品，从而引发人际冲突。

第三，因为"恪守"行为规范而显得"不近人情"。低年级的小学生开始慢慢接受和遵从行为规范，但此时的他们认为规则是由权威人物决定的，不可更改，所以违反了规定的行为就是错误的，就应该接受惩罚。

比如，询问他们一位司机载着一位临产的孕妇赶往医院，在一个没有其他车辆的路口，司机能否为了赶时间而闯红灯？此时的他们会认为，闯红灯的行为肯定是错误的，而不会考虑司机的出发点是为了救人，且不会造成安全问题。另外，部分低年级的学生还有可能会把自己当作"纪律委员"，过分关注同伴违反规则的情况，向老师打小报告。比如，写字的时候关注同伴写字的姿势，然后告诉老师"他握笔的姿势不对"。

第四，在人际交往中"自说自话"而导致误解或冲突。小学阶段的儿童在表达时，不能考虑对方的立场和知识经验，可能说一些或者写一些自己才能明白的话，导致听众或读者误解。比如，低年级的孩子找笔袋时可能询问"我的小粉／小蓝／袋子去哪儿了"，这种用笔袋的颜色"指代"的方式或者用更宽泛的"袋子"进行命名的方式可能会导致听众不理解。

▼ 应 会

根据皮亚杰的观点，儿童的认知发展受到自身的生理成熟、后天的练习经验和社会性经验以及具有自我调节作用的平衡过程的影响。以前文的救猫故事为例，随着儿童年龄的增长（生理成熟），他们已有的简单化的自我中心思维，会不断受到外在的挑战。比如，孩子自己喜欢猫，就以为小莉的爸爸也喜欢猫。当他有机会跟小莉以及小莉的爸爸交流以后，他会发现事实并非如此。他还会发现小莉的爸爸即便了解了事情的经过，还是会因为担心小莉安危而阻止她爬树。这样，儿童在与外部环境交互作用的过程中，就会发现自己现有的想法、理念可能与现实并不相符。他们要么固守自己的错误理念，与现实脱节；要么主动适应，修正这些想法与理念，以达到与环境平衡的状态。所以，要帮助儿童去自我中心化，教育者需要在尊重儿童认知发展特点的基础上，提供丰富的经验，制造认知冲突，促进儿童的成长和转变。

一、在理解和接纳学生自我中心思维的基础上，进行行为设限和要求

有时候，人们会将儿童的自我中心思维等同于"自私自利"或"个人主义"。实际上，通过前文的描述，我们了解到，自我中心思维是儿童认知发展的必经阶段，他们所表现出来的"自私""直白"或"不近人情"等现象并不是一种主动的、故意的道德选择，而是由于思维局限或匮乏所导致的发展性问题。那么，发展性的问题有一些什么样的特点，老师们又该如何应对呢？

首先，发展性的问题通常具有普遍性，是某个特定年龄阶段或特定成长背景的儿童共同具有的问题。比如，6岁之前的儿童还不能区分自己与他人观点的不同，所以学生在刚上小学时，考虑个人利益得失，就属于发展性的问题。另外，在以儿童为中心的独生子女家庭里，父母或其他养育者通常会把孩子的需求放在第一位，由于缺少手足竞争，孩子在家庭环境中很少有机会谦让或分

享，所以他们在集体生活中把自己放在第一位也属于发展性的问题。

其次，发展性的问题是特定年龄阶段的能力匮乏造成的，不具有主观故意性。当教育者在过渡期对儿童进行认知引导以后，他们会利用新的想法、理念来指导自己的行为。比如，刚入学的孩子，未经同学的许可将漂亮的橡皮放到了自己的书包里。老师知道以后，就问他："你觉得这个橡皮很漂亮，很想拥有是吗（反馈儿童的动机、想法或情绪）？"孩子点头。老师继续对他说："但是这个橡皮是别人的，他没有允许，是不可以拿的（行为限制）。如果你实在喜欢的话，老师告诉你家里人，让他们给你买一个（提供可行的选择）。好了，现在请你把橡皮放回原处（陈述最后的选择）。"在老师的引导下，这个孩子知道了不能拿别人的东西，从而停止了"未经许可拿别人东西"的行为。

针对发展性的问题，除了上述的行为设限法，老师还可以正向表达行为规范，直接提出要求，告诉学生怎么做是对的。比如，一个班的学生一起坐大巴车出去郊游，先上车的学生可能优先选择了靠窗或靠前的位置。此时给学生贴上"自私自利"的标签不仅破坏师生关系，还会削弱学生的道德自我概念。老师可以直接提出要求，请先上车的同学直接往后坐，空出前面两排的座位；请晕车的同学排在队尾，上车后坐到前排。那些不晕车的同学，或者原本选择有利座位的同学有过类似的经历就会明白，原来有同学会晕车，而坐在前排可以缓解晕车；老师要

负责组织协调，也需要坐前排。当他们明白了这些道理以后，再遇到类似的场景，就会考虑他人的需要，从而调整自己的行为。

二、设计丰富的活动，提高学生的社会认知水平和同理心

1. 设计交流、合作活动，为学生创造了解他人的机会

（1）在课堂教学环节中设计必要的小组讨论活动，增进学生之间的沟通和交流。比如，当学生在数学课、科学课上制作了作品之后，老师可以先选取 1 ~ 2 名学生在班级内进行汇报，通过反馈和示范，告诉学生交流和汇报的要点。然后留一部分时间给学生在小组内或者与同桌进行交流，阐述自己是如何制作作品的，作品的特点是什么。

（2）引导学生分享自己的想法和感受，并分析不同想法和感受产生差异的原因。比如，在数学课上，老师布置了一道应用题："妈妈上午 10:00 将车停放在地下车库，下午 2:00 离开。停车费每小时 5 元，妈妈需要交多少元钱的停车费？"老师要求学生不仅要写出答案，而且要写出自己思考的过程。有的学生直接计算（把下午 2:00 转换为 14:00，减去 10:00），有的绘制钟表（表盘上两个时间点之间间隔 4 个小时），有的绘制线段（间隔 4 个单位），还有的绘制停车出入的场景。在全班分享时，老师先用投影仪展示大家的思考过程，并询问大家哪些想法是出乎意料，令人觉得好奇的，再请当事人分享，他是如何产生这个思路的。比如，

绘画的学生就会说，自己很喜欢画画，当看到这个题目时，头脑里面就会产生相关的画面。老师最后补充，直接计算的同学偏好抽象思维，绘画的同学偏好形象思维。同样的问题，大家的看法有异，但殊途同归，并无优劣之分。

2. 鼓励学生站在他人的立场进行表达

（1）针对小学低年级的学生，可以要求他们表达清楚，让听众听明白。在学生表达以后，其他同学反馈自己的理解和困惑。比如，在一则看图说话中，穿红色衣服的孩子抢走了穿蓝色衣服孩子的玩具。低年级的学生可能不能准确地概括人物特征，对图片中的两个人物都用"他"。听众可能较难区分"他"指的具体是谁。此时听众把自己的困惑反馈给讲述者，老师再引导讲述者，如何表达能帮助大家区分呢？如果把两个人物简称为"小蓝"和"小红"，大家在听故事的时候就容易理解了。

（2）针对小学中高年级的学生，可以鼓励他们尝试着说服别人。比如，在语文课上老师可以让学生扮演"销售员"，向大家推荐自己喜欢的一本书或者一部电影，获得最多认可的学生会获得"王牌销售"的称号。老师可以提示他们，生活中自己是怎么被说服的？以前成功说服别人的时候，是怎么表述的？请学生拟好推荐语，在班级内示范；然后组织学生分析，有说服力的语言都有哪些特点？比如，能抓住"顾客"的兴趣和需要，卖关子，留悬念，等等。

3. 制造认知冲突，打破学生现有的平衡状态

学生修正、改变自己已有的认知方式时，思维才会有质的发展。而老师要做的事情就是制造认知冲突，促进学生智慧的增长。这个认知冲突可以来自老师，也可以来自同伴。

（1）设计猜想活动，让学生去推测他人的想法，然后再验证这种想法是否准确。如在一节同伴交往的班会课上，老师设计了一个活动，让学生推测同桌的喜好——（挑选礼物）有两种颜色的手套，你觉得同桌会喜欢蓝色的，还是粉色的？（挑选活动）周末出游时，他喜欢去电影院还是游乐场？每个学生填一个自己的选择，再填上对同伴的推测。填写完毕后，两个人一起比对，自己的推测与当事人的真实选择是否相符。如果推测正确，推测的依据是什么？如果推测不正确，是出现了哪些误解？你对自己的同桌有了哪些新的认识？

（2）在分享与讨论环节中，请当事人在接受大家的评价、反馈后再次表达自己的看法和感受。比如，本主题典型案例中的小宁分享完自己的经历后，学生甲进行了说教，学生乙联想到了自己的经历。此时，老师可以询问小宁，当你听到两名同学的反馈后，你有什么想法和感受？如果学生不能准确地描述，老师也可以做示范，比如，"我很怀念自己的姨父"；"当我表达了自己的感受时，我希望别人能倾听我、理解我；评价会让我觉得自己没有被理解，因为我本来就很珍惜

这段亲情。你会有这样的感受吗？"根据当事人的反馈，告诉学生评价、说教等反馈方式并不是对方想听的，或者不是对方需要的，从而促使学生采用更有效的方式来反馈他人的分享。

另外，针对打小报告的现象，老师也可以询问当事人，当你听到伙伴这样说的时候，你的感受是什么？你希望对方怎么表述？让报告者能够了解"当众揭短"会让对方觉得难堪；私下的、友好的提示，可能更容易被对方接纳。

三、提高学生对自身感受和需要的觉察能力

虽然自我中心思维会限制儿童的社会认知、人际交往等各个方面的发展，但认识自己依然是儿童认识他人的起点。俗话说："知人者智，自知者明。"一个不了解自己的人，是无法了解别人的。如果儿童能敏感、准确地察觉自己的感受和需要，建立了主观感受与生理反应、触发场景之间的关联时，他们就掌握了一些关于心理状态的普遍性知识。当他人与自己有类似遭遇时，他们的"推己及人"，就会比较准确。为提高学生对自身感受和需要的觉察能力，教师可以从以下方面着手。

1. 采用共情式的反馈，让学生像"镜子"一样，"看到"自己的情绪和需要

第一章"小学生的情感世界"主题中有详细介绍，这里只举一个事例。比如，一个

姓侯的学生说不喜欢好朋友叫自己"猴子"，老师可以反馈出他的情绪和需要——"朋友叫你的绰号让你觉得被冒犯了，不太开心（情绪），你希望朋友称呼你的名字，以表示对你的尊重（需要）"。老师在反馈时，聚焦于当事人的感受，不去评价第三方的行为，而是指出这种行为对当事人造成的影响。同时，情绪是我们每个人需要满足状态的反映，当事人感觉到不满，是因为在人际交往中尊重的需要没有得到满足，此时老师指出他的需要，是在帮助学生厘清自己的愿望，把焦点放在可能的积极转变上，表达"希望对方未来可以做什么"，而不是指责对方"过去做了什么"。

2. 直接教授学生表达感受和需要的交流技能

在人际交往尤其是人际冲突中，当事人有了情绪波动时，第一反应是指责和批评对方。这样很容易引起对方的逃避或防御反应，反而加剧冲突。老师可以教学生采用非暴力的沟通技能，以此来解决冲突和问题。比如，教中高年级的学生使用"我的语言"，即用"我"开头的语言来表达自己的感受和需要，而不是用"你"开头的语言来责备对方。"我的语言"包括三个成分：具体说明不能接受的行为，表达"我"的感受或受到的影响，表达"我"的希望或需要。

老师可以通过榜样示范的方式，潜移默化地影响学生。比如，当学生违反课堂纪律，比较吵闹时，老师可以说："教室里太吵了"；"我需要用非常大的声音说话，才能让大家听见我，这样说话让我感觉喉咙很痛，也很累"；"请同学们在老师讲的时候保持倾听，到讨论环节再发言"。

老师也可以利用班会课时间，让学生进行练习。首先选择一些学生可能会遇到的冲突场景。比如，假设今天由你负责整理教室的图书角，你发现同班的 A 同学在挑选书籍时，抽出了好几本，随意放到了周边。然后，让学生思考可能的处理方式及其效果。比如，这个时候你会对他说些什么或做些什么？如果你直接批评他"你这个人怎么可以这样，把图书角搞得这么乱！"，你觉得对方会有什么反应？学生通过角色扮演或换位思考，可能会发现批评指责会令对方难堪，导致双方产生嫌隙或冲突。最后，通过填空的方式，让学生练习使用"我的语言"。

当你＿＿＿＿＿＿＿＿＿＿＿＿＿，
我觉得＿＿＿＿＿＿＿＿＿＿＿＿，
我希望你做的是＿＿＿＿＿＿＿＿＿
＿＿＿＿＿＿＿＿＿＿＿＿＿＿＿。

学生在同伴交往中使用"我的语言"时，不仅能提高自我觉察能力，还能增进同伴对自己的了解。他们实际上为同伴提供了学习的素材，能够帮助同伴克服自我中心。

主题 2　提高小学生的自尊水平

◎ 典型案例

魏老师刚刚接手四年级 1 班的班主任工作，就发现班里有一个叫小美的女生总是闷闷不乐的。上课时小美很少参与互动，老师一旦把目光投向她的方向，她就立刻低头或者用手挡脸，小组讨论的时候也不怎么发言。魏老师通过跟家长、学生访谈了解到，之前班里有个同学新买了一套漫画书，特别好看，大家都在排队等着借阅。小美也想看，就问图书的主人，自己能否加入排队。这时有同学听到了，就说了一句："你脸大呀！"言下之意就是以为小美要插队，质疑她想用特权。还有同学就附和道："脸是挺大的，还叫小美呢，一点也不美。"同学们说，自从这件事情以后，小美就变得自卑、退缩了。家长也反映，小美在家经常对着镜子流泪，还问父母自己是不是挺丑的。

魏老师在了解事情的原委后，更加关注小美的情况。当老师发现小美完成的作业字迹非常工整，正确率也很高时，就会在课堂中适当地进行表扬；同时，老师还邀请小美负责班级的板报工作，当班级的板报在学校评比中获奖时，魏老师也及时对小美的工作能力以及认真负责的个性品质进行肯定。此外，魏老师还邀请了自己的毕业生回来分享个人的成长故事，讲述他是如何从关注自己的外貌，转变到努力提升自己，从而找回自信的。魏老师在总结时，也分享了自己对心灵美、外貌美的看法，引导同学们从个性品质与能力优势等方面去认识同伴和自己，而不是从外貌去评判一个人的好坏。

在魏老师做了一系列的工作之后，小美重拾了自信，回归到班集体中，和大家一起学习，共同进步。

小美变得自卑、退缩，其实就是因为在受到同伴的消极评价后自尊受到了伤害。老师在了解情况后，通过一系列教育措施，帮助小美发现自己积极的个性品质和能力优势，有效地提高了她的自尊水平。那么，为什么小美的自尊容易波动？作为教师，可以采取哪些教育措施提升学生的自尊？

💧 应 知

自尊是小学生个性发展的重要内容，了解自尊的含义和具体内容，把握小学生自尊的发展特点和影响因素，能有效地帮助教师从整体上把握小学生自我意识发展的全貌，并进一步采取有针对性的教育措施。

一、自尊的含义及具体内容

随着年龄的增长，小学生不仅能越来越好地认识自己，用一些句子或词语描述自己，比如，我叫什么名字，我长什么样子，我会做什么，我是什么样的性格等，还会对自己认识到的这些自我特点进行评价。比如，我的名字很特别／很好听／很普通；我长得好看／一般／不好看；我非常受欢迎／不太受欢迎；我擅长／不擅长写作；我很喜欢自己乐观随性的特点，但有时也会因为马虎而陷入麻烦，但总的来说，我对自己感到满意。这种个体对自我价值的评价以及由评价而产生的情感体验，就是自尊。

高自尊的个体对自己是什么样的人具有客观而积极的认识，即他们能认识到自己的优势，也承认自己的不足，同时会努力提升自己，克服不足之处。总体上他们对自己表现出来的特征、能力等各个方面持积极的态度，而且在遭受他人的消极评价时，也不会轻易地否定自己。他们会结合评价检视和反思自己，"有则改之，无则加勉"。反之，对自己各方面都持消极评价，或者不喜欢自己，是低自尊的表现。此外，当个体对他人的评价非常敏感，受不得一点委屈或批评时，大家容易会归因于这个孩子"自尊心强"。实际上，这种防御性很强却又很脆弱，也即"外强中干"的表现恰恰说明孩子并未从内心真正接纳和肯定自己，这也属于低自尊的表现。

根据前文所述，个体对自我价值的评价既有具体内容和领域的，也有整体的。根据哈特自尊的多维等级模型（图 3-1），学生对整体自我价值的评价主要包括几个方面：一是学习能力：在学校表现如何？能否顺利地完成学业任务或其他与学业相关的活动？二是社会接纳：与家长、教师、同伴交往的情况如何？是否受到这些重要他人的支持和接纳？三是运动能力：身体运动技能如何？能否很好地控制自己的身体，以顺利完成运动项目或者实现动作目标？四是身体外貌：长相如何？是否满意和喜欢自己的外貌？五是行为举止：言行是否得体，符合规范？学生在对以上五个方面进行评价的基础上，形成对自己整体价值的判断，比如"总的来说，

图 3-1　自尊的多维等级模型

我对自己是满意的 / 不满意的"。

那么，学生基于什么标准来评价自己呢？哈特认为是用现实的我减去理想的我，二者的差异（绝对值）越小，学生对自己越满意，反之就越不满意。比如，同样是期末考试考了 90 分，学生甲可能会说："在我看来，95 分以上才及格，98 分以上才是优秀，我都还没及格呢！"而学生乙则觉得 85 分以上是优秀，自己比优秀还多了 5 分，学习还是不错的。

二、小学生自尊的发展特点及影响因素

在 3 岁之前，儿童的自我意识不强，在 4 岁左右开始具有自我体验相关的情绪，比如，当儿童做到了某件事情时，会感到自豪；而没有做到承诺的事情时，可能会体验到羞愧。总体上，在 7 岁之前，儿童对自己有比较积极但略高于现实情况的评价，所以他们的自尊是略微膨胀的。进入小学以后，儿童的自尊会有一定水平的下降，因为这一时期他们慢慢开始吸纳他人的评价，倾向于从事实的角度评价自己。到了小学中年级，他们的自尊处于积极而稳定的状态。到了小学高年级，他们的自尊会出现波动，而且总体呈下滑趋势。这可能是因为，进入青春期以后，儿童的自我意识水平开始提高，但他们还缺乏整合的能力，可能会因为做好了某件事情觉得自己很不错，又可能因为一些小的冲突或失误否定自己。此外，进入小学高年级，尤其是中学以后，儿童面临的各种压力增加，如人际交往中的亲子冲突、同伴冲突导致的压力，以及学业负担过重或不能胜任学业任务导致的压力，等等。研究发现，那些经历了多重压力的学生，自尊水平下降较多；而得到较多社会支持、接纳的学生，自尊水平相对比较稳定。

学生的自尊除了受到环境压力、社会支持的影响外，还受到个体认知的影响。个体的自尊来自不同的领域，他们对特定领域的重视程度也是不同的。一个运动能力很好，但学业能力不佳的学生，如果认同"头脑简单，四肢发达"的观点，可能就会处于整体低自尊的状态。

大约在 8 岁以后，儿童会将他人的反馈和评价纳入自我概念中。因此他人的反馈和评价也是影响儿童自尊的重要因素，但他们对不同人评价的重视程度是不同的。儿童自尊最早来源于与养育者的互动过程中，那些得到养育者一致性的温暖支持和关怀的儿童更容易发展出稳定的高自尊。在进入小学以后，儿童开始关注教师的评价和反馈，会因为教师的一句肯定的话语得到莫大的鼓励，又可能会因为老师的批评而泄气。随着年龄的增长，尤其是进入小学中高年级以后，儿童越来越重视同伴的评价，甚至超过父母、教师的评价。这可能会导致部分学生为了迎合同伴而做出违背行为规范的事情，如在课堂上公然挑衅老师，来表现自己的"勇气"，或者为了跟同伴保持共同的兴趣和话题而沉迷于网络游戏。

▼ 应 会

　　自尊是个体内在心理活动与外部环境之间进行交互作用时一个重要的中间变量。一个高自尊的个体对自己有积极的评价，能够进行自我引导，在达成发展目标的过程中不断体验到幸福感，同时也实现了自己的成长。自尊既是个体发展的重要结果，也是影响个体其他领域发展的重要因素。通常而言，现实自我与理想自我之间的差距越小，个体的自尊水平越高。因此，提升学生积极认识自我的水平是一个有效提升自尊的手段。此外，外部反馈是学生获得自尊的一个重要来源，因此教师也可以指导学生辩证地看待他人的评价。在小学阶段，个体的自尊随着年龄的增长整体呈下降趋势，一些遭受压力的学生下降得更快，教师需要识别出自尊水平不高的学生，进行个别化的指导。

一、指导学生积极地认识自己

1. 在自我认识的内容上，引导学生关注自己的积极面

　　学生在学习能力、社会接纳、运动能力、身体外貌和行为举止等五个方面的具体表现不同，自我评价也不同，教师可以引导学生去发现自己客观上表现得更好的方面，"放大"自己的优点。比如，在经典的自我认识游戏中，传统的游戏规则是让学生写20句"我是……（的）"。实际活动中，老师可能发现，学生特别善于自我反思和自我批评，写了很多自己的缺点和不足，优点却写不出来。老师可以改变游戏规则，让学生写15条优点和长处，写5条中性的特点或缺点与不足。当同学们遇到困难，写不出来时，老师罗列出自己观察到的或其他同学总结的优点，让同学们进行"优点认领"，补充自我认识的内容。此外，老师也可以引导学生将自我评价的中心转移到擅长的领域。正如典型案例中魏老师所做的，引导小美将自我评价的关注点从外貌转移到自身的能力和性格品质上。

2. 在自我认识的方式上，引导学生从积极的角度陈述自己的行为与特点

　　引导学生从积极的角度去陈述并不是鼓励学生像阿Q一样自欺欺人，安于现状，停滞不前，而是让学生转变语言陈述的方式，看到自己需要发展的能力或个性品质。比如，在认识自己的不足时，尽量避免采用"我数学能力很差""我很调皮""我要克服骄傲自满的缺点"等表述方式。因为"能力归因"或贴"负面标签"等陈述方式会让学生形成"我不好""我不会"等消极的自我概念，从而产生羞愧、内疚等情绪。这些消极的道德情绪会削弱学生的自尊。教师可以引导学生换一种视角，用积极客观的方式来对事件进行陈述：一是就事论事，客观地描述具体发生的事件及其频率、影响。比如，"我这次数学测验成绩不理想，只有75分"，"今天我在语文课上没有举手就发言了3次，没

有经过老师的许可离开了座位 2 次"，"我以为自己比赛时肯定能拿第一，结果并没有"。二是把事件的发生归结于努力程度、问题解决策略等可以改变的原因，而不是能力、性格等内在的相对稳定的个性品质。比如，"我的数学学习时间不够/学习方法效率不高，所以需要增加学习时间/调整学习方法"，"我需要学习自我管理的策略"，"我要在竞赛之前做好充分的准备"。

二、采取教育措施，促进学生自我的发展

结合学生自我评价五个方面的内容，教师可以有针对性地指导学生自我的发展。

1. 帮助学生获得学业成功

根据埃里克森的发展阶段理论，小学阶段个体的主要发展任务就是学习，获得勤奋感，克服自卑感。因此，学业能力是学生自我价值感的主要来源。此外，研究发现，在小学低年级，学生的学业概念对学业成绩具有预测作用，即当他们相信自己能学好时，就真的能学好。到高年级时，学业概念与学业成绩之间是相互影响的，也就是说，积极的学业概念有助于预测好的学业成绩，而好的学业成绩能够强化和验证积极的学业概念。但是在学校里，不是所有学生都能获得学业成功，学生也并不能在所有科目上都表现良好，所以学业方面的挑战和压力是不可避免的。为了减少消极经历的负面影响，教师可以从以下几个方面入手：一是保护学生

学习的信心。比如，在低年级时，针对考试成绩不理想的学生，在个别辅导以后，单独再考一次，用实际的成绩告诉学生"你通过努力可以学好"。二是及时指出学生的成长和进步。当注意到学生有进步时，就反馈给他让他知道。同时，也可以设计一些活动，让学生注意到自己的成长。比如，在习作课上，布置《我学会了……》《我长大了》《为我喝彩》等题目，让学生回忆自己在过去的一年或一学期中学习到的技能，反思自己的成长，分享自己通过努力获得成功的经历，等等。三是设计丰富的活动，明确表达期望，采用综合评价的方式，让不同能力优势的学生都有机会获得成功。比如，在一年级的语文课上，老师可以采用过程性评价与期末总评相结合的方式，对学生的学业水平进行评估。评估的内容包括：平时作业，抄写、听写生字，假如学生抄写的 30 次作业中有 25 个优，就可以单项评优；实践作业，让学生通过绘画的方式制作生字卡，用讲述或戏剧表演的方式讲故事，达到标准也可以评优；综合练习（考试）；期末游园活动，学科闯关游戏，应用语文知识解决问题，顺利通过评优。通过这样的评价方案，学生和家长就会非常明确学业要求，并能逐项完成。同时，书写能力、表演能力、口语表达能力具有优势的学生在课程中都有发挥的空间。

2. 建立和谐的师生关系

教师可以从以下几个方面入手：一是在与学生交往的过程中要把学生当作重要的人

来对待。如因为计划内的会议、公开课等事宜而调课时，除了跟班主任、主管领导沟通外，还需要提前告知学生事情的缘由以及代课老师的情况，因为学生是直接受影响的群体，他们有知情权。二是避免使用伤害性的语言。当学生表现得过于自信时，不要直接批评他"骄傲"或"膨胀"，而是通过提问、鼓励的方式，让他朝着更好的方向完善计划或实现发展目标。比如，在思维训练课上，有个学生很早完成了魔方还原，得意洋洋地看着其他同学奋力拼搏。老师可以在肯定他现有成就的基础上，表达更高的期望，比如，"我看到你已经把五阶魔方（每个面都是 5×5 个小方块）完成得很好了，你可以挑战一下异形魔方（如锥形）"。

3. 引导学生与同伴积极地交往

以课堂互动情境为例，教师要通过积极的语言示范和制定课堂交流规则，来约束和指导学生之间的交往行为。第一，引导学生包容他人的错漏，避免相互批评、指责，甚至是嘲笑。比如，当某个同学回答错误时，老师可以反馈"哦，你是这么思考的"，再询问"其他同学有不同想法吗"。通过对比发现同学们之间对错以后，推导和还原错误答案背后知识点的混淆、错漏情况，进行客观的归因，"看来，要仔细观察生字，才能发现摘苹果的'摘'字的右半部分和'商'字是不一样的"。第二，要求学生在尊重他人的基础上表达自己的观点和建议。比如，当他发现同学说错，或者

与自己意见相左时，不要直接说"××错了"，而是提出"我想给××做一下补充"，或者"我的想法和××不一样，因为我认为……"。第三，避免一些不必要的可能会导致学生尴尬、窘迫的活动环节。比如，在听写生字或解数学题时，避免让学生在全班学生面前公开演示。针对一些有标准答案的交流环节，老师可以公布评价的标准，让同桌或小组之间互评，从而避免让学生在全班同学面前暴露自己的不足。

4. 支持学生发展运动技能

教师可以从以下几个方面入手：第一，要从观念上接纳多元智能理论，把运动能力当作学生能力的重要组成部分。第二，用实际行动支持学生参与体育锻炼活动。比如，当学生参加完体育锻炼，回到教室后表现得很激动、亢奋时，老师可以利用 2 ~ 3 分钟的时间让学生恢复到冷静的状态，如伴随变奏的音乐打节拍，从激烈到舒缓，逐渐平静。第三，肯定学生在运动方面获得的成就或进步。当学生代表班级参与体育比赛时，积极肯定学生的运动优势；让具有运动优势的学生，在日常教学中也有展示的机会。比如，某五年级的学生在作文中分享了自己每天坚持练习跳绳，能在 1 分钟之内连续跳 170 个。老师在征得学生的同意后，让他在全班同学面前展示，并肯定他"台上一分钟，台下十年功"，凭借这样坚持不懈的精神，可以在很多方面提升自己。

5. 教导学生正确的仪态举止，提升他们的身体自尊

身体外貌的评价是学生获得自我价值的一个重要来源。虽然五官外貌很难改变，但是坚持良好的仪态，不仅可以让学生举止得体，赢得尊重，维护身体健康，还可以潜移默化地提升学生的内在体验。有研究者把参与者分成两组来完成一项同样复杂的任务，在完成后得到同样的反馈——"你出色地完成了任务"。不同的是，一组被要求低头、弯腰、缩肩，做出垂头丧气的身体姿态；一组昂首、挺胸、收肩，做出自信满满的身体姿态。最后让他们评价自己的自豪程度，结果垂头丧气组只有 3.25 分，而自信满满组有 5.58 分。这类研究印证了一种叫作"具身认知"的现象，即通过改变身体姿势、动作，可以改变个体的认知和情绪体验。当我们要求学生做出自尊自信的样子时，他们内心也会体验到真正的自尊和自信。

6. 教导学生正确的行为规范

这一点在第一章"小学生的行为发展"主题中有比较详细的介绍，这里只补充一条教育建议。当学生违反行为规范时，教师不要用第二人称"你……"的表述，而应客观地陈述学生的行为及其消极影响。比如，不直接对学生说"你违反了课堂纪律"，可说"在老师讲课时敲桌子会扰乱课堂秩序"。

三、指导学生批判性地看待外部评价

外部评价，尤其是家人、师长和同学等重要他人的评价会影响学生对自己的评价。但是外部评价不一定是准确的，或者说不一定有利于学生的成长，而且一些伤害性的评价是学生不可避免要经历的。学生尚处于自我发展过程中，还不能很好地分辨、应对这些负面评价或伤害性的评价，所以需要教育者进行引导。

1. 组织学生讨论友谊和同伴压力等相关话题，帮助学生识别消极的同伴压力

随着年龄的增长，同伴对学生的影响力增加。但是他们同处于发展过程中，可能会用自己的标准去要求别人；可能会"拉帮结派"，孤立那些个性突出或成绩优秀的同学。小学生可能为了避免遭受排挤，而迎合这些消极的标准，牺牲掉自己的立场或成绩。他们违背真实的自我，最终会损害个人的自我价值感。教师可以设计一些专门的讨论活动，提高学生的分辨能力和应对能力。比如，在道德与法治课程或班会活动中，设置类似的道德两难情境，让学生进行角色扮演：临近期末考试时，你的好朋友 A 说自己没有准备好，担心成绩不好会挨骂，就求你把试卷和答案放到他看得见的位置。你会怎么办？你打算对他说什么或者做什么？请你和同桌轮流扮演求助者和当事人，进行现场模拟。然后教师再邀请学生分享自己的解决办法和原因，引导大家去分析：如何评价同伴的请求？你听到之后，内心的想法和感受是什么？你想怎么做，而你又担心什么？最后，总结出消极同伴压力的特点（如违背道

德准则）、危害（让当事人感觉到自尊、情感或财物受损等）以及可能的解决办法（向信任的成年人求助；明确自己的感受和需要，用正当的方式满足自己的需要，如真正的友谊是彼此尊重、关心，而不是以"友谊"的名义进行胁迫）。

2.通过游戏等温和的方式，向学生呈现负面的或不实的评价，帮助学生"脱敏"

在一节心理活动课上，老师设计了"张冠李戴"的活动，让学生把一句完整的话拆分成三个部分，分别写在三张纸条上。比如，（主语）"张三"（状语）"在家里"（谓语）"写作业"。然后老师把所有学生的纸条分别放到三个盒子里，再依次邀请学生到讲台上随机抽取，组成一个完整的句子。这样重新组合以后的新句子，可能会很荒谬，比如"张三在花盆里跳舞"。刚开始分享时，"张三"同学可能会觉得有一点窘迫，甚至想要替自己申辩："老师，我没有。"到后面的环节，他会发现大家的描述都一样荒谬，就不那么在意了。到最后分享感受时，有学生说："我原来很介意别人说我黑，现在我觉得嘴长在别人身上，我管不了；而且很有可能别人是随意说的，我何必要在意呢？"

四、识别低自尊或自尊不稳定的学生，进行有针对性的教育引导

教师在教育教学过程中要识别出自尊水平比较低或者自尊不稳定的学生，予以特别关注。当学生具有以下行为表现时，可能提示他们的自尊水平不高：一是自我否定，用消极的语言描述自己，或者在作品中使用消极的意象来代表自己。比如，说自己"什么都不会"。或者在绘画作品中故意丑化自己，如用"过街老鼠"来表示自己。二是拒绝赞赏。当作文得了"优"时，觉得是自己运气好，或者老师误判了。此时，老师可以用提问的方式指出学生的逻辑矛盾。比如，"老师是根据标准进行评分的，你觉得你的作品跟这些优秀的标准相比，有哪些欠缺？你觉得老师随意评分的可能性有多大？"。三是有自责自罪倾向，将一些原本与自己无关的错误、损失归结于自己。如父母离异了，孩子说"如果我再乖一点，父母就不会分开了"。如果老师听到了学生类似的语言，可以先跟孩子确认他的想法，"当父母离婚以后，很多孩子会觉得是自己的错，你有这样的想法吗？"，并且帮助他们进行认知矫正——"你想用自己的努力，维护这个家庭的完整；但是你要知道，父母分开是他们两个人的感情出了问题，并不是你造成的"。四是在同伴交往中退缩或乐于被支配。到了小学中高年级，个体会非常重视同伴交往，从同伴交往中获得亲密感和归属感的女生以及获得支配感或领导权的男生，有比较高的自尊水平。反过来，退缩的女生或者乐于被支配的男生，则容易自尊受损。

此外，当学生具有以下行为时，说明他们的自尊是不稳定的：一是通过言语或身体攻击让对方屈服。二是致力于在竞争中获胜，不能容忍失误或失败。针对第一种情

况，老师需要告诉学生他们采用"暴力"只会让对方暂时屈服，或者内心惧怕、厌恶自己，并不能获得真正的友谊。同时，教给他们一些处理人际冲突的策略，用正当的方式去赢得同伴的尊重，如展现自己积极的个性品质和能力优势等。针对第二种情况，老师需要指导学生发展成长型思维，把比赛、考试当作检查自己学习情况的手段，鼓励学生发现学习或活动本身的乐趣，致力于自我提升，而不是打败别人。

第二节 提高小学生的心理韧性与责任心

通过本节的阅读，您将了解以下方面的内容：

主题1 提高小学生的心理韧性

应知
了解心理韧性对学生成长的积极影响
了解心理韧性发展所需要的条件

应会
识别和避免对学生可能造成的潜在伤害
掌握帮助学生发现自己的优势和潜能的方法
提高学生的掌控感
教授学生解决问题的技能
能有意识地在学科教学中融入心理韧性的训练活动

培养小学生的责任心 主题2

应知
了解责任心的内涵和责任心培养的重要性
了解责任心培养的原则

应会
通过环境改造和赏罚控制等方式，要求学生表现出必要的责任行为
通过"角色认领"等体验活动，鼓励学生履行职责
提供选择的机会，鼓励学生做负责任的决定
在培养责任心的同时，维护学生的安全和自尊

主题1　提高小学生的心理韧性

◎ 典型案例

王老师发现，班上的男生小阳最近一段时间频繁地跟老师、同学闹矛盾。有一天，小阳竟然动手打了班里的五六个同学。王老师意识到事态严重，立刻跟小阳妈妈取得了联系，了解到孩子打人当天正好是父母去民政局办理离婚的日子。

王老师觉得小阳这段时间的变化，肯定跟父母婚姻不睦有很大的关系，但又不太确定，作为小阳的班主任，王老师不知道自己还可以做些什么。于是，王老师把小阳的情况和主管德育工作的刘主任以及学校的心理老师李老师进行了说明，以听取他们的意见。李老师同意王老师的分析，认为小阳当前的情绪变化和行为变化是对环境中的急性压力事件的反应。

三位老师协商以后，决定邀请小阳参加团体辅导，采用游戏活动的方式引导小阳遵守行为规则，并且帮助其掌握一些情绪管理的技能。此外，刘主任和王老师与小阳的妈妈面谈，希望妈妈关注孩子的情绪状态，尽可能帮助小阳恢复原有的生活秩序。王老师在班里也注意引导小阳积极参与班级活动，一旦小阳有了良好表现，就及时予以肯定。

在家庭和学校的共同努力下，一年后，小阳的情绪行为逐步恢复到适应状态，发怒、打人等情况明显减少。

像上述案例中小阳这样处于不良环境中的学生还有很多，他们中有一部分能逐渐恢复适应，而有一些可能会长久地处于困境当中。是哪些因素导致了学生的发展差异呢？作为老师，可以做些什么，帮助孩子恢复正常的生活秩序？

影响，但经过一段时间以后，他恢复到适应状态。这种从悲剧、灾难、困难中恢复过来或者适应持续生活应激源的能力，就叫心理韧性（也称逆抗力、复原力或心理弹性）。本部分将介绍心理韧性对个体发展的意义以及促进原则。

◎ 应知

案例中的小阳，虽然受到了不良环境的

一、心理韧性能够缓冲环境中不利因素对学生造成的影响

个体在经历创伤或压力事件后，其身心

发展可能会因为心理韧性的不同而产生四种不同的结果：一是陷于困境。极少数个体由于自身心理韧性欠缺，在生活受到了毁灭性的打击后难以从中走出来。比如，在遭受巨大的创伤以后，个体可能选择用自伤甚至自杀的方式来排解当下的痛苦。二是幸存。有部分心理韧性的个体在遭受某个有危险的事变后生存了下来，但某些功能有所缺损。比如，个体在童年期经历了校园欺凌以后，回避人际交往，或者自尊心受损。三是恢复。心理韧性比较高的个体，积极地利用自身优势或环境中的资源，缓冲了环境中不利因素的影响，让自己的身心恢复到了之前的水平。如案例中的小阳，虽然在父母离异后情绪行为发生了很大的变化，但在一年以后，愤怒情绪减少，攻击行为水平明显下降，能够跟老师、同伴友好地相处，适应学校的生活。四是成长。心理韧性非常高的个体，不仅能够从创伤中恢复，还在应对伤害或压力事件的过程中提高了自己的问题解决能力或自尊水平。比如，有一个家庭比较贫困的学生，家里四处借钱才凑够了他的大学学费。父亲觉得对不起孩子，担心他生活费不够。这个学生就表示，自己已经满 18 岁了，应该自给自足了。上大学以后，他积极寻找勤工俭学的机会，最终通过自己的努力顺利完成了学业。

二、心理韧性的发展需要个体与环境中的积极因素共同作用

个体在应对压力、适应环境的过程中，自身的积极因素以及环境中的积极力量在共同起作用，帮助他们克服逆境。

个体的因素包括三个方面：一是尽责性。即对自己的生活负责，并努力把事情做好的一种倾向。二是坚韧性。即具有较强的控制感，相信自己能掌控自己的生活，不觉得自己是悲惨命运的受害者；主动参与社交活动；将生活中的压力事件视为个人成长的机会，而不是灾难或世界末日。三是情绪管理能力。即具有相对稳定的情绪，而且积极情绪占主导；在面对压力时，能觉察自己的情绪，用积极的方式进行调控。如倾诉，寻求他人的帮助，而不是通过破坏行为或其他方式一味发泄情绪。当然，小学生的身心发展尚不成熟，他们不具备管理自己情绪的能力，尤其是面对一些比较大的压力事件时。如果他们能在成人的帮助下觉察、表达和管理自己的情绪，也是心理韧性发展的一种体现。

环境的因素包括家庭、学校、社区等提供的稳定的、连续的社会支持。比如，家庭内部关系比较和睦，亲子之间建立了比较亲密、安全的情感联结；在学校中，能够与老师、同伴友好相处。此外，当个体需要帮助时，能够获得和感受到来自家庭、学校等提供的社会支持。

▼ 应会

学生虽然具有心理韧性去应对环境中的不利影响，但面对压力和伤害时，不是所有个体都能从中恢复过来。即便学生有能力恢

复，也不能以此作为对其施加伤害的理由。此外，教师还需要通过多种方式从根本上提高学生的心理韧性，比如，识别和避免对学生可能造成的潜在伤害，帮助他们发现自己的优势与潜能，提高他们的掌控感，教授他们问题解决的技能等。

一、识别和避免对学生可能造成的潜在伤害

在学校情境中，有一些人为的伤害可能会被忽视。比如，教师的公开批评和指责，可能会对学生造成情感伤害。有调查发现，大部分学生曾遭遇或目睹教师的辱骂，即便仅目睹教师辱骂其他同学，也会受到不同程度的心理伤害。为了避免对学生的情感伤害，当学生没有达到预期的教育目标时，教师可以尝试采用以下几种方式。

（1）单独与学生沟通。比如，利用课下时间，指出学生需要改进的地方。

（2）使用友善的非言语信号提示学生。比如，学生在课堂上做小动作时，教师可以利用在教室里巡视的机会，轻拍学生的肩膀和背部，提醒他专心。

（3）用正向的语言表达期望。不直接说学生哪里做得不好，而是告诉学生怎么做是符合期望的。比如，当学生没有举手就回答问题时，教师可以告诉学生，"××同学一直在认真听课，积极地思考老师提出的问题。下次你想回答问题的话，举手以后，老师再邀请你来回答"。

二、帮助学生发现自己的优势和潜能

成年人在帮助学生认识自己时，倾向于让他们去评价自己的优点和缺点；而在评价的过程中，又通常会不自觉地强调需要改正自己的不足。长此以往，学生慢慢会放大自己的不足，而忽略了自己的优势，可能导致对自己的不接纳，削弱自尊和自信。

教师可以设计一些活动，让学生充分了解自己的优势和特长。比如，小阳在参加团体辅导活动时，老师设计了一个活动，要求大家跟成员分享一件自己做过的比较自豪的事情。小阳分享的经历是，自己参加过妈妈的乐队演出。当时团体的其他成员听完之后，都非常惊讶和羡慕，觉得这是非常难得的体验，就追问小阳演出的过程，他担当的角色，等等。通过成功经历的分享以及同伴和老师的反馈，学生会把注意力放到自己的优势上，并且将这些优势纳入自我概念，从而形成对自己的积极认知。

此外，如果要讨论学生的不足，也要转换表述方式，用发展目标去引导学生：你想要变成什么样子？你渴望拥有哪些优秀的性格品质或能力特长？比如，教师在组织班级建设活动时，为了促进学生之间的欣赏和接纳，设计了一张作业单，让学生写下自己最欣赏的三个同班同学，以及每个同学的优点或特长。之后，教师在全班讨论的环节，用提名和投票的方式，总结了同学们普遍比较欣赏的优秀品质。然后，让同学们对照自己，"认领"优点——有哪些优点是你已经具备的？同时提醒同学们，你还渴望得到哪

些优点？再发给同学们第二张作业单，上面写着"我的小目标"——"我渴望获得的优点或能力"，鼓励学生与家长讨论，制定一条行动路线，实现自己的小目标。在这个活动中，教师没有让学生反思自己的不足，而是采用积极导向，激发学生内在的动力，去做更好的自己。

三、提高学生的掌控感

如果学生觉得自己是生活的主人，那么当他们在面对困境时，就会觉得自己可以采取行动或者需要采取行动去应对。教师要采取一些教育活动或措施，让学生感到自己对生活具有控制感。

（1）鼓励学生参与班级或学校的管理。对于低年级的小学生，可以鼓励他们讨论学校或班级中有哪些规则，自己和同学遵守的情况如何？如果不能遵守，原因是什么？可以如何改进？对于中高年级的小学生，可以鼓励学生讨论并制定出大家一致认可的规则。

例如，四年级的文老师发现，教室图书角总是很乱，学生们看完书以后没有及时将书放回原处。为此，文老师专门设计了一个主题班会，让学生一起讨论怎么"把图书送回'家'"。学生们出谋划策，一起制定阅读图书的规则，如每次取 1 本，当天放回；设置"图书管理员"岗位，学生轮流值日，负责图书的整理工作。一段时间以后，文老师发现，图书角的图书井然有序，学生们都很自觉地遵守自己制定的规则。

（2）鼓励学生做负责任的决定。在干预学生的不良行为（如攻击、违纪行为）时，教师可以提前告诉学生遵守纪律的结果以及违反纪律的后果，让学生依据个人的目标做出选择；同时告诉学生做出了选择以后，就要承担相应的后果。比如，学生在上体育课时，故意用篮球砸同学。教师此时可以告诉学生：篮球是拿来投的，在篮球运动中不可以伤害别人。如果遵守运动规则，就可以继续参与活动；如果在教师提醒后依然拿球砸同学，就要暂停活动，只能在旁边观摩。如果真的有学生再次违反规则，教师就告诉他："你已经知道了违反规则的后果，但你依然选择这么做，那么现在就请你到旁边观摩。如果你能安静地观摩完这个环节的活动，那么下一个活动，老师就邀请你归队。"

四、教授学生解决问题的技能

学生在成长的过程中，会遇到很多问题。他们可能会被一时的困难困住，觉得自己不能解决，从而寻求成人的帮助。成年人作为他们重要的社会支持，在提供直接帮助的同时，要尽量避免"包办"，要教授他们一些技能和策略，让他们有机会亲自去解决问题。

以小学生"告状"现象为例，小学低年级的学生一开始会把父母、师长当作无所不能的"权威人物"，遇到问题或冲突时，可能第一时间就想着要告诉大人。在面对学生"告状"时，教师要注意区分哪些情况是需要老师出面的，如遭受到了恶意的欺负，损失了财务，或者生病、受伤；哪些情况是学生可以尝试着自己去解决的，如同学之间常见的冲突和矛盾。

这里分享一个班主任引导学生自己解决问题的案例。

● 示 例

引导学生自己解决问题

学生 A 坐在前排，他后面的同学 B 经常故意踢他挂在椅背上的书包。同学 A 告诫了对方好几次以后，依然没有效果。他就向班主任求助。老师首先肯定他说："你遇到了问题之后，首先自己试着去解决，说明你是一个对自己生活负责任的人；在跟同学沟通没有效果以后，你来找我，老师感到很欣慰，说明你懂得求助，而且也信任老师。老师当然可以直接出面帮你制止他，但是这样的话，以后你和他就不容易做好朋友了。老师想到了一个办法，你有很多漂亮的星空纸（星空图案的折纸），你愿意送一张给他，跟他做好朋友吗？如果你们成了好朋友，他就会对你友善一些。"学生 A 同意了，然后按照老师教的方法，送给对方自己最喜欢的星空纸，成功地和学生 B 做了朋友。学生 B 后来把自己辛苦得来的贴画回赠给了 A。A 特别开心地向老师表达了感谢。老师继续对他说："你看，你用自己的努力，成功地化解了同学之间的冲突。当然，老师也要提醒你，可能将来的某一天，同学 B 还会做一些令你不高兴的事情，你可能还需要像现在一样，想办法去帮助他成长。"

在上述的案例中，班主任教给学生化解同伴之间冲突的策略，鼓励学生自己去解决问题。同时也告诉学生，未来可能还会有别的问题出现，让学生做好心理准备，以积极的心态面对挑战。

针对学生"告状"的问题，班主任可以利用班会课的时间，以情景剧或视频片段等方式，导入学生之间常见的冲突。然后让不同小组的学生进行角色扮演，在这个过程中思考，如果你是故事中的某个角色，你会怎么解决这个问题？鼓励学生自己想办法，尝试着解决，同时也告诉他们当问题超出自己的应对能力范围后，可以向成人求助。

五、在学科教学中融入心理韧性的训练活动

当教师明确了心理韧性中涵盖的积极人格品质以后，可以有意识地在学科教学中设计一些讨论、分享或者体验活动，提升学生的积极人格品质。比如，在体育课上，可以让学生学习坚持、应对挫折等体育精神；在数学、英语课中强调班级内的小组合作，融入同伴交往、获取同伴支持的策略指导；语文课中，可以挖掘一些对抗逆境的人物或故事素材，或者在阅读课中，有意识地选取一些跟心理韧性内容相关的题材，努力提高学生的心理韧性。

▲ 活 动

提高心理韧性的阅读活动

有研究者精心挑选了自我成长主题类的绘本，指导学生以小组为单位，每周进行一次阅读分享和讨论活动。结果发现，小学 2 ~ 6 年级的打工子弟学生在参加了 10 次活动（持续两个半月的时间）以后，心理韧性有了显著提高。研究中选取的绘本材料和相应的讨论活动如下。

（1）与情绪觉察和管理相关的绘本，挑选了《我好担心》和《隐形男孩》。与学生一起讨论焦虑、孤独的情绪。故事中的主人公有什么感受？他们做了什么，让自己好受了一些？

（2）与自我认识有关的绘本，挑选了《没有耳朵的兔子》和《勇敢做自己》。与学生一起讨论，《没有耳朵的兔子》中，兔子为什么会受到同伴的排挤？你有过类似的经历吗？被孤立的感受如何？小兔子最后快乐地生活了，它是怎么做到的呢？我们可以做些什么，像小兔子那样快乐地生活？

（3）与成长目标有关的绘本，挑选了《大脚丫学芭蕾》和《鼠小弟，长大以后做什么？》。询问学生们，长大以后都想做什么？有明确目标的同学，想一想可以采取哪些具体的行动，来达成自己的目标；暂时还没有明确目标的同学，可以挑选一个自己的兴趣爱好，制订一个可行的计划，提高自己在某项兴趣爱好方面的表现。

（4）与领悟社会支持相关的绘本，挑选了《我有友情要出租》和《爱心树》。与学生一起讨论友情和亲情，并且布置了体验活动让学生去完成——在班上找出 1 ~ 2 名在你身边但平时关注不多的同学，主动与他交往；观察父母的一天，记录下他们为自己做的事情，并主动为他们做一件事情；在小组内组织开展"天使与主人"的游戏，每一位成员既是主人，也是别人的天使，感受爱的付出与回报。

主题 2　培养小学生的责任心

典型案例

　　文老师担任三年级 2 班的语文老师和班主任，同时负责 1 班的语文教学。他发现同样的老师，同样的教学内容和教学方式，在隔壁的 1 班他的教学工作就开展得很顺利，而在自己的班就总是受到各种意外事件的干扰。

　　有一天快上语文课时，文老师发现学生 A 在翻箱倒柜地找自己的语文课本，急得满头大汗。A 说自己出发前检查过书包，确定自己带了课本，但是快上课又找不到了。老师发动大家帮忙一起找，几分钟后，学生 B 才慢吞吞地从自己的桌斗里拿出书，说："是我借来抄笔记了，我以为很快抄完还给他就是了，就没跟他讲，到现在还有一点没抄完……"文老师无奈地看着一脸无辜的学生 B，然后引导大家把注意力调整到课堂上，争取追回刚刚浪费掉的时间。

　　某天下午的第一节课，文老师打开一体机以后，发现屏幕上有记号笔画过的痕迹，正好遮挡了课件内容，他在课堂上试着用湿布擦，但发现擦不掉，只好放弃；下课后到医务室借了酒精才去除掉笔画的痕迹。

　　班里总是发生这样的意外事件，影响班级管理和课堂秩序，文老师决定利用这个机会开一次班会。他以"记号笔画电脑"事件为例，指出个别同学不负责任的行为对全班同学造成的影响。当他在讲解的过程中把目光投向班里的学生时，发现被注视的学生一脸委屈，还有学生小声申辩："老师，不是我做的……"

　　文老师想起 1 班的班主任说有一天自己不舒服，在办公桌上趴着休息，差点错过了放学时间，等他惊醒过来后，发现学生们已经整齐地站在操场上了。他问过"代班"的老师才知道，是班长发现快到放学时间了，班主任没在，到办公室看见老师在休息，就邀请了学科老师帮忙组织放学。同样都是三年级，为什么别班的学生就能主动担责，而自己班里的学生出了事情就推卸责任呢？

　　案例中两个班学生截然不同的表现，是责任心强度不同的表现。学生 A 以及用记号笔画电脑的学生意识不到自己的行为对他人造成的影响；在"记号笔画电脑"事件中，有的学生第一反应就是排除自己的责任，而在"放学"事件中，有的学生立刻就会意识到公共事件对每个同学产生的影响，而自己需要做点什么，来维护班级的秩序。那么，同样是三年级的学生，为什么两个班学生的责任心水平差异这么大？有哪些教育措施能培养学生的责任心呢？

💧 应 知

责任心是个体与外部环境良好互动的一项重要品质。本部分将介绍责任心的内涵、责任心培养的重要性及责任心培养的原则。

一、责任心的内涵和责任心培养的重要性

上学以后，个体慢慢接受自己的多重角色和身份，并按照角色标准来约束自己的行为，比如，他是家庭中的孩子，需要维护家庭环境的整洁，他发现父母在得到自己的关心后，会非常开心，自己也觉得很幸福；他是学校中的学生，要遵守学校中的各种行为规范，如上下楼梯要靠右行走，以保障自己和别人的安全；到了学校、家庭以外的公共场合时，他要做一个有公德的人，如小声说话，主动把散落在地面的垃圾分类放回垃圾桶。当然，不论是家庭、学校还是公共场合，没有履行自己的义务需要承担相应的责任，如不写作业会受到惩戒。毕业工作后，他可能成为教师、医生，成为别人的伴侣、父母，终其一生，他都在努力"扮演"好自己的角色。这种有能力且乐意承担自身行为后果的个性品质，就是责任心。

具有责任心的个体能主动履行自己的角色义务，进而成为合格的社会成员。责任心是衡量个体社会化程度的重要指标。研究发现，一个具有责任心的个体不仅能够做到基本的遵纪守法，还能表现出更高的亲社会行为。此外，责任心也是教育者的主要培养目标。2016 年 9 月，北京师范大学核心素养课题组发布的中国学生发展核心素养研究成果中，明确指出一个"全面发展的人"应当具备六大核心素养，而责任担当就是其中的一项（其余五个指标分别为人文底蕴、科学精神、学会学习、健康生活和实践创新）。另外，在 2011 年发布的《义务教育品德与生活课程标准》中，以儿童的生活为基础，概括了课程四个方面的内容，而"负责任、有爱心地生活"是其中的一个方面（另外三个方面分别为：健康、安全地生活；愉快、积极地生活；动手动脑、有创意地生活）。因此在综合育人和学科德育的视角下，培养小学生的责任心是教育工作者的一项重要工作。

二、责任心培养的原则

责任心是责任意识、责任感、责任意志、责任行为等道德内容在个体身上的综合体现，属于道德品质的范畴，因此责任心的培养应当遵循儿童品德发展与道德教育的规律。

在品德的四个成分中，道德认知是核心，因此责任心教育的一个重要内容就是强化学生的责任意识。有研究者认为，责任包

括责任规则、事件和主体三个要素。即当个体在面对责任情境时，需要对已经发生或预期将要发生的特定事件，赋予相应的行为规范，同时识别个体与该事件相关联的身份。比如，见到校园中有散落的垃圾（事件），小学生们可能会出现两种想法：一种认为作为学生不应该在公共场合乱扔垃圾（行为规范），但是这件事情不是我做的，我不捡起来也不应该受到惩罚（角色与身份）；另一种认为，我是学校的一分子，虽然垃圾不是我扔的，但是如果我把它捡起来，就维护了校园环境的整洁（角色与身份）。因此，增强责任意识的原则之一就是增强小学生在家庭、学校或其他社会情境中的角色意识，引导学生发现事件与个体角色规范之间的关联。

根据科尔伯格的道德认知发展理论，低年龄的儿童依据行为结果来遵守行为规范，表现出强化受到奖励的行为，而抑制可能会受惩罚的行为；大约9岁以后，他们才开始了解社会行为规范，并依照特定的角色标准来要求自己。比如，家里的"好孩子"、学校里的"好学生"应该要做到什么，自己就需要达到相应的行为标准；慢慢地，他们开始从整个社会运转的角度，践行个人的角色标准，通过每个人"各司其职"来共同维护社会秩序。因此，针对还未形成"角色意识"的低年级小学生，采用外在的环境控制、奖惩约束等措施，可以在一定程度上帮助他们习得必要的责任行为。

个体的道德认知，转化为道德行为时，需要意志的调节以抵御诱惑或克服困难。在整个小学阶段，儿童的道德意志尚处于发展之中，常常因为意志力不足而表现出"知行脱节"的特点——知道应该这么做，但不能做到；知道不应该这么做，但不能很好地控制自己的冲动。为了提高学生的责任心，除了锻炼学生意志力以外，还可以通过环境控制等方式，降低学生"履行责任"的难度。

"责任"一词具有一定的强制性，根据《现代汉语词典（第7版）》的解释，责任有两种含义：①分内应做的事；②没有做好分内应做的事，因而应当承担的过失。从个性培养的角度来讲，一个具有高度责任心的人，不仅会履行"硬性角色"的应尽之责，还会把自己作为一个广泛意义上的社会人，主动关心社会需求和人类幸福，有着"天下兴亡，匹夫有责"的胸怀。有学者将责任心划分为不同的层次：最低层次为底线责任心，个体依靠外部规则的约束，做自己"硬性角色"应尽的本分，比如，低年级小学生作为班级和学校的一员，能做到课堂上遵守课堂纪律，在校园里不乱扔垃圾；中间层次为自觉地履行"软性角色"的本分，比如，作为学校的一员，自觉维护学校环境的安全和整洁，看到地板有水，主动告诉保洁员，看到校园里散落的垃圾，主动分类放入垃圾箱；具有最高层次责任心的个体，将自己作为宇宙苍生的一员，关注天下苍生的幸福，维护世界和平，等等，比如，关注濒危物种，主动投入环保工作。因此，为培养高层次的责任心，仅仅依靠奖惩约束等外部要求是远远不够的，还需要提高学生内在的主动性和自觉性。

📥 应会

如前文所述，责任心具有不同的层次，针对不同层次的责任心，教育方式也有所不同。针对"硬性角色"的责任，可以采用赏罚控制等方式；针对"软性角色"的责任，教师可以设计体验活动，提供选择机会，提高学生履行责任的主动性和自觉性；同时也要注意在培养责任心的同时，保护学生的安全和自尊。

一、通过环境改造和赏罚控制等方式，要求学生表现出必要的责任行为

必要的责任行为是指个体的"硬性角色"所规定的行为，如果不予履行，就会受到道德的谴责或法律的制裁。常见的"硬性角色"包括家庭角色和社会组织角色，如小学阶段的儿童既是家庭中的"子女"，也是学校里的"学生"。"学生身份"要求个体参与学习活动，完成学习任务或要求，同时遵守学校的其他行为规范。行为规范包括三个方面：一是与自身健康、安全相关的，如出行时佩戴安全帽，按时就餐（如在学校里吃营养午餐），在没有成年人陪同的情况下不能离开校园等；二是与公平或他人福祉、权利相关的，如不能打架、偷窃、作弊等；三是学校的特定规范，比如，少先队员周一要统一穿校服，戴红领巾，参加升旗仪式。前两条规范通常具有普适性，最后一条学校的规范可能会因为学校的不同而存在差异。

通常人们认为先改变认知再改变行为，

近年来"具身认知"领域的研究发现，改变个体的身体动作和行为方式，也可以反过来影响其认知。针对一些学生必须具备的责任行为，教师和学校可以直接制定相关的行为规范，让学生遵守，同时告诉学生遵守和违背行为规范分别有什么赏罚结果。随着学生认知水平的提高，老师可以向学生解释特定角色的责任，以及为何要履行这些责任。

个体在履行责任时需要付出意志努力以抵御诱惑或克服困难，教师可以通过环境改造，降低学生履行责任的难度。比如，制作"值日班长"的袖章，提高学生对自己岗位角色的觉察能力；提前公布值日班长的一周排班表，在一天的学习结束后，举行一个"交接仪式"，进行正式的角色转换。此外，在学校或教室张贴标语，提醒学生"主人翁"身份以及维护学校公共秩序的具体行为职责。比如，把"保护环境，人人有责"这样比较宽泛的标语具体化，在分类垃圾筐周边张贴"把垃圾放回家，维护我的校园我的家"；在教室的图书角粘贴分类标识，准备充足的书立，方便学生取书和放书。

二、通过"角色认领"等体验活动，鼓励学生履行职责

1. 将班级中的常规事务进行划分，拟定角色及其职责，让学生认领

教师在设定班干部的职务时，除了常规的班长、学习委员、课代表、文娱委员等角色以外，还可以通过全班讨论，增设一些必

要的岗位，如图书角管理员、多媒体管理员等，同时列出每个工作岗位的行为责任清单。此外，随着学生年龄的增长，可以扩大特定岗位的职责范围。比如，考虑到用电安全问题，小学低年级的多媒体管理员要做的是维护设备的整洁，提醒同学们不能在屏幕上涂画，如果发现有涂画痕迹，要及时告诉老师，请老师进行处理。到了小学中年级，管理员要在上课前5分钟打开设备（按下设备的电源按钮），检查视频、音频、PPT等文件能否正常播放和使用；在午休或放学前，检查设备是否处于关闭状态。到了小学高年级，学生对多媒体操作比较熟练以后，可以邀请管理员在课堂上协助老师、同学使用投影仪等设备，进行课堂展示。

教师在设定岗位时要注意避免"角色固化"的负面影响，如果某些工作或职责总是由固定的一部分人来完成，其他人就会觉得此类事务与自己无关。为此，教师可以考虑通过学生轮岗或班干部轮换，尽可能让每一个学生都有机会认领"岗位角色"，参与集体事务。同时，教师还应了解学生的兴趣和能力优势，鼓励或邀请学生参与集体活动，如板报制作、歌唱比赛、运动会等。

2. 布置"奉献"性的综合实践活动，引导学生关心他人福祉和集体利益

参与社会实践活动是道德品质的形成途径之一。教师可以布置一些需要学生做出"奉献"的实践活动，让学生通过实际行动履行角色职责，关心他人福祉。比如，鼓励学生制作"爱心卡"，主动关心家人的愿望或烦恼，同时指导学生采取实际行动，帮助实现家人的愿望或减少他们的烦恼。

● 示 例 ————————————————————————

制作爱心卡

我的家庭成员是：_____（如爸爸、妈妈、爷爷、奶奶、外公、外婆等）

他 / 她的生日是：____年____月____日

他 / 她最喜欢做的事情是：_____

他 / 她最大的心愿或烦恼是：_____

我曾经做过的令他 / 她感到开心、感动的事情是：_____

_____

我曾经做过的令他 / 她感到伤心、生气或失望的事情是：_____

他 / 她是我所关心和爱的人，我选择用自己的实际行动让他 / 她感到幸福，我打算：

（1）_____

（2）_____

（3）_____

在学校情境中，可以鼓励小学中高年级的学生以"学校小主人"的身份，在学校开放日向来访的宾客或家长介绍学校的校园文化；或者以"学长学姐"的身份向刚入学的新生介绍校园环境，以及如何适应学校的生活。

● 示 例

我是学校"马文化"的推广者

某小学邀请了雕刻师和画家在校园里打造了"马文化"墙，鼓励学生学习马的拼搏精神。在每一面文化墙上，都有一幅与马有关的古画及相关背景介绍。学校在中高年级的班里宣传马文化，每个班级认领其中的一部分文化墙，然后拓展阅读相关的资料，形成解说稿。再从班级中选拔志愿者，在学校活动日为来访的家长或访客介绍文化墙。在活动开始之前，学校告诉每一位志愿者他们担任的是学校的解说员，一言一行都代表了学校的形象。所以学生们在老师的指导下，熟记解说稿，积极练习解说礼仪，努力为学校争光。

3.通过访谈或结果反馈，让学生体验到帮助或奉献的价值

责任心的外在表现为具体的责任行为，内在表现为责任意识以及对履行责任的情感态度。那些受到强化的行为会帮助学生获得积极的情感体验，帮助他们将责任行为固化下来。但外在的物质强化手段作用是有限的，教师可以通过对责任人以及受益人进行访谈的方式，让责任人了解到自己履行职责对他人产生的积极影响，给予他们社会性强化（如感激、赞赏等）。

比如，当学生在班级中担任多媒体管理员以后，教师可以采访责任人承担岗位角色前后的变化，帮助他们发现履行角色责任的效果。

此外，教师也可以鼓励学生采用绘画或写作的方式，发现自己的积极行为对他人的影响。比如，请学生描述一次自己帮助别人的经历，你是如何发现对方需要帮助的？你做了什么？在你提供了帮助之后，对方有何反应？你有何感受或收获？

● 示 例

访 谈 学 生

访谈员：你在班级里主要负责做什么？

学生：老师，我负责管理多媒体，老师上课前我会主动打开，课后及时关上。如果出现什么情况，我会及时向班主任汇报。以前我们班的电脑经常不关，自从我管理了之后，每天

都好好的。

　　访谈员：你以前在班里担任过什么职务吗？

　　学生：没有，但是现在我可以为老师和同学们做事情，我感到特别高兴。

三、提供选择的机会，鼓励学生做负责任的决定

　　高水平的责任心表现为积极主动地履行职责。教师在培养学生的责任心时要为学生提供选项，让他们在知晓不同选择结果的情况下，做出选择，并为自己的选择负责。比如，在体育课上，教师看到有学生用篮球砸同学，就告诉学生：如果继续用篮球砸同学，就会暂时出局；如果正确使用篮球或者采用竞赛的方式与同学互动，就可以继续参与活动。

　　此外，在一些不涉及安全、健康的问题上，可以适当放宽要求，并承担后果。比如，对小学低年级学生，告知他们回家要准备相应的学习用品，第二天带到学校参与课堂中的游戏环节。老师在放学时再向学生强调，一定要自己记住要求，回家和父母一起准备，老师不会直接跟家长沟通；而且没有准备学具的同学在游戏环节只能旁观，不能参与。老师要注意，当学生在"自食其果"时，千万不要"落井下石"，说出"早就告诉过你了，看吧，现在后悔也来不及了"的话，等等。类似这样奚落的语言，会让学生感觉自己被"抛弃"和"孤立"，从而引起焦虑和不满，对师生关系造成破坏。老师可以选择不评论，或者表示出同理心，"你现在很后悔"，再次陈述规则，"我们约定好的，要自己准备好学具，才能参与游戏活动"，对学生表达积极的期待，"现在请你履行约定，下次做好准备了，老师再邀请你参与"。

● 示 例

教师如何"温和而坚定"地布置任务

　　如果学生有了选择的机会，拒绝履行分内的职责怎么办？六年级的班主任杨老师就遇到了这样的困惑。她说，前段时间学区召开少先队代表大会，在会前征集有关少先队代表大会的素描画，倡导每个班出一幅八开的作品，在全校内选拔后再代表学校提交到区里。杨老师将任务传达给中队长（班长），请他组织班里的同学准备参赛作品。但班长表现得不太情愿，担心全校那么多个班，提交了作品也不一定能选上。老师接收到学生的暗示，就没有继续推进，这件事情也就不了了之。老师感到很困惑，自己给了学生选择的机会，但学生拒绝了，怎么办？以后的工作还怎么开展？

首先，老师在分派任务时，要提前设定好任务的性质——这是必须要完成的，还是可以允许学生拒绝的。比如，老师考虑到能够参赛固然很好，且以此活动来推动同学们之间的合作，是一次提升班级凝聚力的重要机会，不希望学生拒绝，那么在推行任务时就要做到"温和而坚定"。当下达指令时，老师内心很明确，这个任务是必须要完成的，那么在陈述时就表现得坚定，即便遭到学生的拒绝，也会想办法推进，直到任务顺利执行。

其次，当学生面对任务表现得犹疑、退缩、不情愿，用非语言信号或"弦外之音"暗示老师自己不太想执行时，老师可以直接反馈学生的动机。"你的意思是，我们班参赛的胜算不大，没有必要白费力气吗？""你看起来好像不太想组织这次素描画活动，是这样吗？"当学生自己的态度不够坚决时，他们会放弃原有的态度。当然，还有一种可能是原本不太强硬的态度在外部压力下得到了增强，学生本来还在犹豫，现在变成了明确拒绝。此时，老师可以陈述不同选择可能导致的结果，让学生做出选择。老师可以尝试这样表述：

（明确任务性质）这个任务是区教委组织的，意义重大，我们班肯定要参加。（表达尊重和信任，并解释下达任务的原因）老师觉得你的组织协调能力很强，在同学中也很有影响力，所以想请你来带领同学们一起完成。

（提供选项，在陈述不同选项可能导致的结果后，请学生在限定时间内做出决定）当然，老师也会尊重你的意愿，如果你不愿意承担，我就请××同学来负责，其他同学可能会觉得奇怪，以为你不被老师信任了，所以我在班里布置任务的时候，会向大家解释说明。如果你愿意组织同学们完成这次活动，我当然很乐意；如果你觉得有困难，我稍后就跟××同学沟通，请他接替你的工作。请你仔细考虑一下，5分钟后告诉我你的决定。

老师自己要明确下达的任务指令是否必须完成，还是可以允许学生拒绝。当老师自己明确以后，才能把握自己的界限和原则，更好与学生进行沟通。

四、在培养责任心的同时，维护学生的安全和自尊

1. 厘清责任的界限，避免给学生强加额外的负担

小学生还未成年，他们虽然在逐步成长，但依然属于被保护的对象。教师在引导小学生关爱他人的同时，也要注意提升他们的安全意识。比如，当遇到陌生人求助时，可以转介给更有能力的成年人，请对方向交通协警、保安、保洁人员等人询问。另外，在发生师生冲突时，不论冲突的原因是什么，教师都应当主动予以解决。因为教师是受过高等教育的成年人，更有能力去解决冲突和矛盾；而且在与学生互动的过程中，教师处于更权威的一方，其一言一行对双方关系的影响力也更大。

● 示 例

站在学生的视角智慧解决师生冲突

一个具有愤怒管理困难和攻击行为的学生 A，在参与团体活动的过程中，因为受到同学 B 的挑衅，想要出手打人，这时组织活动的李老师及时分开了双方，制止了可能发生的打架行为。但是学生 A 受到阻挠后更加恼怒，就动手打了老师。第二天，学生 A 在家长的陪同下向李老师道歉，但 A 迟迟没有开口。李老师意识到，当班主任、学校领导和家长同时在场时，A 感受到了心理压力，即便道歉也是出于恐惧，对未来师生关系不利，于是提出单独与 A 对话。李老师询问 A："你觉得老师昨天阻止你打 B，是因为偏袒他，所以更加生气了？你今天一直不太敢看我，是觉得昨天打了我，有点不好意思？还是觉得我会惩罚你或者讨厌你？"李老师在表达了对 A 的理解和自己被打的感受后，向 A 保证，会努力一如既往地关心他。同时告诉 A，当他再遇到类似被挑衅的场景而感到生气时，可以直接告诉老师"我生气了，需要冷静一下"，然后暂时退出游戏活动，到活动室的"冷静角"平复情绪。

在这一则案例中，学生 A 虽然在师生冲突中负有主要责任，但由于自身情绪行为管理技能的缺乏，他很难在自我反省之后，主动向老师道歉，并以此来修复师生关系。李老师作为有专业技能的成年人，他能意识到学生在发展过程中欠缺的技能，所以就主动提出与 A 一对一交流，并教给学生一些简单的情绪觉察和管理的技能，帮助他做自己情绪的主人，为自己的行为负责。所以不论从能力还是角色地位来看，作为成年人的教师都有责任主动维系师生关系。

2. 采用"有责任心"的道德自我概念进行积极引导，尽可能避免采用内疚、羞愧、恐惧等情绪唤起的方式对学生进行情绪操控

如前文所述，"责任"具有一定的强制性。随着学生认知水平的提高，当他们意识到因为自己没有履行个人责任义务而导致不良结果时，会自然体会到内疚、羞愧等消极的道德情绪。学生可以有类似的情绪体验，但不能是由教师主动施加的。成年人通过主动操控，让儿童自尊受损或被孤立、剥夺而体验到消极情绪，属于广义上的情绪伤害。

● 示 例

主题班会课

老师发现班里有一部分学生的书桌及周围总是凌乱不堪，就利用午休的时间把这些场景拍摄下来，专门设计了一节主题班会课，引导学生们收拾自己的书桌。老师在课上进行分享

时，由于照片没有打码，学生们根据书桌的位置还有上面的个人物品很快就判断出了"邋遢"书桌的主人。个别踊跃的学生玩起了"竞猜"游戏，旁观的学生跟着看热闹，而书桌的主人在一片哄笑声中或惭愧地低头或困窘地讪笑。老师接着展示了整洁的书桌照片，并邀请书桌的主人分享自己是如何做到的，以及为何要这么做。学生们回应道，整理好书桌可以方便使用；同时，保持自己"地盘"的整洁也是在维护整个班级环境的整洁。老师又邀请凌乱书桌的主人代表起来发言，该学生痛定思痛，表示要改过自新，以后会好好收拾自己桌椅上的物品和地面上的垃圾。

这堂课从效果来看，达到了帮助学生增强责任意识、改善责任行为的教学目标。但是在教学设计中公开呈现学生的问题，让学生发现自己的不足再进行改进，可能会诱发学生的"羞耻感"。内疚、羞耻这样的消极自我意识情绪可能导致自我价值的削弱，进而引发社交退避、焦虑等其他心理健康问题，从长远来看不利于学生的发展。在这一堂课中，老师可以考虑将"纠错改错"教学设计调整为"体验美好"。比如，在引入环节，让学生玩一个"寻宝游戏"，在限定时间内找齐三个学习用品；通过"我的地盘我做主"的游戏活动，指导学生整理书桌和座位周边的环境；再玩一次"寻宝游戏"，让学生体验到整洁有序给个人带来的便利；最后呈现整洁与凌乱的教室环境照片，引导学生讨论，每个个体的行为是如何影响班级整体环境的，一个有责任心的班级成员，可以做些什么来维护班级环境。

【本章学习回顾】

请您回顾本章的知识要点，思考如下问题：

复习 自我中心思维对小学生的发展有哪些影响？如何帮助学生克服？

联结 如何提高小学生的心理韧性和自尊水平？您对责任心有哪些新的认识？在培养小学生的责任心时需要注意什么？

反思 在帮助小学生克服自我中心，提高小学生的自尊水平、心理韧性和责任心的教育措施方面，有哪些共通的原理和注意事项？

第四章

关注和支持处于困境和有特殊需要的小学生

　　小学生在成长过程中难免会遇到一些特殊的挑战。有的小学生可能在校园里被欺凌，但是他们有苦说不出，也不知道该向谁求助；有的小学生可能因为家庭变故，或者遭遇了不可抗的灾难性事件，或者一时情绪受到刺激无法稳定而出现危机，且不会进行自我调节；有的小学生可能天生就有一些与众不同的特征，在学习、人际交往等方面需要特殊的帮助。教师作为小学生成长阶段的重要陪伴者，需要能及早地识别校园欺凌，并且使用合适的方式了解实情、保护学生；教师还要能在小学生发生危机的当下判断危机的情况，保证学生的生命安全；对于那些有特殊需求的学生，教师要能在了解他们身心特征和行为表现的基础上，采用恰当的教学方式助力他们的成长。

第一节 预防和有效干预校园危机

通过本节的阅读，您将了解以下方面的内容：

主题 1 校园危机的识别与应对

应知
了解校园危机的概念及种类
知晓应对校园危机的基本原则
熟悉校园危机干预的基本程序

应会
学会识别遭遇危机学生的特点
合理面对处于危机的学生
掌握在学校积极开展危机预防及干预的方法

校园欺凌的识别、应对与干预 主题 2

应知
了解校园欺凌的特征、类型及欺凌中的不同角色
理解校园欺凌对学生的消极影响

应会
识别学生受到欺凌的线索
掌握在欺凌发生时教师可以采取的应对措施
对校园欺凌事件提供不同层级的干预

主题 1　校园危机的识别与应对

◎ 典型案例

　　一个平常星期四上午的大课间，三年级的小雪开心地和同伴一起去上洗手间。可是还没走到，就听到洗手间附近传来惨叫声。小雪看见同年级 3 班的几个男生惊恐地捂着头，边跑边喊救命，远处还有几个学生已经倒在血泊中。

　　小雪突然心中一紧，撒腿就跑。惊慌中，她看到一个身着保安制服的男子正拿着斧头到处乱砍，且朝她的方向步步逼近。小雪害怕极了，一个轻松的课间变得十分恐怖。

　　虽然该男子很快就被赶来的警察制服了，但小雪还是久久无法安下心来。她为自己同年级同学遭受的伤害感到难过和担忧，也很害怕这样的事情会再次发生。小雪接下来的几天都无法集中注意力，晚上也不敢闭眼睡觉，好像一闭上眼睛就能看到那个大课间发生的惨案。

　　上述案例中小雪遇到的是一起比较典型的校园危机事件，它是突发和不可预料的，事件发生后会给学校、教职员工、学生带来严重的心理困扰。虽然无法预料校园危机何时会发生，但教师提前了解校园危机的概念及种类、掌握校园危机干预的基本原则和基本程序，同时学会如何识别并帮助处于危机中的学生，可以在危机发生后极大地弱化该事件对学生造成的负面影响，尽快恢复一个安全、友善的校园环境。

◎ 应知

　　校园危机是任何人都不想看到，但是谁都无法控制的事件。在不可控的环境下，掌握可控的部分是教师可以尝试做到的。教师可以提前做到的，包括了解校园危机的概念及种类、知晓应对校园危机的基本原则，以及熟悉校园危机干预的基本程序。

一、校园危机的概念及种类

　　校园危机是指个体或群体在校园中所遇到的无法按照通常方法去应对的、紧急的严重事件。这类事件通常具有危险性、突发性与高度不确定性等特征。并不是每一个校园突发事件都会构成危机，只有当该事件对个人或群体造成严重损害才有可能引发危机。

● 知识窗

认识危机事件

危机事件与应激事件、灾难事件、创伤事件是交叉关系。凡是需要做适应性改变的，能够引起心理应激反应（压力反应）的事件，都叫作应激事件。应激事件既包括负向生活事件，如家庭成员丧亡、离婚、负债、违法犯罪等，也包括正向生活事件，如升职、增加新的家庭成员、搬家、结婚等。应激事件是否会成为危机，和当事人的主观感受与评价有密切关联。只有当事人主观感受到应激事件威胁到了个人需要的满足、身心安全和人生意义，当事人才会陷入危机状态。

同样，灾难事件与创伤事件也不等于危机。如果当事人心态乐观，行动有力，他人眼中的灾难事件与创伤事件在其眼中可能不一定会与危机画等号。

给师生造成严重心理创伤的校园重大危机既有"天灾"，又有"人祸"。通常来说，包括以下几种类型。

（1）自然灾害事件。如地震、海啸、洪水、泥石流、台风等不可抗拒的、突发的灾害。它不仅会在短时期内造成巨大的生命和财产损失，而且会给人们带来极其强烈的心理冲击。如汶川地震期间，许多学校在地震中倒塌，造成严重的人员伤亡，对师生的生理和心理都造成了极大的伤害。

（2）与社会成员有关的恶性犯罪事件。如发生在学生身上的暴力伤害、凶杀、绑架、抢劫等恶性事件，给受害的孩子和家庭带来了很大的不幸。例如，国内多地出现的在校园里或者是校门口的恶性伤人事件，给校园及师生安全带来了极大的隐患。

（3）与学校成员有关的社会重大灾难事件。如交通安全、食品中毒、火灾、校园建筑物倒塌、重大环境污染、大型集会管理事故等。

（4）校园暴力与校园伤害事件。如学生之间、师生之间发生的严重冲突事件、校园运动伤害事件、暴力伤害事件、与性相关的伤害事件、敲诈勒索事件、学生个体的自伤自杀事件及其他意外伤害事故等。

二、应对校园危机的基本原则

应对校园危机需要协同各方力量，共渡难关，尽量制止或减轻危机的不良影响，尽快恢复常态。因此，危机干预者在处理危机事件时，需要遵循一定的原则，明确做事的基准。

1. 保护生命

生命安全的保障是校园危机干预的首要

原则和任务。一方面，危机干预者需要以抢救生命、保障师生的生命安全为目标；另一方面，危机干预者也要保证自己的生命安全。因此，对于不具备救援能力的小学生，绝对不允许他们作为施救者进行救援活动。

2. 承担责任

在危机面前，无论是个体还是组织都要勇于承担责任，做到不推卸责任、不逃避任务、不互相埋怨、不寻找客观理由。否则，不仅不利于危机处理，而且消极懈怠的做法可能会引发连锁反应，导致新一轮甚至更大的危机。

3. 快速反应

当校园危机发生后，需要第一时间启动学校已经制定的紧急预案，采取积极的方式应对危机情况。需要尽最大可能控制危机的恶化，降低危机带来的负面影响。

4. 真诚沟通

在校园危机面前，应一切以师生利益为重。学校需要做到不回避问题和错误，及时与家长及教师沟通，获得信任和支持。真诚沟通是危机处理最关键也是最有效的解决办法。

5. 协调一致

应对校园危机还需要有统一的协调规划。在面对危机事件的巨大伤害性和紧迫性时，由主要的学校职能部门牵头，协调其他部门和人员统一配合，明确各自的主要职责，通力合作，才能发挥整体的最大功效。

6. 科学有序

校园危机干预是一项全局性、全员性、全程性的复杂系统工程。危机事件发生后一定要沉着冷静，坦然面对，要注意科学性、技术性，千万不能急躁、随意、信口开河、盲目蛮干。

7. 持续发展

校园危机终将过去，师生面临更重要的问题是恢复正常秩序，重新开始学习和生活。每一个危机本身既包含导致失败的原因，也孕育着成功的种子。如果危机处理得当，就能转危为机，在处理危机的过程中发现潜在的成长和改善空间。

8. 保守秘密

为受助者保守秘密是专业心理危机干预者应遵循的最基本的伦理道德规范。心理危机干预工作者都应该尊重受助者的人格，严格保护受助者的个人隐私。保守秘密是指不能在工作场所以外的地方随意谈论受助者的问题。如果因为工作需要不得不引用案例时，应对材料进行适当处理，不得公开受助者的真实姓名、单位或住址信息等。

保密原则也有例外的时候，当遇到以下几种情境时，则需要视情况告知监护人、学校及司法机构等。

（1）受助者有伤害自身或伤害他人的严重危险。

（2）未成年人及其他不具备完全民事行

为能力的人受到性侵犯或虐待。

（3）法律规定需要披露的其他情况。

9. 及时转介

按照有关规定，对不属于学校心理辅导服务范畴的、有严重心理障碍或心理疾病的学生或者存在自杀、伤人等危险想法与行为的学生，需本着"安全第一"的原则，及时将其转介到专业的心理咨询或精神卫生机构，以便采取心理治疗或住院治疗等干预措施。

特别提醒：对危机事件的处理需要做好完善的过程记录和结果记录。如果在过程中有相关的资料与证据，要做好留存工作，包括与相关方面人员打交道的重要的电话录音、谈话录音、书面记录、书信、照片等资料。在整个危机干预处理结束后，需要对整个流程进行复盘，清晰记录干预的每一个步骤以及最终的结果。

三、熟悉校园危机干预的基本程序

根据事件的影响范围和程度，校园危机可划分为个体危机（小范围的群体危机也包括在内）与群体危机。以下为个体危机干预的基本流程，群体危机干预是个体危机干预的扩大版本。

1. 发现问题

教师要能通过自己的观察及学生的反馈及时了解班里学生可能发生的心理危机。教师可以通过在班级普及心理危机相关的常识建立班级的心理危机信息反馈机制。若学生意识到周围的同学出现了可能的心理危机，可以及时给予其理解和帮助，同时及时向教师反馈情况。教师可以根据对学生危机状况的评估，决定是否转介给学校心理辅导老师给予进一步的心理疏导，或者是在心理辅导老师的配合下一起转介给更专业的心理咨询机构或精神卫生机构。

2. 报告信息

应对危机需要有一个报告传达机制，让信息比较快速地传达到位。例如，当学生发现危机情况，应立即向班主任或其他任课教师报告。班主任或得到消息的教师需要及时赶往现场进行危机控制，同时报告给学校的值班领导及学校心理辅导室的负责人。值班领导需要及时向学校主管领导汇报事件的情况及处理的措施。

3. 进行阻控

教师进入现场后应立即采取救助措施，拨打110、120等紧急电话求助。现场基本稳定后，教师应马上对有可能造成危机扩大或激化的人、物、情境等刺激因素进行必要的消除或隔绝。尽快把学生转移、安排到安全的地方，要在事故现场拉起警戒线，避免无关人员进入。

4. 及时监护

对于有明显自杀意图或暴力倾向的学生，学校应立即派得力可靠人员对其进行24小时监护；切不可让其单独行动，确保被保护学生的生命安全。

5. 通知家长

在对学生进行 24 小时看护的同时，学校应以最快速度与家长取得联系并邀请其到校。如果家长确实无法尽快赶到学校，在家长以电话、邮件等方式授权的前提下，对学生采取治疗措施。

● 示 例

电话联系家长

您好！您是 ____ 同学的爸爸 / 妈妈吗？我是他 / 她的班主任 ____，有关 ____ 的一些情况想和您沟通。

____ 在 ____ 方面的表现给我留下了很深的印象。但是，最近一段时间，观察到他 / 她情绪低落，没有精神，与人交往特少，饮食和睡眠都不好，不知道是否有什么原因导致他 / 她出现缺课的情况。

我想知道家里最近有没有什么事影响孩子，或者您知道他 / 她的这种情况吗？我想请您来一趟学校，当面交流有关情况。

在紧急情况下，教师可将学生直接送至专业医疗机构或精神卫生机构进行治疗。对没有监护能力或不配合学校的家长，学校可以对学生强制采取治疗措施或派人将学生遣送回家，并视情况为其办理休学或退学手续。

6. 实施治疗

如学生的危机情况达到需要接受住院治疗的程度，家长或教师必须将其送至专业医疗机构或精神卫生机构治疗。对未达到强制入院程度，且还有就读能力的学生，可以考虑在家长陪读或有其他监护措施的前提下允许学生在校就读，但需辅以药物或心理治疗。对无法继续就读的学生，应按照学校学籍管理有关规定办理相关手续，由家长监护并离校治疗。

7. 处理事故

危机事件发生后，各部门、各有关人员要各尽其责，紧张而有序地开展工作。政教处负责现场的指挥协调；保卫处负责保护现场，配合有关单位对当事人实施生命救护，协助有关部门对事故进行调查取证，并对学生进行安全监护；校医室负责对当事人实施紧急救治，或配合相关人员将其护送至就近医院进行救治；心理辅导室负责制定心理救助方案，实施心理救助，稳定当事人情绪。

8. 分析总结

事故处理结束后，可以由学校心理辅导室牵头，梳理危机事件发生的原因，回顾事发前的征兆，对危机事件处理的过程、干预的方式、之后的跟踪疏导等多方面情况做整理，写成一份完整的危机干预流程（图 4-1）

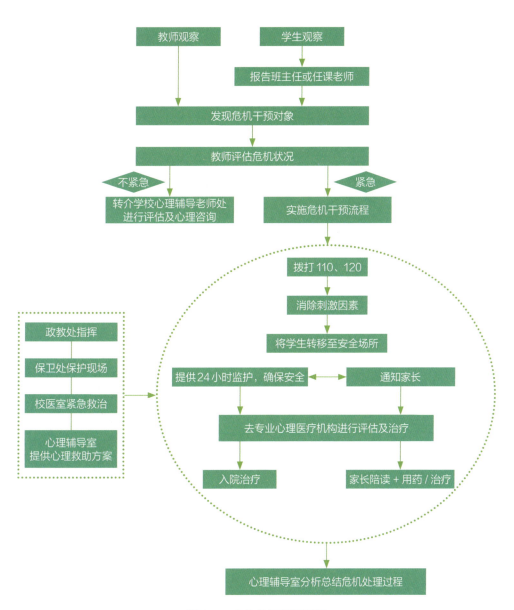

图 4-1 个体危机干预流程

及内容记录。对那些行之有效、操作性强的手段和措施可以认真总结，以备今后参考。

教师除了需要了解基本的校园危机干预原则及程序，还需要有能力识别遭遇危机学生的特点，并且采用合适的方式面对这些处于危机当中的学生。教师还需要能在危机发生前做好积极的预防工作，以及在危机发生后进行有效的干预。

一、识别遭遇危机学生的特点

危机事件会干扰学生的正常学习与生活，使学生失去对生活的主动控制感，造成学生内心的紧张情绪不断积累，继而出现无所适从的茫然甚至思维和行为的紊乱，进入一种失衡的状态，即危机状态。学生遭遇危机事件后的可能表现如下。

1. 情绪方面

遭遇校园危机的学生可能在情绪上会突然发生改变，明显不同于往常，具体表现如下。

（1）平时性格开朗、生活态度积极乐观的，忽然变得消极悲观。

（2）平时性格内向的更加内向，容易激动愤怒。

（3）表现出持续不断地悲观失望、焦虑不安、忧郁苦闷、喜怒无常。

（4）表现出惊慌失措、特别烦躁、常常流泪，或表面平静，但是给人十分压抑的感觉，等等。

2. 认知方面

遭遇危机的学生在认知方面也会出现改变，具体表现如下。

（1）学习兴趣下降，成绩明显下降，无法进行正常的学习。

（2）认知功能受到损害，常出现记忆困难、注意力不集中等情况。

（3）面对事情表现出反应迟钝、犹豫不决的样子。

（4）缺乏自信，容易自责或怪罪他人。

（5）不信任他人，抱怨、怨恨一切事情。

（6）感到无助或有负罪感。

（7）经常回忆或者总担心危机事件发生。

3. 行为方面

遭遇危机的学生也会出现一些退缩、有攻击性或者有风险的行为，具体表现如下。

（1）依赖性行为增强，需要得到更多成年人的关注。

（2）表现出比实际年龄更小的行为，如需要父母和教师喂食，需要长辈帮助穿衣服。

（3）不愿意见人，社交退缩，害怕去上学或者停止和朋友们交往。

（4）不愿完成功课或日常生活中的事情，不能集中精力学习。

（5）表现出无缘由的攻击性，易与人产生冲突。

（6）行为紊乱或古怪，仪表邋遢，常常目光呆滞恍惚、愁眉苦脸或表情怪异。

（7）进行有风险的行为。

（8）言语过多或者过少。

（9）自伤、自虐，流露自杀意图。

4. 身体方面

除了以上情绪、认知和行为上的反应，危机状况还会引发学生的身体反应，具体表现如下。

（1）容易疲劳、虚弱。

（2）出现消化系统问题，如胃痛、食欲

不振、暴饮暴食、呕吐、腹泻等。

（3）出现睡眠问题，如失眠、做噩梦、易醒、心神不宁等。

（4）出现躯体或生理反应，如肌肉疼痛（包括头、颈、背痛）、心跳加快、手足麻木、发抖或抽筋、目光涣散、无故消瘦、突然出现皮肤疾患等。

需要说明的是，学生在各种危机事件中（后）所表现出来的绝大多数情绪、认知和行为问题都是一般性心理问题，都可以被看作"对不正常状态的正常反应"，属于正常的应激反应，一般6~8周会明显减轻甚至消失，但也有一些学生可能真正陷入危机。

二、合理面对处于危机的学生

教师要设身处地去看待处于危机的学生及其存在的问题，理解学生震惊、内疚、愤怒、哀伤、无助等感受，理解他们走出心理创伤需要一个较长的时间过程，不强求他们表现得勇敢或镇静，在他们哭泣的时候给予陪伴，对他们付出比以往更多的耐心，用温柔的方式关心他们。

1. 尊重学生的情绪表达方式

出于种种原因，有些学生可能刚开始不想接受帮助，不想说有些事情，教师要尊重他们的选择。教师不要对学生所经历过的事情充满好奇，不要在他们没准备好时强迫他们回忆或说话，以免他们再次受到创伤。同时，可以告诉他们老师愿意帮助他们，告知他们心理辅导和咨询机构的联系方式，在他们需要的时候再进行帮助。

2. 不要过度关心

不要过度表现出学生很可怜，需要被同情的样子；不过度地给予，尽可能避免学生可能的依赖情绪或行为，或者让学生有被施舍的感觉。

3. 不要简单安慰

对学生说"你是幸运的，你还有生命在"，"时间会治疗一切的创伤"之类的话，反而会令他们产生戒备心理，他们可能会认为你是在可怜他们，你没有经历过这种痛苦，你不理解他们。不要说"你已经很幸运啦！"，"你已经比别人好多了！"等，这会加剧他们的内疚情绪。

表4-1和表4-2是与学生交谈、帮助学生宣泄情绪的常见误区和建议。

表 4-1　情绪处理常见交谈误区及建议

不建议说的	建议说的
我了解你的感受	我无法想象你此刻的感受，但我想让你知道我在乎你、愿意帮助你
我知道你的感觉是什么	对于你所经历的痛苦和危险，我感到很难过
别哭了	哭吧，这时候哭出来可能会感觉舒服很多
你不应该有这种感觉	你有这样的感觉是很正常的，每个有类似经历的人都可能会有这样的反应

续表

不建议说的	建议说的
在这种情况下应该想开点儿	这真是难以承受的痛苦
你能活下来就是幸运的了	你现在安全了（如果这个人确实是安全的） 我们都在这里陪着你
你能讲出这些东西算是幸运的了	你能把这些东西讲出来实在太不容易了
你会走出来的	你现在不需要克制自己的情感，哭泣、愤怒、憎恨、想报复等，你都可以表达出来
时间能治愈一切	此刻这个痛苦的确是刻骨铭心的，它会保存在你的记忆中

表 4-2　情绪处理常见行为误区及建议

不建议做的	建议做的
不注意观察学生的反应，自说自话，像要完成任务一样只管把自己想要表达的讲出来，或者觉得学生的反应是小题大做，流露出"至于吗"的轻视和冷漠	多用非语言的回应（如点头、目光亲切关注、身体前倾等），适当地以肢体表达关怀（如拥抱、拍肩、陪伴流泪等）
打断学生说话，转换话题，匆忙下结论，回避问题	耐心倾听，允许学生宣泄、释放情感，允许学生停顿和沉默
急于上升到理性层次评判	用心理解和体会，可以说"虽然我不能完全了解你的感受，但我似乎听到你觉得……（学生的感受），因为……（学生的经验/思想/行为）"
因好奇而发问，打探对方的隐私；说出"你还有别的亲人"，"你应当感到宽慰，因为他再也不用受疾病的折磨了"之类的话	多以开放式语句询问学生对危机事件的感受，积极关注并做出共情回应
做太多个人经验的分享；与学生争论，企图改变当事人的想法；说"要振作起来"，"你会很快变好的"，"节哀顺变"，等等	适度自我表白，流露真情实感

4. 识别高危学生，在合适的情况下提供转介

当小学生出现以下症状时，不管严重与否，都有必要和家长协商沟通，将其转介到心理咨询或精神卫生专业机构，看其是否罹患创伤后应激障碍和/或其他心理障碍，请专业机构做出诊断和治疗。

（1）反复不自觉地回忆起与创伤相关的痛苦回忆。例如，小学生会反复通过游戏、绘画等方式呈现遇到的危机事件，或者反复做类似的噩梦。

（2）回避行为。例如，若危机发生在校

园中，小学生可能会出现拒绝去学校的情况，或者会不愿意接触会引发其创伤回忆的人等。

（3）出现负面的认知。例如，小学生可能会觉得"世界是绝对危险的"，"没有人可以信任"。

（4）出现消极的情绪，难以体验到快乐或者被爱。例如，平时多表现出害怕、恐惧、愤怒、内疚、羞愧等情绪，不能体会到快乐。

（5）减少社会活动。小学生可能会较少地参与以前感兴趣的课外活动或者兴趣班。减少和同辈的活动，有一种疏离感。

（6）出现过度的警觉。例如，在没有被挑衅的情况下突然出现易激惹的行为或者爆发出愤怒的对人的攻击，出现注意力问题和睡眠问题。

除了上述情况需要及时帮助学生提供转介并寻求专业人员帮助，以下背景的学生也需要得到特别的关注，他们属于校园危机中的风险人群。

（1）处于其他困难情境中的学生。包括处于学业困境（如成绩不佳、考试焦虑）、家庭困境（如经济困难、父母离异、亲子关系不良、缺乏社会支持）的学生。

（2）有既往创伤经历的学生。如有留守、流动、寄养、被虐待经历的高危学生。

（3）有既往精神疾病史的学生。例如，学生本人或者家族近亲中有精神疾病史，学生本人有明确自伤、自杀意念，曾经自杀未遂或者学生家庭亲友中有自杀倾向或自杀历

史的。

三、在学校积极开展危机预防及干预工作

1. 积极开展心理危机预防工作

要减少或避免学校心理危机的发生，最好的干预工作就是预防。危机干预不仅要在危机发生之后迅速展开，更要在发生危机前就做好全方位的预案，同时通过多方渠道来预防危机的发生。例如，教师和家长可以在日常教学和生活中就有意识地锻炼学生承受挫折与应对危机的能力，从根本上预防心理危机的出现或减轻由心理危机产生的消极影响。

（1）提高学生自身应对危机的能力

教师可以通过上心理课、开主题班会的方式组织学生进行活动和讨论，帮助学生认识并改善自身的不合理信念，协助他们建立对灾难事件的控制感，提高学生自我管理以及有效应对挫折的能力。

一是帮助学生改变认知偏差。经历过校园危机的人，观念可能会发生巨大的改变，思维方式可能会产生扭曲，诸如产生"我太渺小了，什么都控制不了"，"我是没用的人"等想法，还可能以偏概全，将生活中的片断灾害扩大化，产生"一切都完了"，"倒霉的事情一定都会发生在我身上"等悲观的生活态度。教师应当帮助学生调整他们的认知偏差，帮助他们转换视角，从整体出发，更全面地看待问题。

二是协助学生发现自我潜能和可利用的

资源，提升学生的自我效能感。教师要对学生言语和行为的积极、正性方面予以更多关注。了解学生在改善自己的生活和调节自己的情绪方面做了什么，采取了什么积极的措施，有什么社会支持的资源（家人、亲戚、朋友等）可以为其提供帮助。引导他们做一些自己擅长的事情或者让其说出自己的理想、自己完成的值得骄傲的事等，不断鼓励、表扬他们，使他们感受到自己的价值，看到自己的长处，建立起对未来的希望和信心。

三是优化学生心理支持系统。建设充满人文关怀的学校制度、校园文化，营造良好沟通协作的家校关系，开展积极正能量的榜样示范活动等，这样不仅会使学生出现心理危机的概率大大减少，也会使学生在遇到心理危机时敢于、乐于求助。

（2）加强家校协同和引入社会资源

一方面，教师要密切家校沟通，将学生当前的心理状态及风险、班级和学校所做的工作和建议告知家长，得到家长的及时配合和支持。另一方面，心理咨询师或社会工作者有更专业的技能储备，能够有效地帮助学生早日走出危机事件带来的影响。教师要做好联系，寻求学校心理辅导室、校外专业机构与专业人员的帮助，将学生转介给专业人士进行下一步更有针对性的干预。

2. 根据实际情况提供心理危机干预

教师应根据事件的性质及实际情况，评估学生可能受影响的程度，针对学生的需要

和心理发展特点进行相应的干预和辅导。

（1）针对学生的心理发展特点进行相应的辅导

对小学低年龄段的学生，一般可以通过游戏、绘画、绘本等孩子较为喜欢和能接纳的方式与其进行沟通。鼓励孩子通过潜意识去表达内心的情绪和感受，例如，可以摆放一些小玩偶、绒布娃娃等抚育类的玩具，让孩子通过角色扮演的方式感受到温暖和被安慰。另外，还可以让孩子们参与一些主题类的绘画、涂鸦，通过色彩和图形分享和主题相关的情绪。除此以外，还可以和孩子一起阅读一些与其经历相似的绘本，通过对绘本中人物经历的讨论来帮助孩子应对危机带来的创伤。

对于小学高年龄段的学生，可以采取直接讲授心理健康知识的方式来提高学生自我管理、自我控制以及有效应对挫折的能力，帮助学生认识并改善自身一些不合理的信念，引导学生进行积极的心理暗示，挖掘自身潜能，发挥个人特长，变压力为动力，增强自我效能感。此外，还可以安排以下的活动。

设定专题交流讨论，如以"我对灾难的感受""危机中的学校""小区重建""五年后的我（我们）"等为主题进行讨论，让学生有机会抒发与合理化他们感受到的强烈情绪，协助他们建立安全感，也可让他们拥有社会参与的成就感。

安排学生搜集危机事件相关的数据与材料进行汇报与讨论，增进学生对大自然现象或社会现象的了解与认识，避免听信坊间的

不实传说，建立实事求是的科学态度。

引导学生进行艺术表达，带领学生开展绘画、音乐、情景剧等活动，将对于危机和灾难的负面情绪宣泄出来，转化为具有创造力和建设性的艺术作品。

（2）根据受影响的程度提供相应的干预

教师应按照危机事件的性质及实际情况，评估学生可能受影响的程度，结合个别学生、小组和班级的需要为他们提供不同层级的干预（表4-3）。

表4-3　不同层级的干预措施

干预层级	干预对象	干预形式	目的
一般干预	一般学生	向学生宣布消息	澄清事实
		简短班会课	澄清事实 巩固支援系统 识别需要进一步干预的学生
	受轻微影响的学生	特别班会课	澄清事实 巩固支援系统 心理教育 识别需要进一步干预的学生
进一步干预	受影响较大的学生	小组（团体）辅导	澄清事实 巩固支援系统 心理教育（情绪辅导） 识别需要进一步干预的学生
加强干预 或向外转介	受严重影响的学生	个别辅导	澄清事实 巩固支援系统 心理教育（情绪辅导） 制订个人目标和计划 识别需要进一步干预的学生
		转介	专业评估及心理／药物治疗

向学生宣布消息时应当尽量简单直接，如事件涉及自杀死亡或暴力伤害等情况，应避免描述过程和行为的细节，以免产生不必要的恐惧或模仿行为。鼓励学生积极面对困难，并提醒他们在遭遇危机事件时可以寻求帮助。

● 示 例 ————————————————————————

向学生宣布危机事件讲稿

今日凌晨，学校附近住宅小区发生一宗惨案。一名男童被人发现倒卧在小区楼下，被送

至医院后，因抢救无效死亡。

非常不幸，这个悲剧发生在我们的一个同学身上。噩耗传来，全校老师都极为痛心难过。目前警察正就这件事进行调查，在这个阶段我们不宜对事件做揣测或下判断。

同学们知道这件事后，可能会有不同的感受：有些同学会觉得很伤心，有些同学会感到不安和惊慌，又有些同学可能没什么特别的感觉，你们也可能会不时想起这件事，或者暂时不能够像以往一样集中精神上课，这些都是正常现象。

我希望同学们遇到困难，应该用积极的态度面对，寻求解决的方法。同学们可以和你们的父母、同学、朋友交谈，寻求帮助。如果同学们想就这件事情和老师谈一谈，请到学校心理辅导室。我们的心理辅导老师、班主任、学科老师以及学校领导都很乐意倾听同学们的想法和感受。

最后，我希望借这个机会向死者表示哀悼，希望他能够安息，也希望他家人的心情能早日平复。请大家闭上眼睛静默 3 分钟，表示我们对这名同学的哀悼。

简短班会课内容主要包括：①简单交代事件。② 解答学生疑问。倘若不知道答案，需坦白回应"我不知道"，在得到确切答案后，再告知学生。③ 告诉学生寻求协助的途径，如向学校心理辅导教师、班主任或家长求助。④了解及观察学生的反应，识别并转介有需要进一步支持的学生给学校心理辅导教师。

与简短班会课的客观冷静相比较，危机事件后的特别班会课情感卷入比较深。班主任需要先厘清自己对人生与死亡的态度与看法，并且能真诚无畏地表达自己的感觉和想法。如果班主任自己还停留在悲伤沮丧的情绪状态中，就不要勉强自己去激励学生。

● 示 例

危机事件后特别班会课的基本做法

1. 简单交代事件，澄清失实传言，提醒学生不要做任何揣测。

2. 以邀请、开放的态度引导和鼓励学生表达感受。多描述"怎么样"，少问"为什么"。例如，"事情发生当时，你的情形是……"，"这几天来，你最常听到或看到的是……"，"事后这几天，你的心情怎么样?"，等等。

3. 让学生明白不安情绪是正常的反应，准备面巾纸，供哭泣的学生使用。

4. 可以用教师自己的亲身体验做自我开放，例如，"事情发生当时，我也是很害怕，不知道该怎么办"。自我开放的时间宜简短，起到促进学生了解自己的想法和感受的作用即可。

5. 把有同样经验的学生分成一组，可以让他们更容易表达，且能互相支持与陪伴。如果发现有同学情绪反应强烈，可以邀请比较平静理性的同学给予支持和帮助。

6. 鼓励学生积极面对，整理出创伤事件后自己可以做的事，协助学生找到内心自愈的力量，重整信心。结束班级团体辅导活动时，要终止在正向思考上。

7. 不管学生所思、所感、所言为何，不评判对错。例如，不说"不要难过，你要坚强"等。全程真诚陪伴倾听，留意学生的情绪反应。

8. 班会课的开展节奏需根据学生情况而定，一定不要赶进度。

9. 班会结束后，把需要特别关注和跟进的学生的名单告知学校心理危机干预小组负责人。

受较大影响的个别学生和班级应得到进一步的专业心理辅导和帮助。对于班级的辅导可以采取团体心理辅导课的形式进行。

对于个别学生的帮助，第一种方式是可以把受困扰程度相近的学生、在危机事件中经历相似的学生或与当事人关系比较密切的学生组成一个小组给予辅导。在小组辅导的过程中，如果发现某些学生受严重的情绪困扰或者出现强烈的情绪反应，除了尽快由学校心理教师或外聘心理专家进行个别辅导外，也可以考虑转介学生，建议他们接受长期的心理咨询。第二种方式是直接给予学生个别辅导。个别辅导过程中，如果发现学生心理问题的内容性质或严重程度超出了学校心理教师的能力水平或超出了学校心理辅导的范围，应当转介学生到专业的心理咨询机构或专业的精神卫生服务机构，让他们接受较长时间的心理咨询或治疗。并且，学校在做出转介后，应当与有关机构保持联络，以便有需要时学校可及时做出适当的配合以跟进援助工作。

另外，从社会支持和物质基础保障的角度，学校可以考虑短期内适当调整教育教学工作，如调整作息，增加休息和锻炼的时间；加强学校内部和周边的安保；改善学校食堂伙食，让师生们吃好等。要做好和家长的沟通，得到家长的理解和配合。可以寻求学校心理辅导室或者校外专业机构与专业人员的帮助。

需要特别说明的是，从长远的建设和发展来讲，社会、学校和家庭都应当重视和积极开展对学生的心理健康教育、生命教育和安全教育。学生的心理重建不仅需要教师开展相关工作，需要学校整体的协调安排，同时还需要家庭和社会的关注和支持。

主题 2　校园欺凌的识别、应对与干预

◎ 典型案例

　　某学校有一个小学高年级学生被人称为"小霸王"。某个星期天，"小霸王"闲来无事，找了一个自己的哥们儿一起出去玩，他们觉得两个人太少了，又喊了三个同伴，这三人以前被"小霸王"欺负过，本来内心是极不愿意和他一起玩的，但是担心如果不跟他一起的话，以后又会被他欺负。五人小分队叫来两个低年级学生龙龙和亮亮，把他们带到一个偏僻的工地上，不由分说就拳打脚踢，龙龙和亮亮被打得鼻青脸肿，哭喊求饶都没用。在这期间，有几个小孩从旁边经过，但都只是看了一眼就走开了。一个多小时后，又有人从旁边经过，大喊了一声，他们才散开。龙龙和亮亮把这件事情告诉了家长，家长告诉了学校。学校对"小霸王"等五人进行了严厉的批评教育，并要求他们的家长赔偿不同额度的医疗和营养费用；对于龙龙和亮亮，学校心理教师对他们进行了心理辅导。

　　2017 年 11 月，教育部等 11 部门联合发布的《加强中小学生欺凌综合治理方案》中指出，中小学生欺凌是指发生在校园内外、学生之间，一方（个体或群体）单次或多次蓄意或恶意通过肢体、语言及网络等手段实施欺负、侮辱，造成另一方（个体或群体）身体伤害、财产损失或精神损害等的事件。上述案例中的龙龙和亮亮，就明显遭遇了校园欺凌。校园欺凌对学生身心发展有着极其消极的影响。教师需要及时识别校园欺凌的行为，尽早预防和干预校园欺凌事件，有效减少此类事件并且降低其对学生的负面影响，创造和谐友善的校园文化。

◎ 应 知

　　近年来，我国校园欺凌事件时有发生，引起了各方的关注。为了更好地控制和减少校园欺凌的发生，教师应该明确地了解校园欺凌的特质及其不同的类型，做到准确地识别。教师还应该意识到，任何一个学生都可能被欺凌，任何一个学生也都可能成为欺凌者。欺凌不仅会伤害到被欺凌者，也有可能让旁观者和欺凌者受到伤害，因此我们要杜绝任何形式的欺凌，在发现欺凌苗头的时候就采取有效的干预措施。

一、校园欺凌的特征、类型及欺凌中的不同角色

1. 校园欺凌的特征

校园欺凌的具体表现形式有很多种。在实际工作中，我们对于校园欺凌要高度重视，但是也不要过分夸张，上纲上线，草木皆兵。要能够分辨校园欺凌与学生之间正常的打闹嬉戏，用合理的态度和方式处理小学生之间发生的矛盾和冲突。

校园欺凌具有以下几个特征：一是主观上的蓄意或恶意。二是力量的不均衡性。欺凌者明显比被欺凌者有优势（身体、心理、社会资源等），且被欺凌者无力反抗。三是伤害的严重性。

2. 校园欺凌的类型

典型案例中的龙龙和亮亮遭受的欺凌是典型的肢体欺凌，这是人们对于欺凌最直接的印象，也是最容易被教师、家长发现的欺凌类型。然而除了肢体欺凌外，言语欺凌也是校园欺凌的主要形式之一，其发生比例远高于肢体欺凌。另外，随着学生年龄增长和社会性的发展，欺凌的手段会变得更加间接和隐蔽，不易被教师和家长觉察，如关系欺凌和网络欺凌。若被欺凌者受到多种欺凌类型的伤害，其更难摆脱和克服欺凌所带来的恐惧感（表4-4）。

表 4-4　校园欺凌的具体类型及表现形式

类型	表现形式
肢体欺凌	推搡、击打，做一些粗鲁、带有侮辱性的手势等
言语欺凌	辱骂、起外号、公开嘲笑、言语恐吓、威胁等
关系欺凌	故意忽视、孤立、排挤、当众令人难堪、散播谣言等
财物欺凌	不经同意拿走或者毁坏别人的东西、勒索钱财等
性欺凌	嘲笑某人不够男/女性、性骚扰等
网络欺凌	网上侮辱谩骂别人、故意曝光别人的隐私、发布不雅照片等

3. 校园欺凌中的不同角色

在校园欺凌中，除了欺凌者和被欺凌者，往往还涉及很多不同类型的人（图4-2）。其中B，如典型案例中的三个曾经被"小霸王"欺负过的同伴，由于主动参与欺凌，也就成为事实上的欺凌者；C、D、E、F可以总称为"旁观者"，在欺凌行为中，旁观者的人数是最多的，如典型案例中第一次经过欺凌现场的小孩们。

二、校园欺凌对学生的消极影响

校园欺凌所产生的危害不是单一、单向的，而是会对事件中所牵涉的各方都带来多向的、持久性的伤害，对学校和社会都会产生巨大的消极影响。

1. 对被欺凌者的危害

龙龙和亮亮在遭受校园欺凌后，变得沉默寡言，出现了失眠、胃口不好、头疼等情

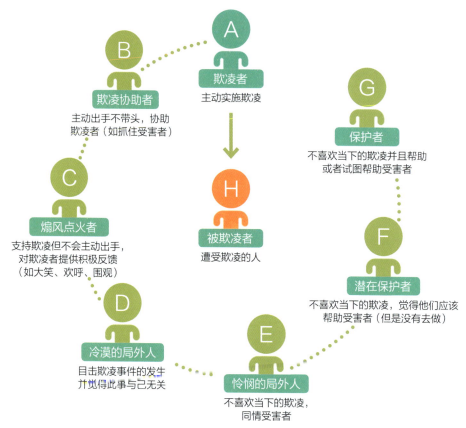

图 4-2　校园欺凌事件中的不同角色

况，害怕离开家门，害怕去学校，始终无法走出这件事给自己带来的影响。可见，欺凌事件不光让被欺凌者身体遭受了损伤，还给他们带来了严重的心理问题。欺凌发生时被欺凌者的年龄越小，他们受到的影响就会越深远。在受到欺凌后，被欺凌者极易产生抑郁、挫败、孤独的感受，原本就不自信的他们变得更加脆弱，更加自卑、自闭，还可能因为焦虑害怕而产生社交障碍和学业困难，进而出现厌学、辍学等现象，严重的甚至会选择自杀。

（1）身心健康问题

受欺凌学生更容易产生头痛、胃痛、食欲不振、失眠等生理问题。因害怕被反复欺凌，他们一般采用消极退缩的应对方式，常处于恐惧、紧张和焦虑中，极易产生抑郁、挫败、孤独等心理问题；因害怕遭报复，受欺凌的学生往往不愿对他人倾诉，而是自我压抑、默默承受，久而久之会形成孤僻、自卑等消极人格特征。

（2）学业适应困难

受欺凌学生缺乏基本的安全感，为避免再次受到伤害，他们往往远离某些场所，甚至产生厌学情绪，进而逃学。因为情绪紧张、焦虑，上课时注意力不能集中，导致学习困难，成绩不断下降。

（3）社会化障碍

被欺凌者往往倾向于内部归因，对自我社交能力的评价较低。他们在同辈交往中往往被忽视、被拒绝，会表现出行为退缩，阻碍良好人际关系的形成，进而影响其社会性的正常发展。

（4）攻击性行为

更值得注意的是，研究发现很多欺凌者原本是欺凌事件的受害者。这些学生由于长期受欺凌而积累了很多负面情绪，这些情绪无法得到合理的释放转而通过对外报复的方式宣泄出来，从而形成了"被欺凌者"向"欺凌者"的转换。

2. 对欺凌者的危害

欺凌者往往只是逞一时之快，他们并不能从欺凌行为中获得好处。研究表明，实施欺凌和被欺凌的学生都有更大的自杀风险，且更有可能出现旷课、学习兴趣降低、成绩退步等问题。如在典型案例中被迫参与欺凌行为的三个同伴，他们因为主观害怕再次被欺凌而实际成为欺凌者。他们三个所承受的心理压力、内疚感会让他们更容易表现出社会退缩、自信心下降等问题。在未来发展中，实施欺凌的学生也更有可能使用毒品和酒精进行犯罪活动。有关欺凌的研究发现，童年时期的欺凌行为可能在将来转化为工作场所的性骚扰、约会暴力、婚姻虐待、儿童虐待和老年人虐待等更为严重的问题行为。

3. 对旁观者的危害

大量研究发现，校园欺凌没有完全意义上的"局外人"，每一个旁观者都是校园欺凌的参与者。大多数旁观者面对他人的痛苦能够产生同情心，但却为了自我保护而选择无视和沉默不语。他们有道德认知和道德情感，却没有做出道德行为，内心会产生负罪感，因此后续也很可能表现出心理问题，出现抑郁或在社交场合中产生不安感，甚至为了排解宣泄而尝试毒品、酒精或做出其他危险行为。

▼ 应 会

教师在面对校园欺凌问题时要沉着冷静，快速识别出可能受到欺凌的学生。在了解到学生被欺凌或自己观察到校园欺凌现象时，要能温暖地给予被欺凌者支持，同时坚定地阻断欺凌现象的持续发生。教师还应该掌握对被欺凌者、欺凌者以及旁观者的有效干预方法。

一、识别学生受到欺凌的线索

学生有时出于害怕、感到内疚、不想让别人知道等原因，在遭受欺凌或者发现欺凌行为时不敢报告。教师若能够及时敏锐地发现学生受欺凌的线索，就能及时干预，保护受伤害的学生，鼓励、帮助受欺凌者重拾安全感和信心。同时，教师如果能够及时教导欺凌者重回正轨，就能有效减少欺凌者更为严重的暴力行为（表4-5）。

表 4-5　校园欺凌发生的线索

遭受欺凌的迹象	具体描述
身体状况	学生身体上无故出现瘀伤、抓伤等人为伤痕，很可能是遭遇了肢体欺凌；如果学生大热天仍然常穿长袖，可能是想遮掩身上的痕迹；学生经常报告自己头痛、胃痛或感觉不舒服，不愿意待在班里，就需要警惕班里是否有因素让学生感到不安
情绪问题	学生最近一段时间常表现出伤心、沮丧、愤怒、焦躁等不良情绪，对人表现出明显的警惕性和敌意，很可能是受到别的同学欺凌，造成了精神方面的伤害
行为问题	学生情绪暴躁，喜欢骂人、摔东西，偷偷携带刀具或其他防身器械，表现出明显的攻击性；偷拿家里的钱或物品，可能是为了给欺凌者交"保护费"；有的学生会做出自我伤害的行为，如割腕、禁食、喝药等，甚至有的学生产生自杀想法或自杀行为
生活习惯变化	学生报告水瓶、书包、文具、作业等个人物品经常丢失或破损；有的学生原来由父母或家人接送上下学，但现在反复拒绝接送，或者相反；学生的如厕习惯改变，非得回家才上厕所，可能代表着学校厕所是他遭受欺凌的场所
无心学习	学生不想上学、逃学、装病请假；有的学生虽然人在教室，但目光呆滞或者眼神游离，没有办法好好学习，成绩短期内下降明显
人际孤立	学生突然跟所有同学都不来往，在学校形单影只，拒绝参加班级活动，可能是被同学孤立，遭受了欺凌

除了以上可以被观察到的明显信息外，教师还可以通过学生的日常游戏内容、日记、作文、绘画和微信朋友圈等了解学生的情况。

二、掌握欺凌发生时教师可采取的应对措施

当接到学生对欺凌事件的报告时，教师的有效回应非常重要。具体可参考以下几点。

（1）肯定学生对欺凌事件的报告

"我很高兴你能把这件事告诉我，这说明你很信任我，也很勇敢。"

（2）关心地询问事情的经过

"我非常担心你的情况，你现在怎么样？"

"和我说说当时有哪些同学参与了这件事情。"

"当时发生了什么？"

"这件事情是什么时候发生的？在哪儿发生的？"

（3）确保学生的安全

"类似这样的欺凌事件还在发生吗？"

"你和我报告这件事情会对你造成危险吗？"

"你怕被报复吗？"

"我可以帮你做些什么能让你感觉到安全？"

"这件事现在的情况有多严重，你能和老师说说吗？"

（4）教师回应时的"要"与"不要"

表 4-6 提醒了教师在面对欺凌事件时需

要注意的一些细节。

当教师在校园里发现欺凌现象时，教师应该：

- 立即制止欺凌行为，分开参与的学生。

- 检查受欺凌学生身体方面的受伤情况，把他／她转移到安全的环境中。

- 和学生进行沟通，了解事情发生的前因后果，稳定学生的情绪。

- 帮助学生寻找专业的心理咨询师进行危机评估及情绪疏导。

- 上报学校，和学校老师一起形成统一的干预计划，全面保障学生的安全，避免类似欺凌事件的发生。

- 若欺凌事件非常紧急或严重，可以打电话报警。

表 4-6　教师对欺凌事件回应时的"要"与"不要"

要	不要
要保持冷静	不要做出震惊、恐怖和不信任的反应
要让学生慢慢讲	不要催促他们，不要马上评价
要鼓励他们，肯定他们这样做是勇敢的	不要嘲讽和批评
要阐述观察："我看到你的腿上有瘀伤。"	不要得出结论："你被人殴打了吗？"
要验证感觉："我看到你很气恼，是吗？……"	不要确认状态："你肯定很气恼……"
要表达关切："我明白这不是容易谈论的话题，你一切都还好吗？我们坐下来谈一谈吧，你可以告诉我发生了什么。"	不要做出承诺："只要你告诉了老师，以后一切都会好起来的。"
要让学生知道应该采取哪些对策和行动："我希望你是安全的，我们一起来想办法解决这个问题。"	不要向学生承诺绝对保密，不要说"如果你告诉我，我不会告诉其他任何人"，因为解决问题需要多方协同配合；同时要尽量保密，不让情况扩散

三、对校园欺凌事件中的不同对象进行干预

1. 对被欺凌者进行干预

（1）为被欺凌者提供心理疏导

教师在与受欺凌学生交谈时，首先应了解在这个过程中发生了什么，帮助学生表达他的感受，明确地告诉学生"这不是你的错"。及时评估欺凌行为对受欺凌学生影响的严重程度，表达自己的共情和理解，提供情感支持，与心理健康教师互相配合进行心理疏导，缓解学生的恐惧、委屈、自卑感等消极情绪，以防日后出现严重的心理适应不良和问题行为等。

（2）帮助被欺凌者重新获得安全感

教师应向学生明确表达对校园欺凌的"零容忍"态度，为受欺凌学生提供足够的关爱和支持，并且告诉学生学校、家庭和社会可以为他们提供资源和支持，他们可以信

赖教师并在教师的帮助下解决欺凌问题。同时，教师与家长要保持经常性的交流和互动，及时了解学生的需要和变化，帮助学生树立主动向成人求助的意识。

（3）提高被欺凌者的自护和防范能力

教师可以采用自信心训练中"自信地表达"和"角色扮演"等方式来帮助受欺凌学生获得提高自信、拒绝欺凌的技能，让学生了解应对欺凌的措施。

▲ 活 动

自信心训练

（1）自信地表达

告诉学生当别人不公正地对待自己或提出不合理要求时，要勇敢地说"不"。可组织学生在不同的情境假设中进行练习，教给学生应挺直腰板，注视对方的脸，然后用平静、坚定而强有力的语调大声地说出对方的名字，说出不喜欢他们做什么事，并告诉他们停止其行为。

（2）寻找闪光点

用"优势"的视角去观察学生，及时发现受欺凌学生所展现的闪光点，并且及时给予肯定。例如，可以鼓励学生去参与一些自己力所能及的活动和任务，让他们在此期间感受到成功的喜悦和自我的价值感；开展"我是最棒的""闪闪发光的我"等主题班会，让学生在纸上分别写出自己的优缺点，并通过小组讨论找出自己更多的优点。

（3）角色扮演

通过心理剧的方式让学生参与到以欺凌为主题的剧本表演当中，组织学生选择不同的角色进行角色体验。在表演过程中可以暂停，直接同观众进行交流。表演结束后，教师和学生一起分别从被欺凌者、欺凌者和旁观者的角度进行讨论。教师引导学生讨论观看的感受，一起想想有哪些解决欺凌的合理措施。

（4）加强多方位的力量援助

在对受欺凌学生进行帮助的同时，还可以充分发挥同伴、家长的力量，获得更多的社会支持。

①开展主题班会。主题包括同伴压力、群体交往、欺凌的机制及后果、如何齐心对抗欺凌、如何支持被欺凌者等，通过开展主题班会来增强学生的反欺凌意识和保护被欺凌者的意识。

②创造合作学习的机会。采用多种方式增加学生之间的互动，例如，以小组讨论、两人/多人合作、头脑风暴等方式，加强学生的日常交往。

③获取父母支持。通过召开家长会，为家长提供与欺凌相关的专业知识，促进家长对欺凌的了解和重视，获得家长支持。同时

鼓励家长主动加强与孩子的交流，及时与教师分享孩子的动态，协调父母和学校的合作关系。

（5）关注被欺凌者的长远发展

教师可以通过游戏或团体辅导的形式帮助受欺凌学生提高社交能力，鼓励他们积极参与社会活动，建立自我控制感。

① 自我"推销"。组织学生通过绘制"人生成就树"的方式发现自我价值，也可以组织学生以自我"推销"的方式更好地展示自身优点。

② 非暴力沟通。学会非暴力沟通的方式，合理地向别人表达自己的需求和感受，学会向他人提出请求并表达感谢。

③非言语表达。让学生学习不同的沟通姿势、态度、语音语调等，并进行练习，同时表达自己对于不同沟通方式的感受。

2. 对欺凌者进行干预

在经过调查，了解欺凌的实情后，教师要根据情况对欺凌者进行相应的干预。教师可以通过了解欺凌者自身的经历和心理变化历程理解欺凌者行为背后的原因。对于欺凌者的不合理行为，教师可以采用对应的惩戒措施让欺凌者理解该行为的不当之处以及对应的后果；对于欺凌者本身，教师可以为其提供正面的支持和引导，帮助欺凌者掌握更合理的问题解决方式。

教师对欺凌者的帮助重点在于调整其消极偏差的认知，教会他们更合理的人际交往策略。教师可以引导欺凌者走出"自我中心"

的误区，认识到欺凌行为并不会提升自己的形象；教师可以通过角色互换和共情的方式帮助欺凌者去感知别人的痛苦以及自己在实施欺凌行为时内心的矛盾和内疚感，鼓励学生在遇到挫折、委屈时，要避免敌意归因，学会冷静，采取非攻击性的问题解决方式。

（1）对欺凌者进行共情训练

对于欺凌者，可以问他几个问题，如"当时发生了什么"，"你在做这件事的时候想的是什么"，"你这么做的时候有一些什么感受"，"你觉得当你这么做的时候，××会有一些什么感受"，等等，而不是简单地问"你为什么这么做"。

如果被欺凌者表达了自己的感受，可以整理成文字让欺凌者阅读；如果没有，引导欺凌者思考和讨论"你认为××的感受是怎样的"，"如果现在你处在××的处境，也被这样对待了，你会有什么样的感受"，等等，引导欺凌者站在被欺凌者的角度去了解自己的行为对他人造成的伤害。

接下来，可以问欺凌者"你打算做一些什么来弥补对××造成的影响"或"之后你准备怎么做"，这个问题很重要，可以引导学生学会对自己的行为负责。

如此发问，教师没有任何主观判断，仅仅是引导学生自己梳理出事情真相，并且找到问题解决的方法，学生的注意力会从"为自己的行为找理由"转移到"我的行为究竟有何影响，我该如何弥补"上。

（2）帮助欺凌者学会控制情绪

部分欺凌者的欺凌行为来源于情绪失

控，主要是对自己的愤怒情绪缺乏控制、缺乏正确的表达方式与处理方法。这时需要配合有针对性的情绪控制训练来帮助欺凌者提高控制情绪的能力。

首先，告诉欺凌者，能控制自己的情绪和行为是成熟的表现。让他们注意观察见到的幼儿，记录幼儿表达不满、愤怒的方法，再和成年人表达愤怒、解决问题的方式进行对比，让他们意识到学会控制自己情绪的重要性。

接着，可以让欺凌者回忆并描述自己上一次感到愤怒并伤害他人的情境，教他们练习当感到愤怒时，默数 10 个数，并告诉自己"不要让外界因素控制我的情绪（愤怒）和行为（欺凌）"。让他们列举出其他控制愤怒和发泄情绪的方式，引导他们思考如何转移注意，用适当的语言表达情绪，使用不造成伤害的方式发泄情绪。

（3）帮助欺凌者学会对自己的行为负责

可以和欺凌者进行如下话题的讨论，以帮助他们学习对自己的行为负起责任。

让他们上网查看被欺凌者和见到过欺凌事件的人的感受，并在以下几个方面做记录：被欺凌的学生受到了哪些影响？他们是否能原谅欺凌过他们的人，为什么？被欺凌者和欺凌事件的目击者如何评价欺凌者？你是否希望自己被这样评价？

在欺凌者意识到欺凌是错误的行为后，让他们订立书面承诺，包括需要采取的行为、不能做的事情、如果违背要受到怎样的惩戒和补救措施等方面。让欺凌者每天选择

一个固定时间，回顾自己的承诺，反思自己一天的行为，对好的表现给予表扬；若违背承诺，则和他们一起寻找违背承诺的原因和解决方案，实施惩戒并督促他们补救。需要注意，分析原因时不能接受任何借口。

3. 对旁观者进行干预

（1）让旁观者意识到旁观的危害

向旁观者解释：欺凌需要同伴的关注才能持续下去，就像蜡烛需要氧气才能点燃一样。对欺凌事件的旁观和不作为其实是对欺凌的纵容，而停止旁观就像拿走蜡烛周围的氧气一样，可以遏制或减少欺凌行为的发生。

（2）告诉旁观者要拒绝加入欺凌行列

告诉旁观者当他被朋友、同学施压要求一起实施欺凌时，他可以这么说：

- 请不要把我算在内。
- 我不想欺负别人，这么做是错的。
- 谁都没有权利欺负别人，我不会这么做。
- 我不喜欢欺负人，我不想这么做。
- 如果你被欺负，你也会难过吧？我们不要做让别人难过的事，我不想你这么做。
- 你是我的朋友，我不想看着你做错事，至少我不想这么做。

（3）鼓励旁观者向欺凌者说不

让旁观者在确保自己安全的前提下，告诉欺凌者他们这样做是错误的，需要立即停止欺凌行为。可以这么说：

- 离他远点，这么对他是不对的。

- 都散了吧，还有很多有趣的事呢，欺负别人可不是有趣的事。

- 你是我朋友，你不可以这样对待别人，请你停下来。

- 如果你继续这么做，老师会找你谈话的，赶紧停下来吧！

- 你这样做是违法的，我可不想你被拘留。

- 校长很有可能知道这事了，当心你会被处罚，快点停下来。

- 我觉得你其实并不坏，如果你现在停手，也是在帮你自己，大家反而会更佩服、更欣赏你的。

（4）教旁观者对被欺凌者给予支持

①营救被欺凌者。如带着被欺凌者离开，可以对被欺凌者伸出胳膊，挽着他离开："来吧，我找你有事。"

②安慰被欺凌者。欺凌事件发生后，要陪伴和安慰受欺负的同学："我知道你难过，发生这种事我也很难过。"

③引导旁观者寻求其他力量的支持。当遇见超出自己解决能力范围的情况，提醒旁观者，应根据不同的欺负情节做出相应的反应。比如，打架等欺负行为可能会危害到自身的安全，最好在保障自身安全的情况下，及时告知学校教师、家长或当即报警，通过寻求信赖的、更有力量的成年人的帮助来制止欺凌行为。

第二节 融合教育视角下对小学生的支持

通过本节的阅读，您将了解以下方面的内容：

主题1 对于学习障碍学生的认识与教育

应知
了解学习障碍与学习困难的区别
了解学习障碍的类别

应会
正确对待学习障碍学生
巧用多样化的教学策略帮助学习障碍学生

对于自闭症学生的认识与教育 **主题2**

应知
了解自闭症的定义及特点
学习正确看待自闭症学生

应会
掌握塑造自闭症学生良好的行为习惯的方法
掌握矫正自闭症学生的问题行为的方法
帮助自闭症学生融入班级

主题3 对于注意缺陷多动障碍学生的认识与教育

应知
了解注意缺陷多动障碍的定义及其与多动行为的区别
了解容易与注意缺陷多动障碍共发的其他疾病
了解注意缺陷多动障碍儿童存在执行功能发展滞后的情况
了解注意缺陷多动障碍的筛查和诊断标准

应会
正确对待注意缺陷多动障碍学生
在课堂中善用支架式教学策略
在教学设计中合理分配任务和巧妙运用游戏
教授情绪管理策略和进行社交技能训练

主题 1　对于学习障碍学生的认识与教育

◎ 典型案例

　　哲哲是一个外向开朗、活泼好动的小男孩，他很喜欢和老师、同学聊天，人缘也不错。但就是这样一个看起来很聪明的孩子，却总在阅读方面显得"笨拙"。他已经上三年级了，识字量却远远低于同龄学生的发展水平，甚至连一些很简单的字都不认识，在读故事的时候总会卡住，需要问老师"这个字读什么"。如果让哲哲指着文字读，他总是磕磕巴巴不连贯，或者读着读着就跳行。

　　经过专业机构诊断，哲哲存在一定程度的阅读障碍和书写障碍。他的书面作业如图4-3 所示。从图中我们可以看出哲哲书写的字词结构不严谨，左右偏旁部首颠倒，笔画多余或缺少。

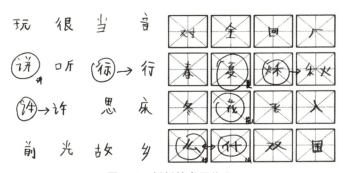

图 4-3　哲哲的书写作业

　　哲哲在阅读和书写上的障碍影响他取得学业的进步。像哲哲这样的学生，他们典型的特点是提笔忘字、错字连篇，也有的人还存在着阅读时漏字跳行、写字时偏旁部首无故消失的现象。这些学生智力正常，但语文或数学成绩很差。我们称这类学生为学习障碍学生。这是一类有特殊需要的学生，教师应多加关注。

◎ 应 知

　　教师在日常教学过程中难免会遇到有学习困难的学生。如果教师对所有学习困难者都采取一样的应对策略，可能效果会大打折

扣。教师要首先能分辨出有学习障碍的学生，其次才能更好地提供合适的干预方式。

一、学习障碍与学习困难的区别

学习障碍和学习困难是完全不同的两个概念。学习困难和"低学业成就"或"学习不良"等同，是指出于各种原因导致正常学龄学生在学习技能的获得或发展中出现问题，经常表现为学业成绩不佳。学习困难由多重因素导致，主要包括社会文化、学校教育、家庭教育与学生自身因素等。学习障碍是一种发育性障碍，不同于一般理解上的学习困难。

学习障碍的诊断需要专业机构来判断。据统计，学龄学生中学习障碍发生率为 5% ~ 15%。学习障碍的诊断主要包括以下要点：第一，智力处于正常水平；第二，学业成绩与预期水平之间存在极大差异；第三，需要排除智力障碍、情绪障碍、感觉障碍（如视觉或听觉障碍）、注意力障碍、缺少教育机会等其他障碍或缺陷的可能；第四，中枢神经系统功能失常。造成学习困难的因素复杂多样，既包括外界因素，也包括个人因素。而造成学习障碍的主要原因则是个体基本心理过程存在缺陷。

教师与家长在不了解概念差异的情况下，容易将学习障碍等同于学习困难，将学习障碍学生学业成绩不佳归因于不努力、脑子笨、不听话等。这时如果缺乏恰当的对策对其进行引导，可能会引起这类学生的厌学心理，加剧学业成绩落后等不良表现。因此，区别学习困难与学习障碍是为学习障碍学生提供相关支持策略的重要前提。

二、学习障碍的类别

《中国精神障碍分类与诊断标准第 3 版（CCMD-3）》和美国《精神障碍诊断与统计手册第五版（DSM-5）》（以下简称 DSM-5）将学习障碍分为阅读障碍、书写障碍与数学学习障碍。

1. 阅读障碍

阅读障碍学生的主要特征是存在字词识别困难、字词解码困难和阅读理解困难。阅读障碍学生的具体表现是在阅读时出现跳字、漏字、跳行的现象，阅读速度慢，混淆同音字、形近字，提笔忘字，字词意义理解能力差。存在阅读障碍的学生通常语文成绩较差，并且与阅读能力相关的其他学科成绩也会受到影响。

2. 书写障碍

书写障碍学生的主要特征是虽然具备正常的阅读技能，但经常出现书写流畅性差、语法与标点符号使用不当、书面表达不清晰等问题。书写障碍学生通常表现为书写潦草，书写速度慢，偏旁部首位置颠倒，词汇使用困难和拼写困难。例如，有些学生在书写汉字时笔画正确，但汉字部件的位置和方向颠倒；有些学生在写字时字距、行距过大，字或行倾斜，在纸张的一角或一边集中书写；还有些学生在写字时遗漏或增添笔画和偏旁。

3. 数学学习障碍

数学学习障碍学生的主要特征是存在数字信息加工困难，计算困难，计算准确性或流畅性差。数学学习障碍学生通常表现为数感能力差，对空间关系的感知能力差，视觉－运动觉统合能力差，记忆容量不足。具体来说，有些学生不能把几何图形知觉为一个整体，不能快速判断特定图形的空间关系，不能正确理解数学符号代表的实际意义，逻辑推理能力较差。

● 知识窗

学习问题诊断条目示例（部分）

语文

朗读：

1. 朗读课文时重复读同一行或者跳行读。

2. 朗读时有反复朗读部分字句的现象。

3. 朗读时不能够正确断句、停顿。

阅读：

1. 即识词汇（一看就知道意思的词汇）量有限。

2. 阅读时遇到生字词不能根据上下文推测其含义。

3. 仅能理解简单的句子，理解复杂句子有困难。

书写：

1. 写字时字迹潦草，笔画不清晰，难以辨认。

2. 写字时字的各个部件空间布局不合理。

3. 写字笨拙。

数学

计算：

1. 计算时犯"退位"错误。

2. 不能正确理解数量。

3. 口算有困难。

数学推理：

1. 解决应用题有困难。

2. 解决"如果……，会……"这样的数学问题有困难。

3. 解决数学问题时不能举一反三、触类旁通。

▼ 应 会

在理解学习障碍及其主要类型的概念和特点之后，对于被明确诊断为不同类型的学习障碍的学生，教师可以通过多元的差异化教学为其提供有效的干预和支持。

一、正确对待学习障碍学生

在注重学生学业成绩优劣的环境中，学习障碍学生常常因学业成绩不佳而在家庭和学校中遭受忽视、嘲笑甚至校园欺凌，导致他们比普通学生更容易出现心理健康问题，具体表现为自卑、焦虑、沮丧、愤怒、悲伤、痛苦等。教师首先应该从心理和观念层面接纳学习障碍学生，理解他们希望取得进步而实际能力有限的境况。其次要为学习障碍学生创设宽松的学习氛围，激发他们的学习动机。最后要训练学习障碍学生形成合理的归因方式，帮助他们认识自己的长处和不足，做到扬长避短。

二、巧用多样化的教学策略帮助学习障碍学生

1. 针对阅读障碍学生的教学策略

针对阅读障碍学生的教学策略多种多样，根据字、词、句、段、篇的文章组成顺序和阅读障碍学生的认知缺陷特点，教师可以采用以下教学策略。

第一，识字教学。识字教学可以采用大声朗读课文、绕口令、儿歌等形式进行。这样既能激发学生的兴趣，又有利于记忆。如采用绕口令形式教学生有"尧"字偏旁的字："用火烧，用水浇，东方日出是拂晓，左边绞丝弯弯绕，换上提手是阻挠，右边加羽尾巴翘，丰衣足食才富饶。"

第二，词语教学。词语教学意在让学生了解词语的结构、理解词义、恰当地运用词语。了解词语结构的能力，可简称为构词能力，它包含组成词语的能力和判断词语结构的能力。教师可以在教学中使用头脑风暴法培养学生组成词语的能力，如列举"读书""书本""书包"等包含"书"字的词语，使学生能充分掌握组词的技巧，并对组成的词语进行理解和区分。

第三，段、篇教学。在段落或文章教学时，教师应在了解阅读障碍学生能力的基础上，综合采用多种教学方法。比如，阅读前，先通过字词闪卡游戏、朗读示范等形式解决文章中困难的字词和发音，如形近字、音近字等；阅读中，注意引导学生圈点勾画关键词、关键句，如"首先""其次""然后""最后"，或者"第一""第二""第三"，或者开头总结句、结尾总结句、中间承上启下句等，同时可以提供文本配套的图画、音频、视频等素材；阅读后，通过角色扮演、话剧、舞台剧等形式加深学生对内容的理解。

2. 针对书写障碍学生的教学策略

针对书写障碍学生的教学策略有很多，这里主要介绍三种常用的教学策略。

第一，讲解汉字的笔画书写原则。其原

则如下：先撇后捺，先横后竖，从上到下，从左到右，先外后里再封口，先中间后两边。在教学前，应指导学生分清上下左右。在教学中，教师要反复运用该原则分析拆解每一个汉字的笔画顺序，并让学生大量练习。学生在熟悉口诀后，会自觉地将笔画书写原则应用于平时的作业书写当中。在学生表现出一定的进步时，教师一定要及时地给予反馈和表扬。

第二，教授常见汉字的写法以及各部首的意义。对于书写障碍学生而言，他们往往使用机械记忆，把汉字看作一幅图画，这样费时费力且记忆效果不佳。因此，教师需要教会学生如何理解汉字的形体构件。例如，"扌"字旁的汉字一般与手相关，而且在一个汉字中往往处在左边的位置，表示用手去做。通过大量练习带有"扌"字旁的汉字，如"提""抓""打""握""捧"等，掌握"扌"字旁的构词规律。

第三，适当调整教学计划和教学材料。教师要注意在日常教学活动中依据书写障碍学生的特点调整教学计划与教学材料。例如，书写障碍学生的书写速度慢于普通学生，在布置作业时，教师可以适当减少他们的作业量，但严格要求他们保证书写质量。可以在白纸上制作黑体的汉字，在汉字上固定透明的纸张，让学生临摹汉字的笔画与结构，反复练习。又如，在课堂教学中，教师可以给有书写障碍的学生标出经常书写错误的汉字的笔画顺序箭头，标示出经常出错的笔画，督促学生反复练习。

3. 针对数学学习障碍学生的教学策略

针对数学学习障碍学生的教学策略很多，这里主要介绍以下三种教学策略。

第一，教授数学常用符号和词汇。数学符号和词汇是数学学习的重要组成部分，教师在教学中要注意进行整合。例如，"+""加""总共""总和""一起""和"意义相同，教师可要求学生在解答问题时，把问题中的关键符号或重点词汇标示出来，再进行加法操作。

第二，结合生活背景教授口诀。例如，如果学生总是弄不懂"正正得正""正负得负""负正得负""负负得正"等概念，教师可以结合生活背景进行举例，即如果"好人""好报""好事"用"+"表示，"坏人""坏报""坏事"用"−"表示。因此，可以得出如下结论：

好人有好报，是好事。→++（正正）得+（正）

好人有坏报，是坏事。→+−（正负）得−（负）

坏人有好报，是坏事。→−+（负正）得−（负）

坏人有坏报，是好事。→−−（负负）得+（正）

第三，按步骤教授应用题。如在解决"小明有3支红色铅笔，2支绿色铅笔，小明一共有几支铅笔?"这一问题时，可以按照如下步骤进行解题教学。

（1）阅读问题。教学生先读，然后说出问题。此时学生不用纸和笔，只简单地叙述问题。

（2）明确问题。引导学生明确问题的性质。诸如问题的性质是什么（求和），需要解决的问题是什么（小明一共有几支铅笔），需要用到的运算方式是什么（加法）。

（3）提取关键词句。教师应引导学生从题目中找出关键词或关键句（如找出题目中的"一共"这一表示问题性质为求和的关键词）。

（4）分析关系。帮助学生分析题目中的数量关系（引导学生明确题目中 3 和 2 的关系，因为它们是并列关系，所以应该加在一起）。

（5）列出算式。教师应引导学生依据所提取的关键词句理解题意，列出算式（引导学生根据"一共"这个关键词列出算式"3+2"）。

（6）计算结果。

（7）验算答案。

（8）加强练习。引导学生加强同类型题目的练习。

4. 教学设计中融入记忆训练游戏

记忆训练可以有效地培养学生的记忆技巧，为提高学习效率打下基础。在课堂学习中，学生主要依靠视觉通道与听觉通道获取知识。因此，对学习障碍学生开展视觉记忆与听觉记忆训练是很有必要的。这里重点介绍几种常见的记忆训练游戏，作为教师课前或课后与学生进行互动游戏时的参考。

（1）视觉记忆训练游戏

视觉记忆训练材料应具有趣味性和生活性，这样有助于调动学生的积极性，使学生轻松愉快地参与训练。视觉记忆训练游戏有以下两种。

第一，记忆事物及其空间位置。例如，教师向学生展示一张游乐园的图片，给学生 10 秒钟的记忆时间，让学生努力记忆游乐园设施或其位置。10 秒钟后，教师将图片盖住，问学生都记住了哪些设施或者设施的位置在哪里（如旋转木马在摩天轮的左边，摩天轮在游乐园的东北角）。

第二，记忆图形／图片的形状、颜色、数量、顺序、大小等。例如，教师可以和学生玩扑克牌的游戏，教师将随意抽取的 3 张扑克牌依次放在桌子上，让学生记忆 10 秒钟，然后将扑克牌取走，请学生依次说出扑克牌的摆放顺序、数字或花色。

（2）听觉记忆训练游戏

听觉记忆训练材料同样应具有生活性。常见的听觉记忆训练游戏有以下几种。

第一，数数。如老师在 1 秒内读数"1-3-7"，之后要求学生正着重复或倒着重复。数字长度依据学生能力情况而定，随着学生能力的提高不断增加。

第二，仿说绕口令、句子、儿歌、古诗词等。要求老师说一句，学生重复一句，句子由短到长，由简到繁。

第三，重复数字—字母或数字—汉字的序列组合。例如"1—d—3—e"或"1—大—5—给"，然后让学生重复。

第四，重复无关联的汉字或词语。例如，教师随机说出几个无关联的汉字或词语，如"天—想—才—蓝天—课本—玩具"，然后让学生重复。

第五，听歌曲填空。播放速度适中、歌词难度符合学生能力且具有正面教育意义的歌曲。第一遍播放时，要求学生边听边记忆；第二遍播放时，遮住部分歌词（歌词遮挡范围由小到大），让学生填空。

第六，复述故事。教师给学生讲故事之前，告诉学生复述要求（如可以让学生全部复述，或是复述主要故事情节。初期可要求学生复述主要故事情节），教师讲完之后请学生按要求进行复述。

主题2 对于自闭症学生的认识与教育

典型案例

睿睿是一名小学一年级新生，入学没几天，老师就发现他"与众不同"。比如，他常常答非所问，自言自语，无意义地重复几句话；他没有办法维持与别人的对话，会毫无预示地改变话题，或者不顾他人表现出的不耐烦而坚持说同一个话题；他好像只能从字面意思去理解别人所说的话，有时候别人说反话，他却当真照着去做；他不能理解别人的情绪，缺乏同情心，有同学哭了，他却在旁边大笑；他兴趣单一、刻板，只喜欢看旋转的东西，能盯着转动的自行车轮看很长时间，却对骑自行车没有丝毫兴趣；他很抗拒变化，不管去哪个活动教室上课，都必须要走同一条路线回班；他还会不停地问老师"接下来要干什么？"；有时候他会在教室里自顾自地原地转圈儿；他很害怕广播的声音，每次喇叭一响他就会捂住耳朵尖叫，有时甚至会大哭。

由于他种种"怪异"的表现，同学都不喜欢他，很多老师也抱怨他干扰了课堂。班主任很快向睿睿的家长反映了他的情况，睿睿的妈妈此时才说出，其实睿睿在幼儿园时就被诊断出患有轻度自闭症。

班主任感到有些疑惑，睿睿并不"笨"，在学业上甚至还表现得比较好。睿睿也不是不会说话，有时甚至显得有些"话唠"……。这些好像都有悖于社会大众对自闭症的认识。班主任想要对睿睿采用适宜的教学方式，就需要对自闭症有正确的认识。

应知

自闭症这个词已经越来越多地被大众观注，然而，什么是自闭症，自闭症有哪些特点，还并未被大众清晰地知晓。对教师而言，不仅要了解自闭症的具体症状表现，更要明确自己该如何看待患自闭症的学生。

一、认识自闭症

近年来，全球的自闭症发病率呈不断上升趋势。据美国疾病预防控制中心（Centers for Disease Control and Prevention, CDC）估计，自闭症在儿童中的发病率达到了1/59，男孩发病率约为女孩的 5 倍。

自闭症谱系障碍包括经典性自闭症、阿斯伯格综合征、雷特综合征和未具体说明的广泛性发育障碍。自闭症谱系障碍之所以叫"谱系"，就是因为患者的严重程度和具体表现千差万别，可以说同样是自闭症儿童，却能表现出截然相反的特点，有的孩子可能一句话不说，有的却可能是"话唠"。对于自闭症谱系障碍的诊断标准有两个：社交－沟通障碍和刻板－重复行为。也就是说，智力障碍、语言障碍等都不是自闭症的核心表现。

社交－沟通障碍主要表现为社会沟通和社会交往缺陷，包括社会情感互动缺陷（例如，不能正常维持对话；在与人对话时自顾自地说话，完全不管对方的反应；存在异常的社交行为，如不合时宜地大笑，不会分享兴趣、情绪、情感等），社交的非言语沟通行为缺陷（如和人说话时不能与对方对视，不能理解肢体语言，看不懂别人想要结束对话的暗示，缺乏面部表情等），建立、维持、理解人际关系困难（如不会根据不同的社交情境调整行为，不会进行想象游戏，结交朋友存在困难，对同伴缺乏兴趣等）。

刻板－重复行为主要表现为语言、动作等的刻板或重复（例如，持续无意义地摆手、鹦鹉学舌、给玩具排队、重复说无意义的单词或句子等），不接受改变、过分坚守常规、存在仪式化的行为（例如，对微小改变十分焦虑，从一个活动转换到另一个活动有困难，每天坚持同样的行走路线或吃相同的食物，必须做一些无意义的"仪式"，如必须跺三下脚才能出门等），非常狭隘、固定的兴趣（例如，只喜欢旋转的东西、过分迷恋一些奇怪的物品等），感官过度敏感或过度迟钝，或对某些刺激表现出异常的兴趣（例如，对疼痛、温度感觉麻木，异常抗拒某种声音，如听到教室广播的声音会崩溃大哭，异常厌恶某些东西的触感，沉迷于盯着光线看等）。

自闭症的诊断必须由专业的医疗机构来做。教师应该了解一些自闭症儿童常见的行为表现，以便更好地理解和帮助自闭症学生。

● **知识窗**

自闭症儿童常见的行为特点

1. 缺少眼神接触
2. 对话的发起和维持困难
3. 说话像背台词
4. 较难理解非语言沟通
5. 较难理解语言沟通
6. 无法用口语沟通

7. 缺乏同情心

8. 不喜欢身体上的接触

9. 喜欢独处

10. 无法进行假装游戏

11. 对特定的主题或玩具展现出强烈的兴趣

12. 刻板

13. 特殊的身体活动

14. 高敏或低敏的感觉刺激

15. 不寻常的游戏方式

16. ……

二、正确看待自闭症学生

自闭症的病因与发病机制至今尚不明确，目前主要认为自闭症与先天的遗传因素或母体怀孕分娩期间的环境因素有关，而与家庭情况、教养方式以及童年经历等关联较低。了解这一点，有助于教师与家长顺利沟通。

教师应当以包容和接纳的态度正确看待自闭症学生。一方面，自闭症儿童也有很多普通儿童的特点，也遵循一般儿童的发展规律。另一方面，自闭症儿童身上的很多特点在普通儿童身上也会或多或少有所表现。所以，不能因为学生被贴上了"自闭症"的标签就过分地夸大其缺陷，对其进行区别对待。也许自闭症学生会给教师带来不少麻烦，被视作"熊孩子"，但自闭症学生的很多问题行为并不是出于主观上的调皮捣蛋，其背后很可能有生理上、心理上或环境上的原因。教师如果能仔细观察、分析，找

出问题行为背后的原因，便更有可能治标且治本地解决问题。例如，如果学生出现干扰课堂的行为，首先要排除其生理上的疾病、疼痛和不适（如触觉敏感、听觉敏感）等情况，然后再分析其行为的目的，是求关注，还是想要获得什么东西？是为了逃避厌恶刺激（如不想要的物品、活动、人物等），还是自动强化行为（也有人认为自闭症儿童的自动强化行为是为了缓解感知觉异常带来的不适、不安等负面感受）？如果没有找到原因，或者找错了原因，却贸然采取了没有针对性甚至火上浇油的处理办法，可能会使学生干扰课堂的情况愈发严重。

▼ 应 会

虽然每个自闭症儿童的具体特征都不一样，但从前文可以看出，自闭症儿童主要有两大核心障碍——社交 - 沟通障碍和刻板 -

重复行为，这会导致一系列问题行为的发生，不利于自闭症儿童的健康发展和成长。因此，矫正问题行为对于自闭症儿童来说尤为重要。同时，还需要塑造自闭症儿童良好的行为习惯，替代其不良的行为方式。只有增加良好行为和减少问题行为双管齐下，才能达到事半功倍的效果。

一、塑造自闭症学生良好的行为习惯

自闭症学生问题行为的出现常常是由于能力不足导致的。比如，语言表达能力的不足会使自闭症学生在课上想要获得教师的关注时，不能正常地使用语言表达，只能使用尖叫的方式，这样的表达方式必然会影响正常的课堂秩序。因此，教师就需要帮助自闭症学生提升语言表达技能。并且，在提升语言表达技能的过程中，只要自闭症学生有一点进步，教师都要给予其喜欢的事物或撤除其不喜欢的事物，以强化其进步的行为。当然，能力的培养不是一蹴而就的，教师不能指望学生在短时间内习得技能，也不能指望一次强化就会让学生有很大的进步，但强化会增加学生良好行为出现的次数。教师对学生良好行为进行强化可以遵照以下三个步骤。

1."我喜欢"和"我不喜欢"

教师通过观察询问学生或访谈家长了解学生喜欢的事物和不喜欢的事物，可形成一张如表4-7所示的简易强化物调查表。学生每一阶段喜欢或不喜欢的事物可能是不同的，所以教师还需要适时地多次评估学生的强化物，及时更换强化物。

表 4-7　强化物调查表

学生姓名：		评估时间：
强化物分类	喜欢的事物	不喜欢的事物
食物类强化物	饼干、牛奶	无
感官类强化物	拥抱	无
活动类强化物	玩积木、玩小汽车	打扫卫生
社会性强化物	称赞、表扬	无

2. 喜欢的快快来，不喜欢的请走开

在充分了解学生喜欢和不喜欢的事物后，教师就可以使用相应的事物对学生的良好行为进行强化。一开始要尽量增加学生得到强化的机会，不要要求太高，之后再逐渐提高标准。刚开始一旦学生表现出良好行为，教师要立即给予学生喜欢的事物强化其良好行为（针对具体行为，而不针对人），如告诉学生："你刚才举手了，做得很正确，老师奖励你玩一会儿小汽车。"或撤除学生不喜欢的事物，如告诉学生："你刚才举手了，做得很好，今天可以不打扫卫生。"但是需要注意，使用强化物时要避免学生"已经饱足而不想要"，如学生刚上完一节游戏

课，玩了很久的小汽车，你再奖励他玩小汽车，可能并不会有奖励的效果。同时，给予学生某些喜欢的食物时要有"上限"，如学生很喜欢饼干，今天表现一直很好，按理来说，可以得到很多饼干，但学生一天并不应该吃很多饼干，教师要尽可能防止出现这种情况，应结合使用不同强化物。教师操作以上步骤时也可能会有一些"小麻烦"，如正在上课，学生通过举手取得老师的关注，表现出良好行为，但老师又无法直接奖励其玩玩具，会影响课堂秩序。所以此时老师还可以使用"代币系统"。

老师可以和学生商量使用"代币系统"，也就是说，可以使用小红花、小星星、笑脸等贴画在课堂上及时又方便地奖励学生，学生可以用规定数目的小贴画换取自己喜欢的事物。简易的代币系统如表4-8所示。

表4-8　代币系统

姓名：				
好行为及其奖励：课堂上3分钟不尖叫，奖励一个笑脸贴纸。				
代币制度：5个贴纸可兑换一块饼干，15个贴纸可兑换玩小汽车5分钟。				
兑换人：×××老师		兑换时间：课间		
星期一	星期二	星期三	星期四	星期五

3. 我做是因为我会做

使用强化物必须考虑撤除。我们的目标是让学生学会良好行为，而不仅仅是让学生为了强化物而表现出良好行为。在使用强化物时应该尽可能将食物类、感官类及活动类强化物与社会性强化物结合在一起使用。随着学生技能的掌握，逐渐撤除非社会性强化物，当学生完全学会技能后再逐渐撤除社会性强化物。同时，学生刚开始学习新技能时，每次表现出良好行为都应立即进行强化，然后慢慢过渡到平均每三次（依据学生表现确定次数，下同）表现出良好行为再给强化物，再过渡到平均每五次表现出良好行为再给强化物，最后撤除强化物。也就是说，需要通过改变强化物种类和强化物给予间隔，最终达到撤除强化物的目的，让学生因为会做而做。

二、矫正自闭症学生的问题行为

自闭症学生的问题行为常常对其日常学习与生活产生不良影响。当学生出现问题行为时，教师首先要了解学生问题行为出现的前因和后果，并就学生在家中的问题行为表现访谈家长，了解学生表现出问题行为的规律和功能，从而对症下药。具体操作步骤如下。

1. 问题行为的功能

问题行为的功能主要分为四类：一是获得期望的物品或活动，主要表现为学生得不到某物或不能进行某种活动就尖叫，获得后停止尖叫；二是获得社会关注，主要表现为上课时学生没有得到老师的注视就尖叫，得到注视后停止尖叫；三是获得自我刺激或缓解身体不适，主要表现为一直撕纸条或抠破皮肤；四是逃离或避免社会关注、要求或活动，主要表现为做困难任务时就尖叫或老师一说要做某种活动就尖叫。确定问题行为的功能可使用表4-9进行简单记录与分析。

表4-9　学生问题行为功能分析表

学生姓名：

时间	地点	行为前因	行为表现	行为后果	功能
10:00	教室	数学课老师让学生写课后练习题	学生写着写着就开始尖叫	老师将学生带出教室，不再让其写作业	逃离活动
11:00	教室	劳动课老师让学生拿劳动工具准备实践	学生尖叫	老师将学生带出教室	避免活动
15:00	教室	课间大家都在玩游戏，学生一个人独自坐在凳子上	学生尖叫	其他同伴注视该学生	获得社会关注

2. 适当忽视问题行为，强化目标行为

发现学生问题行为的功能后，教师就可以有针对性地回应学生的行为。如果学生的问题行为功能是获得期望的物品或活动，那么教师就不能在问题行为发生后给予其想要的物品或活动，而要教其用正确的方式提出要求。如果学生的问题行为功能是获得社会关注，那么在学生出现问题行为后，教师坚决不能给出任何言语的或非言语的关注，应该忽视学生（前提是保证学生和他人的安全，如果学生有危险行为，需要及时制止）。同时可以教学生如何正确获取关注，如举手，并及时强化其举手行为。如果学生做出问题行为是为了缓解身体不适，那么教师可以让其暂时做感兴趣的活动。如果学生做出问题行为是为了获得自我刺激，如通过撕纸条来寻求自我刺激，获得快乐和舒服，那么可以让学生手里拿一个其他东西或戴手套，不让其接触到纸。如果学生的问题行为功能是逃避不想参加的活动，那么教师可以在活动期间穿插学生感兴趣的活动，适当降低任务难度或教学生表达休息的需求，同时还需要强化学生坚持完成任务的行为。

如果学生问题行为比较严重，那么教师

就需要采取适度的惩罚措施，但惩罚针对的一定是学生的具体行为而不是学生本人。当学生表现出问题行为时，教师可惩罚其不能得到本来应得的奖励。例如，原本学生上课不尖叫，下课后可以玩积木。但学生上课尖叫了，此时可以告诉学生："因为你上课尖叫了，所以下课后不能玩积木。"教师也可以通过增加学生不喜欢的事物惩罚学生，如严厉批评学生，最好在较为私密的场所，避免他人看到而伤害学生自尊。惩罚有一定弊端，可能会导致一些消极后果，比如，增加学生的情绪反应和攻击性行为等。实施惩罚的老师可能也会变成一个惩罚物，即因为该老师惩罚学生，所以学生讨厌该老师。因此，建议在出现危险行为或尝试其他方法无效的情况下再谨慎使用惩罚。

三、帮助自闭症学生融入班级

自闭症学生因自身特征、社会文化环境等因素的限制在融入班级时可能受到阻碍，不利于其与普通学生建立良好的社交关系。但促进自闭症学生融入班级，与普通学生共同成长也是有计可施的。教师可从以下视角出发帮助自闭症学生融入班级，建立良好的同伴关系。

1. 树立正确观念

教师首先要对自闭症有正确的认识，并帮助普通学生正确认识自闭症，以包容和接纳的心态对待自闭症学生。具体来说，教师可通过以下方式帮助普通学生正确认识自闭症：一是开展主题班会。如举办主题班会"认识星星的孩子"，介绍一些与自闭症相关的知识。二是举办观影活动。如观看电影《海洋天堂》《自闭历程》《雨人》《马拉松》等，通过观影让普通学生更加了解自闭症。

2. 关注环境需求

自闭症学生因为感官敏感，对于教室环境可能会有特殊的需求，如有的自闭症学生对光亮敏感，就需要调整其座位不被阳光直射；有的自闭症学生对声音敏感，就需要尽量让他的座位远离教室前后的扩音设备。教师需要认真了解每个自闭症学生的特点，避免因物理环境而引起自闭症学生的问题行为。除此以外，自闭症学生一般很难接受环境改变，比如，课堂环境的改变，如果下节课需要换教室上课，老师最好提前告知自闭症学生。同时，教师可为自闭症学生提供带有上课时间段、教室、上课内容的详细课程表，让学生提前知道可能会有哪些环境的改变。

3. 利用视觉优势

部分自闭症学生有视觉优势，具体来说，就是对颜色和形状等视觉刺激很敏感。教师可通过以下方面利用自闭症学生的视觉优势：第一，教室文化建设多使用图片等视觉提示，如将标语、班规等做成卡通图片，附上文字说明；第二，学校洗手池等地方用图片表示洗手的流程；第三，教师备课时，考虑多使用视觉教学材料，吸引自闭症学生关注教学内容；第四，自闭症学生如果有"管不住自己的小动作"，可在桌角贴两种图片，一种是错误的小动作，用红色的"×"表示；一种是正确的行为，用绿色的"√"表示。

4. 发挥自身潜能

教师应当遵循"潜能优先、缺陷其次"的原则，善于发现自闭症学生的潜能。自闭症学生可能会有一些刻板行为，但刻板行为也可看作他们的某些优势。例如，在打扫卫生时，自闭症学生可能会因其行为的刻板性，每次都将卫生工具放置整齐，教师可借此在班级表扬自闭症学生，增加其自信心，同时也能够让普通学生看到自闭症学生的优点，促进普通学生的观念转变。教师要用欣赏的眼光看待自闭症学生的优势，创造机会让自闭症学生展现自己的闪光点。

5. 注重同伴介入

社交技能不足是自闭症学生的特征之一，教师要善于通过普通学生（同伴）介入的方式支持自闭症学生建立良好的社交关系。具体可通过以下两种形式：一是创造互动机会。常规课堂中，教师可设计合作学习、小组游戏等环节，为自闭症学生提供与同伴对话的机会，同时重点关注该小组，通过双向引导（引导自闭症学生与同伴对话）增加自闭症学生与同伴互动的机会。二是寻找同伴小帮手。选择班级中社交技能较强的学生，请他们作为同伴帮助自闭症学生提升互动技能，并教授他们助人的技巧。首先，可以通过开展自闭症学生喜欢的活动吸引自闭症学生的注意力。因为是自闭症学生喜欢的活动，他们自然会想办法加入活动。接着，让同伴指导自闭症学生用合适的方式表达想要加入活动的意愿。同伴可以示范："你可以说'××，我想和你一起玩。'"然后其他同伴进行回应："我也想和你一起玩。我们开始吧！"活动过程中，教师可以针对具体活动提前指导同伴通过合适的话语引导自闭症学生主动表达、回应对话或维持对话。活动结束后，同伴可向自闭症学生表达："今天的活动结束了，和你一起玩太开心了！下次我还想和你一起玩。"通过此种方式结束活动，也可为自闭症学生留下很好的情感体验。总而言之，自闭症学生在互动中由于技能不足，大多处于被动地位，教师应该注重同伴介入，引导自闭症学生开始互动、回应互动并维持互动。

主题 3　对于注意缺陷多动障碍学生的认识与教育

典型案例

　　小枫是一名刚上小学的一年级男孩，他的行为表现显得过于活泼，给家长和老师带来了很多麻烦。他的母亲观察到，他经常在房间里蹦蹦跳跳、东跌西撞的。他总是动个不停，行为冲动，并且不听从他人的劝告。当让他把衣服放进柜子里时，他就会玩衣服，把衣服扔得哪里都是。小枫经常不遵守规则，并且很少感到困倦。除了玩电子游戏或看运动类节目外，他很少能坐下来认真完成任务。

　　小枫的老师也认为，他在学校的主要问题就是做事半途而废，不能集中注意力，时刻关心发生了什么新鲜事。他总是在椅子上躁动不安，难以安静。他不能遵守纪律和规则，动不动就插队或与别人发生矛盾。他在完成家庭作业的过程中显得困难重重，要么忘记把完成作业所需要的书和资料带回家，要么忘记将完成的作业带回学校。久而久之，其他同学觉得他是一个"怪人"，都不愿意和他玩了。

　　小枫的父母带着小枫去专业机构就诊，结果小枫被诊断有注意缺陷多动障碍。

　　上述案例中小枫表现出来的精力过分旺盛、难以集中注意力、冲动和多动等正是注意缺陷多动障碍的典型表现。为了帮助这类学生融入班级和课堂，教师需要了解注意缺陷多动障碍的特征与表现，并针对他们的特点提供相应的支持策略。

应知

　　小学生经常容易出现多动、注意力不集中等行为特点，但是所有的这类行为都意味着孩子患上了注意缺陷多动障碍吗？对于教师来说，不仅要明确地区分小学生的行为属于正常还是异常，同时也要深入理解注意缺陷多动障碍相关的疾病表现以及筛查和诊断方法。

一、注意缺陷多动障碍与多动行为的区别

注意缺陷多动障碍是一种常见的轻微脑功能障碍综合征，其典型特征是持续的注意力不集中（至少6个月）和/或多动、冲动，且这种注意力不集中和多动、冲动行为的程度与个体所处年龄严重不符，并严重干扰其学业与生活。注意力不集中主要表现为对没有频繁奖励和过多刺激的任务很难保持注意力、缺乏毅力、注意力分散并常常游离在目标任务外等；多动主要表现为运动过度，或过度烦躁，或过度健谈；冲动是指在不考虑后果的情况下做出对个人或他人具有潜在危险的行动（如在不环望周围的情况下冲向街道）、无法延迟满足、社交侵扰（如过多地打扰他人）等。

很多教师和家长常常面临的一个问题是无法区分注意缺陷多动障碍和学生一般性多动行为，因此无法判定孩子是否存在注意缺陷多动障碍。多动行为是问题行为的一种，有多动行为的学生在学习活动中经常坐不住、东张西望、爱讲话和扰乱课堂秩序等。二者的区别在于：第一，虽然有多动行为问题的儿童也会表现出注意力分散、多动、冲动、规则意识差和自我控制能力薄弱等，但在程度上达不到注意缺陷多动障碍的筛查标准；第二，多动行为一般是由外部因素造成的，如家庭教养环境不利、成人对待儿童的态度不良等，而注意缺陷多动障碍是一种与遗传因素相关的异常疾病，对注意缺陷多动障碍的诊断需由专业机构和专业人员进行。

二、与注意缺陷多动障碍共发的其他疾病

患有注意缺陷多动障碍的儿童被诊断患有焦虑、抑郁等心理健康问题的概率要高于普通儿童。这可能是因为由注意缺陷多动障碍引起的情绪和行为问题会影响儿童社交和生活的多个方面，引发周围人的取笑与排斥，从而导致儿童体验更多的孤独感和低自尊感等消极情绪。长此以往，这种消极环境不免会对儿童的心理健康造成负面影响，引发心理健康问题。

儿童患有注意缺陷多动障碍的同时也有可能患有学习障碍。因此，在儿童被诊断为患有注意缺陷多动障碍之后，有必要鉴定他是否同时患有学习障碍。但需要注意的是，并不是每一个注意缺陷多动障碍儿童都有学习障碍。注意缺陷多动障碍学生表现出的注意力不集中、难以长时间保持坐立、反应不假思索等行为，可能会导致学生学业成绩落后，但这种学业成绩落后与因认知加工过程受损导致的学业成绩落后有着本质区别。

三、注意缺陷多动障碍儿童的执行功能

执行功能发挥着帮助个体实现控制自我并完成目标任务的作用，它能激活、组织、集中、整合和管理大脑的多个部分，使我们能完成常规以及创造性的工作。执行功能的组成成分有：工作记忆（一种对信息进行暂时贮存和加工的记忆系统）、自我管理、情绪控制、认知策略监控与调整（包括基于任务分析做出决策、计划、反思以及目标导向

的问题解决）等。

相比同龄儿童，注意缺陷多动障碍儿童的执行功能发展滞后，因而他们表现出了许多不符合其年龄特征的行为。因此，患有注意缺陷多动障碍的儿童需要相应的支持策略，以及能补偿他们执行功能缺陷的环境。

四、注意缺陷多动障碍的筛查和诊断

早期识别注意缺陷多动障碍可以实现早期干预，预防其他心理行为问题的发生。因此，对注意缺陷多动障碍进行早期筛查和诊断尤为重要。对儿童及青少年注意缺陷多动障碍的筛查和诊断包括病史采集、一般体格检查和心理评估等多种程序，国内常用于注意缺陷多动障碍筛查和诊断的量表包括康奈尔儿童多动症行为诊断量表（Cornell Comprehensive Behavior Rating Scale,

CCBRS)、中文版 SNAP- Ⅳ 量表（父母版）[Swanson, Nolan and Pelham IV Rating Scale（parent version），SNAP-IV]、长处和困难问卷（Strengths and Difficulties Questionnaire, SDQ)、注意缺陷多动障碍评分量表（第四版)(ADHD Rating Scales-IV）等。

国际上将美国精神病学会制定的《精神障碍诊断与统计手册第五版（DSM-5）》作为注意缺陷多动障碍通用的诊断标准（见知识窗)，教师可参照诊断标准对儿童或青少年的课堂表现和日常行为进行观察，评估和判断学生是否具有注意缺陷多动障碍特征，及早为学生提供适宜的教学干预和特殊教育服务。但是由于注意缺陷多动障碍的诊断是基于权威医疗机构多种数据源的集中判断（问卷、访谈、观察、脑科学等)，切忌根据某一个或者某几个特征给学生贴标签和下判断。

● 知识窗

注意缺陷多动障碍的 DSM-5 诊断标准

（一）注意缺陷症状中描述的 9 条行为，至少要符合 6 条：

1. 经常出现难以注意细节或在作业、工作或其他活动中粗心的现象；

2. 经常在任务或游戏活动中难以维持注意（如在上课、交谈或长时间阅读中难以集中注意);

3. 经常在听别人说话时似听非听（如在无明显干扰下分心)；

4. 经常出现不遵循指令，不完成作业、家务或工作职责的现象（如刚开始工作不久就失去注意力或易分心)；

5. 经常出现任务或活动组织困难的现象（如难以处理序列性任务、难以有序保管所属物品、工作杂乱无章、时间观念差、不能按时完成任务)；

6. 经常逃避，不喜欢或不愿意去做需要持续关注的任务（如学校、家庭作业，青少

年或成人则是在准备报告、完成填表和看长篇文章时有困难);

7. 经常丢失任务或活动需要的东西 (如学校用品、笔、书、文具、皮夹、钥匙、眼镜或手机等);

8. 经常容易受外界刺激而分心 (青少年或成人则是受与任务不相关的想法影响而分心);

9. 经常忘记日常活动 (如做家务、跑腿等, 青少年或成人则是忘记回电、付账单、遵守约定等)。

(二) 多动、冲动症状中描述的 9 条行为, 至少要符合 6 条:

1. 经常手脚动个不停或坐着身体不停扭动;

2. 经常在教室或其他需要静坐的场合离开座位;

3. 经常在不适合的场合跑来跑去或爬上爬下 (青少年或成人则是有坐立不安的主观感受);

4. 经常难以安静地玩或参加娱乐活动;

5. 经常动个不停或表现得像被马达驱动似的停不下来 (难以长时间静坐, 他人感觉其坐立不安、难以忍受);

6. 经常说个不停;

7. 经常问题还没说完答案就脱口而出 (如接别人的话、交流时不能等待);

8. 经常在需要轮流的场合中出现等待困难 (如排队时);

9. 经常打断别人或扰乱别人 (如打断对话、游戏或活动等, 未得到允许就用别人的东西, 青少年或成年人则是打断别人正在做的事情)。

(三) 注意缺陷或多动、冲动症状在 12 岁前出现。

(四) 症状出现在两个或两个以上场景 (如学校和家庭) 中, 并持续 6 个月以上。

(五) 症状不是在精神分裂症或其他精神障碍过程中出现的, 也不能用其他心理障碍很好地解释 (如不能用心境障碍、焦虑障碍、分离障碍、人格障碍或物质滥用等进行解释)。

▽ 应会

面对患有注意缺陷多动障碍的学生, 教师应当以接纳与包容的态度面对他们, 以理解和发展的视角看待他们, 采取多样化的支持策略促进他们的发展与进步。

一、正确对待注意缺陷多动障碍学生

注意缺陷多动障碍学生的问题行为往往让教师和家长十分苦恼, 面对他们的任性好动、易闯祸，一些家长和教师已经彻底失望，甚至放弃对他们的教育。但教师需要认识到，注意缺陷多动障碍学生所出现的行为问题并非由于学生的品德不好，更多的时候是由于生理因素的影响，他们无法很好地控制自己。因此，教师应当树立接纳与包容的态度，正确地对待注意缺陷多动障碍学生。教师应当从欣赏的视角发现和关注注意缺陷多动障碍学生独特的优势，如充沛的体力、发散性的思维、敏锐细致的观察力和丰富的情感体验等。教师应当对注意缺陷多动障碍学生进行耐心细致的引导，培养其优势，给予适当的鼓励，增强学生的学习参与度、动机水平和自我价值感。

二、在课堂教学中善用支架式教学策略

注意缺陷多动障碍学生的注意力不集中，可能导致他们的工作记忆能力不足，进而影响学业成绩。因此教师在设计教学任务时有必要为注意缺陷多动障碍学生提供支持，以减轻他们的工作记忆负荷，并以恰当的教学模式促进学生目标导向行为的发展。其中，支架式教学便是一种常用的教学模式。支架式教学是以学生的现有能力水平为基础，通过向学生逐步提供线索或提示，培养学生主动发现和解决问题的能力，从而实现掌握知识的目的。

1. 对复杂任务的支架式教学

首先，教师可以把复杂的任务分解为几个关键步骤和组成部分。例如，为了提高学生遵循多步骤指令的能力，教师可以在传递多项指令时，注意在每个指令间做出适当停顿，给学生时间来加工信息。其次，教师可以为学生提供明确的学习策略指导，帮助学生更系统地处理复杂的学习任务（如写作文）。工作记忆差的学生可能还需要额外的记忆辅助工具（如提示卡、图片集）。教师还可以为学生提供练习记忆步骤的机会，以促进这些关键步骤的内化。一旦学生掌握了完成任务的每个步骤，就可以撤除外部支持了。

● 示 例

制定长期任务方案

轩轩是一个有注意缺陷多动障碍的孩子。轩轩的老师注意到他经常在完成作业的过程中犯一些粗心的错误。他的学习材料总是杂乱无章地堆积在书桌上，因此在上课时他常找不到对应的材料。轩轩在需要多个完成步骤的任务中表现很糟糕。此外，他的作文也常常是篇幅短小且逻辑混乱。

为此，他的老师为他制定了一项长期方案，并将这项长期方案划分为多个更小、更容易管理的任务。同时要求轩轩每次在完成任务后向老师汇报，以便老师及时对轩轩的进步做出反馈。

这项长期方案的内容包括：

首先，老师向轩轩展示如何整理他的桌子和材料。老师还向轩轩提供了一份检核表，列出了他做整理工作所需的步骤。起初，老师帮助轩轩每天使用检核表记录自己的完成情况，之后逐渐让轩轩自己独立完成这项任务。

其次，老师在班级中为学生上了一堂详细的写作策略教学课，以提高他们叙事作文的写作质量。老师给每个学生发了一份叙事作文写作质量评估标准，并要求学生依据这些策略自我监控写作效率和质量。

2. 组织与管理策略的支架式教学

注意缺陷多动障碍儿童的工作记忆缺陷导致其在计划与管理方面也表现出不足。对此，教师首先需要向学生提供明确的组织策略指导（如时间管理），帮助学生列出清单以明确需要完成的多项任务。其次，教师可以为学生提供目标和计划制订方面的指导（例如，如何确定任务中涉及的关键步骤）。最后，教师应提高学生的自我监控能力，使学生能够监控和调整自己组织策略的使用情况。

三、在教学设计中合理分配任务和巧妙运用游戏

教师在教学设计中可通过丰富教学活动形式、增加任务的新颖性和多样性、提供与任务相关的选择、利用计算机辅助教学、融入注意力训练等方式来提高注意缺陷多动障碍学生的学习兴趣和成功完成任务的可能性。例如，可以通过小组学习的形式，鼓励注意缺陷多动障碍学生承担集体任务中活动性较强的角色，为学生提供更多的表现机会，增强其自我价值感和自主性。此外，适

量的体育训练活动对于注意缺陷多动障碍学生的运动协调、情绪稳定以及注意力改善有重要作用。体育训练活动一方面可以让注意缺陷多动障碍学生释放多余精力；另一方面，这些活动可以锻炼学生的动作协调能力，促使其大脑统合功能的完善，使学生对外界刺激做出适当反应，增强其自主控制行为的能力。

教师还可以设计一些游戏让学生体验到集中注意力是一种什么样的体验，从而刺激学生形成集中注意力的习惯。其中，最为经典的游戏代表就是舒特尔方格训练（图4-4）。它是在5×5的方格中随机放入25个数字，然后要求学生在最短的时间内按序找

1	3	18	14	17
13	2	25	10	24
7	20	11	21	9
5	19	22	6	16
8	4	12	15	23

图4-4 舒特尔方格训练示例

出 25 个数。此外，适用于学生注意力训练的游戏还有"数字注意力训练"（从列出的一串数字中找到指定的数字）、"冻住游戏"（当说到"冻住"的时候，所有人必须停止不动）、"反口令训练"（要求学生做出与口令相反的动作）、"好习惯银行"（从整理自己的文具、完成作业时保持桌面整洁、遇到干扰该如何处理等方面，引导学生主动减少学习中的干扰，保持专注力）等。

四、教授情绪管理策略和进行社交技能训练

教师可通过教授情绪管理策略和进行社交技能训练，帮助注意缺陷多动障碍学生培养积极的人际关系。在情绪管理上，教师需要帮助学生提升情绪识别、情绪表达、情绪

理解和情绪调节能力，鼓励学生通过多种合理的方式表达自己的情感，帮助学生理解复杂情绪（如尴尬情绪），通过讲故事等方式创设适宜的环境，引导学生解决情绪问题，增强情绪控制与调节能力。

社交技能训练可与辅导性的集体娱乐活动相结合，以支持注意缺陷多动障碍学生在日常交往中掌握积极的社交技能。在社交训练上，教师可使用各种行为技术，如提示、角色扮演和强化等，教授学生特定的社会技能，如倾听技能、会话技能、谈判技能以及对嘲笑和批评的回应技能等。教师可通过小组的形式开展社交技能训练，以讨论为开始，然后开展练习，最后以共同总结为结束。

【本章学习回顾】

请您回顾本章的知识要点，思考如下问题：

复习 什么是校园欺凌？

怎样区别校园欺凌与学生之间的打闹嬉戏？

危机发生后，什么情况下需要把学生转介到专业的心理咨询或精神卫生治疗机构？

学习障碍和一般性的学业困难有哪些区别？

联结 教师该如何有效应对校园欺凌事件？

如果遭遇了危机事件，教师怎样做可以保护学生、减少学生受到的伤害？

反思 设计一节反对欺凌的班会课，您可以从哪些视角着手？请列出提纲。

设计一节校园危机干预的班会课，您可以从哪些视角着手？请列出提纲。

第五章

班级管理与班级
文化建设

　　班集体是按照班级授课制的培养目标和教育规范组织起来的，以共同学习活动和直接性人际交往为特征的社会心理共同体。

　　对于正在成长中的小学生，班集体给予他们归属感和价值感，是他们合作交流的空间、学习成长的空间、自我创造和自我发展的空间。教师需要采取有效的策略建立良好的师生关系，为学生提供良好的示范和榜样。同时需要借助多种方式建立班级规则和秩序，采取有效途径培养学生良好的行为习惯，形成积极向上的班级文化，更需要在关注全体学生健康发展的同时促进每个学生的个性成长。

第一节 使用心理策略进行班级管理

通过本节的阅读，您将了解以下方面的内容：

主题1 建立良好的班级秩序

应知
了解班级秩序的内容和制定班级秩序的流程及要求
理解班级秩序建立中的强化效应、暗示效应和破窗效应

应会
制定行为规则，带领学生在学习中将其内化
掌握利用评价制度指导学生行为的方法
运用积极暗示，强化学生的良好行为

创建充满凝聚力的班集体 主题2

应知
了解集体凝聚力的内涵
理解班集体建设的不同阶段及其与集体凝聚力的关系
理解群体关系对集体凝聚力的影响
理解共同活动对集体凝聚力的影响

应会
学会利用积极暗示，提升学生的集体向心力
为学生创设参与集体管理的机会，提升集体归属感与责任感
掌握引导班干部群体与非正式群体的方法
善用班级活动，提高集体凝聚力

主题1　建立良好的班级秩序

👁 典型案例

　　开学后，刚刚参加工作的小张老师成为小学一年级的班主任。小张老师满怀激情地开始了班主任工作，可是没过两周，她就开始变得焦头烂额。早自习时，小张老师发现其他班的学生进班就开始读书，而自己班的学生有的乱跑、有的说话，班级里热闹得犹如集市；上操时，其他班的学生很快就能站好队，而自己班的学生听到了铃声仍然不慌不忙地收拾书本、穿衣服，已经出来站好队的学生则在说话、嬉闹；上课时，铃声响后过了很久，班级依然不能安静下来……。很快，年级组长找到小张老师，提醒她要注意抓好班级秩序。小张老师感觉自己用了那么多心力进行管理，却收效甚微，学生始终小毛病不断，各种小问题层出不穷。她不禁着急上火，沮丧与无力感让她感到焦虑，她该怎么办呢？

　　上述案例中的小张老师之所以焦头烂额，原因在于班级秩序还没有建立。小学阶段的作息时间、学习方式和幼儿园时期迥然不同，这给新入学的一年级小学生带来了更多的挑战。开学后，其他年级的学生也面临着从假期生活模式到学校学习生活模式的调整，开学的第一个月，各年级教师，尤其是低年级教师，应该把更多的时间精力用于学生良好习惯的培养和班级秩序的建立上，为后续的教育教学提供有力保障。

💧 应 知

　　"没有规矩不成方圆"，良好的班级秩序不仅可以保证学生学习生活的正常有序，还有助于培养学生良好的学习和生活习惯。对小学生来说，教师提出明确具体的要求、给予耐心的指导、巧妙地使用心理技巧都能够促进良好班级秩序的建立。

一、了解班级秩序并制定相关要求

　　班级秩序是指学生们在班级的学习与生活中，按照《小学生守则》与《小学生日常行为规范》的要求，有条理、不混乱的规范化状态。班级秩序融入在从学生走入校园到放学后这一整天的学习生活流程中。班级秩序的内容一般包括课上秩序、课下秩序、校内外活动与集会秩序等（图5-1）。

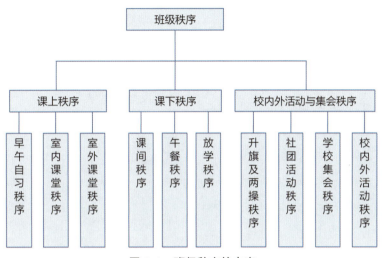

图 5-1　班级秩序的内容

在了解班级秩序内容的基础上，教师要根据学校、年级组要求及班级情况制定不同秩序的流程及相关要求。例如，课间秩序流程包括：进行下一堂课的课前准备、去卫生间、休息娱乐。尤其是对于低年级的小学生，教师要尽可能明确班级秩序流程中每件事的具体要求。例如，在课前准备时，课本应放在什么位置、文具盒应怎样摆放；去卫生间时，路上不要快速奔跑，要爱护卫生间内的设施，如厕后冲水、洗手，洗手后对着水盆甩三下手，以免手上的水弄湿地面，影响卫生间清洁；在课间游戏时，应玩一些动作幅度小、冲撞少的趣味游戏；等等。这些秩序实际建立的过程也是培养学生形成良好学习生活习惯的过程。

二、在建立班级秩序中善用心理效应

1. 强化效应

心理学研究发现，当儿童出现某一行为时，如果对这一行为进行奖励和强化，那么这一行为以后出现的频率就会提高。

首先，教师在培养学生行为习惯时，应经常运用有间隔的强化，在此过程中，要注意强化物的多样性。因为重复使用同一种强化物会使学生失去新鲜感，感到厌烦。其次，教师还要不断延长强化的间隔时间，让学生找不到变化的规律，以至最后可能不再需要强化。教师要通过讲道理、体验等多种方式，让学生理解为什么要形成这种好的行为习惯，帮助学生更好地将习惯内化。最后，教师要使用正向强化，当学生做得正确时，及时给予愉快反馈，使其行为次数增加。

2. 暗示效应

心理学研究发现，当人们一旦被贴上某种评价的标签，这种标签会对人们产生巨大的心理暗示，一段时间后人们的行为和标签内容会趋向一致。

积极的暗示在建立班级秩序的过程中有利于促进学生良好行为习惯的养成，而消极的暗示则往往会起到负面的作用。例如在组织学生站队时，教师不断地表扬某某学生站得真快速、真直、真精神，其他学生也会马上努力地快速站好队并挺直身体。但是如果教师看到一部分学生动作缓慢、身体乱动，就用烦躁的声音大声地呵斥学生慢、总是乱动，那么教师会沮丧地发现有更多的学生没有提升站队的速度，同时队伍中的学生也仍然会忍不住乱动。

3. 破窗效应

"破窗效应"认为环境中的不良现象能给人以强烈的暗示和诱导，这些不良现象一旦被忽视，就会诱使人们纷纷仿效。如果一座房子有一些破窗户，这些破窗户始终无人修补，过不久这座房子的其他窗户可能就会被人莫名其妙地破坏掉，最终甚至可能会有人闯入房子。如果闯入者发现房子无人居住，也许就会在那里定居或者纵火。又如一面墙壁，如果上面始终有一些涂鸦没有被清洗掉，很快墙上就会被人涂满各种乱七八糟的图案。在一条干净的街道上，人们不好意思随便丢弃垃圾；相反，一条有少许垃圾的街道，不久将会有更多垃圾，最终人们会视

若无睹甚至理所当然地在这条街道上随意丢弃垃圾。

教师在组织教育教学活动时，学生们会时刻观察教师面对学生违反纪律时的反应，一旦他们发现教师对班级中出现的不良行为没有立刻阻止和调控，就会有更多的学生加入违反纪律的队伍。

▼ 应会

班级规则是维护良好班级秩序、形成良好班级氛围的重要工具。教师可以使用以下三种方法帮助建立班级秩序：一是制定规则让学生知晓、认同并进行反复练习；二是制定奖惩制度，利用评价指导行为；三是运用积极暗示，教育引导学生形成良好的行为。需要注意的是，低年级和中高年级教师在对这三种方法的具体运用上存在差异。由于低年级学生认知能力有限，又对校园生活不熟悉，因此在低年级班级秩序的建立过程中，教师对学生提出的要求应更具体、明确。而中高年级学生的心智发育较为成熟，且有了更多自己的想法，因此教师要积极发挥学生的主体作用，引导学生积极参与到班级秩序的建立过程之中。

一、制定行为规则，带领学生反复学习与践行

在班级秩序的建立过程中，教师可以通过多种方式制定班级行为规则，通过讲解、引导学生思辨等方式让学生理解并认同行为

规则，并在反复的练习中，引导学生内化行为规则。

1. 利用设想法制定班级行为规则

教师根据班级秩序的内容，设想学生在这些秩序中的各个环节应该有怎样的表现，思考自己应该通过怎样的方式把这些要求传递给学生，以制定出相应的行为规则。

例如室内课堂秩序中的上课环节，教师期待学生听到铃声赶快回到座位坐好，安静等待教师上课。对于中高年级的学生来说，教师强调这条要求后，他们很容易做到。但是对于刚刚入学的一年级学生，或许很多教师如同本主题典型案例中的小张老师那样，喊破了喉咙的结果是仍然有许多学生在听到铃声后磨磨蹭蹭。因为许多学生对于"听到铃声迅速安静坐好"这个要求没有深刻的认知，这就需要教师提出他们听得懂且易于做到的要求。例如，把这个要求变成行为规范的儿歌："铃声响，教室静，手放平，脚放稳，身体直，向前看。"规则制定好后，教师要带领学生反复练习，也可以指定班干部或做得好的学生领读儿歌，引导学生根据儿歌内容检查自己的行为是否符合规则。通过这样清晰的规则制定与反复的学习练习，学生很容易根据儿歌的内容，迅速安静坐好等待上课。

2. 利用重点观察法制定班级规则

在班级秩序的建立过程中，教师要重点观察学生不能遵守的秩序有哪些，探究这些秩序不被遵守的原因是什么，可以运用哪些

新的规则或方法予以补救。例如，有的教师发现本班学生在课间或者活动过程中，经常出现因为打闹而引发矛盾的现象。教师经过询问得知，学生之间用不友善的言语挑衅了对方，或是不经意的碰撞行为冒犯了对方而又没有进行很好的沟通，就会出现矛盾和冲突。教师通过重点观察与思考，发现学生不能遵守秩序的背后存在着彼此之间不够友善、不会合理沟通的问题。为此，教师可以开展主题为"友善沟通"的教育活动，设置相应的情境，通过角色扮演的方式引导学生学会尊重他人，从而做到不嘲笑他人，不挑衅他人。同时，教师可以为学生制定沟通的规则：当受到挑衅与冒犯，每个人都应大声地说出自己的感受。例如，被嘲笑时，应大声地说："你这样说话不文明，我很难过。"被碰了一下或被踩了一脚时，应直接向对方说："你碰（踩）到我了，我很痛。"

3. 在反复练习中内化班级规则

制定班级规则后，教师不仅要让学生知晓规则是什么，更重要的是要让学生理解为什么要制定这些规则。对于中高年级的学生，教师可以用手机记录下学生的不规范行为，回放给学生看，并就此开展讨论，从而引发学生对自己的行为进行反思或对规则进行更符合实际情况的修改。

对于低年级的学生，教师不仅要讲解规则及制定规则的原因，还要对相关规则进行反复训练。例如，在课堂中训练运用手势组织教学，站队要做到"快、静、齐"时，教

师要记录学生在每次练习中的行为情况，及时反馈，有针对性地提出新的要求并再次练习。通过这种有意识的反复训练，帮助学生掌握并践行班级规则。

二、巧用评价制度，重视具体指导

根据班级规则，教师可以制定学生喜爱的奖励评价制度，通过对学生行为的及时评价，引导学生养成良好的行为习惯，促进班级良好秩序的建立。

1. 制定奖励评价制度

制定班级奖励评价制度，既可以以学生个体为单位，也可以以小组为单位进行。高年级的学生通常开始更加注重同伴的看法，因此更适合以小组为单位制定奖励评价制度。

奖励评价制度应易于操作，并且有针对制度的及时反馈，应定期更新奖励规则和形式，从而吸引学生更积极地参与。

例如，低年级教师非常适合随身携带小印章，让学生每节课在课桌上都准备好评价本，及时根据学生遵守秩序的情况，在评价本相应的位置为学生盖上小印章，以此强化学生的优秀行为，并引导更多的学生向表现好的同学学习。每周根据小印章的情况，表扬与既往相比进步最大的学生和小组中表现最优秀的学生。还可以在遵守规则比较吃力的学生之间开展争获小印章的比赛，根据奖励规则采用小喜报等方式对优胜者予以奖励。

2. 对学生行为进行具体指导

有些时候，学生在理念上理解和认可了班级规则，但是在行为层面还不能完全做到，需要在真实的生活、学习环境中获得具体的指导才能更好地做到知行合一。例如，刚刚入学的小力总是不能遵守课间秩序，在楼道里飞快地奔跑，经常撞到其他同学，老师提醒他多次却收效甚微。这一次，小力又在楼道里奔跑，执勤老师截住他问："你知道在楼道里行走的要求吗？""知道，轻声快步靠右行。"老师接着问："你是这样做的吗？"小力低着头不言语。"这样吧，老师邀请你当志愿者，我们一起看看其他同学是怎么做的，好吗？"于是，小力陪着老师在楼道里执勤。在执勤的过程中，老师问道："你看到其他同学是怎么做的了吗？你也能像他们一样做，对吗？"老师还鼓励小力："如果你觉得自己做不到，没关系，我们在这里多观察一下其他同学，向他们好好学习一下。"几次以后，小力说："老师，我可以做到了。"之后，小力的行为果真有了很大改进。

三、运用积极暗示，强化学生的良好行为

1. 利用积极的教育，引导学生形成良好的行为

积极的教育通过正面的强化，给予学生积极的暗示，引导学生形成良好的行为。积极的教育，既可以让学生清晰明了地知道应该怎样做，也可以减少教师的焦虑情绪，增

进师生的关系。例如，当教师看到学生在早自习上没有按照要求读书，而是在说话、发呆，甚至有离开座位等情况时，如果教师马上批评学生，既会耽误早读的时间，也会影响师生早晨乃至之后的情绪。此时教师可以直接告诉学生："请大家安静，马上拿出课本，开始读书。我们早自习的要求是什么，大家一起来说一遍。"通过这样积极的引导，可以使学生对早自习的要求有更加深刻的印象。

2. 利用积极的评价，强化学生良好的行为

积极的评价既可以在组织班级群体学习与活动时运用，也可以在建立班级秩序过程中针对亟待提高的学生个体运用。

在班级群体中此类运用最多的应属低年级班级。低年级的学生有意注意时间较短，因此需要教师经常组织课堂纪律，如果任课教师讲一会儿就停下来，再讲一大通课堂常规要求，这样无形中就打断了教学的连续性，课堂教学与建立秩序的效果都较差。但如果教师抓住低年级学生表现欲望强、课堂参与度高的特点，利用积极的评价，就可以生成组织教学、培养学生良好行为的资源。例如，当教师提出一个问题后，许多学生都想发言，但教师发现班级中有的学生开始开小差了，此时不必停下来说"请某某等同学身体坐直"，而只需说："我想邀请一名坐姿最端正、举手最规范的同学发言。"学生们听了教师的话，一定会马上坐好并按要求举手。低年级教师应善于总结和运用这些方法，从而创建良好的班级学习与活动秩序。

对于在建立班级秩序过程中亟待提高的学生个体，教师可以抓住他们在班级学习活动中的闪光点，不断强化，以促成学生良好行为习惯的养成。例如，对于上课很爱发言但是课堂纪律较差的学生，教师可以在每次课前对他说："你是一个善于动脑筋的好孩子，也一定是一个懂道理的孩子。老师相信，课堂上的纪律你也一样能够遵守得特别棒，对吗？"

主题 2　创建充满凝聚力的班集体

◉ 典型案例

　　新学期伊始，王老师接手了一个五年级新班。最近，学校组织了踢毽子、拔河、跳绳比赛。年级中其他班级的学生如火如荼地准备着，可是自己班级的学生从来不着急训练。王老师虽然多次动员，但收效甚微。在比赛中，学生们对比赛的关注度也不是很高，甚至面对激烈的比赛，还有的学生在打闹、开玩笑。王老师听着其他班级啦啦队大声呐喊的加油声，再看看心不在焉的本班学生，不禁陷入了沉思……

　　本班的学生在备赛过程中参与度不高、啦啦队在比赛现场开小差等情况，让王老师感到焦虑。这主要是因为新接手的班级缺乏凝聚力，学生们没有把班级共同的目标作为自己期望与奋斗的目标。因此王老师在班集体建设过程中，要通过多种方式进行积极的引导。

◉ 应　知

　　班级凝聚力并不会随着班级的组建而自然形成，它会受到各种因素的影响，比如，班集体建设所处的不同阶段、班级中的人际关系、班级所开展的集体活动等。从这些方面着手可以帮助教师增强对班级凝聚力的了解，从而在教育实践中采取更有效的措施。

一、集体凝聚力的内涵

　　集体凝聚力是指集体成员对集体有归属感、认同感，热爱集体，同时集体成员之间团结友爱、互相帮助，共同为集体的荣誉而努力。集体凝聚力存在大小强弱之分，主要体现在三个方面：集体对所有成员是否具有吸引力，集体成员是否愿意为集体目标而努力，集体成员之间的人际关系是否和谐、团结、互相支持。当班级充满了凝聚力时，所有的学生都会努力承担集体成员的责任，自觉主动地维护集体的荣誉，让集体因为自己的努力变得更好。

二、班集体建设的不同阶段及其与集体凝聚力的关系

　　班集体建设一般会经历初级组建、中级自我管理以及高级个性发展三个阶段。

班集体的初级组建阶段，教师提出集体发展的目标，引导学生把个人目标融入集体发展目标，鼓励学生为集体的发展而努力。在共同目标的引导下，建立班级组织结构与行为规范，指导学生有序学习、生活与交往。当班集体建设的目标被班级学生认同时，班级凝聚力开始生发。

初级组建阶段之后，班集体建设开始进入中级阶段——自我管理阶段。在此阶段，教师通过多种教育方式，包括开展班级共同的学习活动，完善班级公约、确立行为规范，形成正确的班级舆论、价值观和班级文化。同时引导学生参与班级管理，轮流担任组织者、参谋者、执行者。引导越来越多的学生按照集体规范要求自己，和其他同学团结友爱，在此阶段教育要求开始转化为集体成员的自觉需要，班级凝聚力也开始稳固地增强。

当集体的特征得到充分体现，并为全班学生所认同，班级氛围平等、和谐、上进、合作，每名学生都能在班级生活中获得成长时，班集体建设就进入了高级阶段——个性发展阶段。这一阶段，学生找到了归属感和价值感，感到自己是集体的主人，更加自觉主动地维护集体的荣誉，班集体的凝聚力得到进一步提升。

三、群体关系对集体凝聚力的影响

班级是每个学生建立人际关系和参与各类活动的重要环境，学生在班级里与教师、同学互动的过程中，不断学会学习、学会交往、学会合作、学会做事。

学生之间的互动会逐渐形成不同的学生群体。有的群体在各方面都具有很高的影响力，如班级中的学生干部群体。该群体成员的行为方式不仅直接影响着这个群体的每位成员，也同时影响着整个班级。因此班干部群体的行为是否是集体所提倡的，是否有益于班级与他人，需要教师进行格外的关注与引导。到了小学中高年级，班级还会形成许多非正式群体，即班级中的小圈子。这些非正式群体是学生之间出于共同的兴趣、爱好、习惯、处境，甚至地域、文化、偶然事件而自发形成的。这种非正式群体的作用在于能够让学生找到更多方面的归属感、安全感和价值感。

教师对非正式群体的正确态度是：一要坚持集体建设和个性发展相统一的原则，正视和重视非正式群体的存在，因为非正式群体满足了个人的归属需要和交往需要，所以不能简单地予以否定。二要坚持尊重、教育、要求三结合原则，努力创建安全、尊重、包容的班级环境，正确引导非正式群体及其成员的行为，使其逐渐融入集体。

四、共同活动对集体凝聚力的影响

班级的共同活动为学生之间的互动创设了机会。根据社会互动理论，班集体凝聚力的强弱依赖于社会互动程度和社会互动有效性。如果班级内成员互动频率与程度过低，互动过程多为非良性互动，将会影响班集体的组织功能，让学生难以感受到集体归属感，更无法形成集体凝聚力。

教育家杜威曾经指出：必须帮助孩子创设与更多的成人和孩子接触的机会，因为在其中会有最为自由和最为富有的社会生活。班级中有效的互动既有师生的互动，也有学生之间的互动。在班级的教育情境中，没有互动也就没有教育的发生。

在社会互动过程中，班级活动的目标很容易转化成每个学生的目标。学生在共同目标的指引下，明确分工和职责。班级规范在学生互动的过程中转化成每个学生的行为规范，引导学生积极沟通与互动，使学生在互相接纳、合作认同的过程中感受到集体的魅力，形成班级凝聚力。

▼ 应 会

前面已经对影响班级凝聚力的几个因素进行了分析，接下来将探讨教师如何通过不同的策略和方法，发挥每个因素的积极影响力，提升班级凝聚力。

一、利用积极暗示，提升学生的集体向心力

提升学生对集体的向心力离不开教师积极的引导，教师应不断地给予学生正面的强化和恰当的评价，并提供身体力行的示范。

1. 利用首因效应，给学生以积极的暗示

小学生具有强烈的模仿、接近、趋向于教师的心理倾向。开学第一次见面，教师对学生积极的言语行为很容易在班级成员中形成"首因效应"，给学生以深刻的影响，为后续建立充满凝聚力的班集体打好坚实基础。

例如开学的第一次见面，教师可以首先给学生示范如何进行自我介绍，让大家了解自己；然后让学生彼此介绍，说一句对班级生活的憧憬，再互相握手、打招呼、送出微笑与祝福。在此基础上，结合学生的发言，教师可以充满激情地构想班级建设的蓝图，设立班级的前进方向。同时还可以让学生手拉手，共同喊出"我们是团结的班集体""我们是向上的班集体""集体因我而精彩"等口号，给学生以积极的暗示。

2. 挖掘班级学习与生活中的积极因素，不断强化学生个体与集体的关系

教师要关注学生在日常学习与生活中的交往情况，不断地发现学生在学习与交往中闪光的行为，利用班级公共平台不断地宣传、赞赏、温习榜样的故事，不断地肯定学生良好的行为。对于班级中出现的不良行为，可以通过私下谈话去解决，降低其对学生的不良影响，鼓励学生之间互相帮助，鼓励每个人都用自身的进步，让集体更加精彩。

二、为学生创设参与集体管理的机会，提升集体归属感和责任感

学生对集体生活参与的深度决定了学生对集体支持与认同的程度。教师要创设各种机会，让学生参与班集体的管理与建设，让

学生逐渐意识到自己是集体的主人，感受为集体志愿服务的价值与喜悦。在教师不断强化集体志愿服务的过程中，诸如志愿者如何通过自己的努力给他人带来快乐这些内容，会吸引更多学生加入班集体事务的管理，促进班集体的发展。在参与班集体管理的过程中，小干部的作用非常重要，教师可以通过小干部的评选、培养，带动班级良好氛围的形成。

1. 评选班集体的小干部

公布班集体小干部的类型与工作内容，以及小干部所需要的基本素养，让学生结合自身特点自主报名。

2. 对小干部进行培训，明确工作职责并给予工作指导

教师可以组织小干部进行述职，说说自己的成功做法与需要提升的地方，小干部之间也可以通过交流来提高工作能力。

3. 赞赏学习小干部的服务精神，鼓励学生成为志愿者

引导学生发现小干部的闪光点，感受小干部的服务带给集体的帮助，强调每一个人都是班级的主人。鼓励学生积极发现班级学习与生活需要解决的问题，主动申报志愿岗位，加入小干部队伍，参与班集体建设。

三、重视对班干部群体与非正式群体的引导

小学班级中，班干部的重要作用之一是服务同学，而不是享受特权。因此对于班干部群体，教师在肯定其工作和能力的同时，还需要强化其服务职能和示范作用。通过服务别人，这些学生干部可以得到同学的认同与喜爱，自身也可以获得成长。同时，这些学生干部可以用自身良好的行为，引导每个学生做最好的自己。

对积极型非正式群体，教师要充分利用他们的优势，让他们在班级中发挥带头作用，一方面肯定支持他们开展积极的活动，另一方面也要对其进行正确引导，要调控其活动在明确的规章制度内进行。教师要逐渐分化消极型非正式群体，与他们沟通感情，引导他们参加有益的活动，在活动中了解他们的思想动态，关心他们的学习生活，使他们逐渐淡化防御性和排他性。鼓励他们结交更多不同类型的朋友，鼓励他们参与班级事务管理，与更多的人建立连接，在为集体服务的过程中形成集体认同感。

四、善用班级活动，提高集体凝聚力

在班级管理中，教师需要通过各种各样的活动来促进学生之间的团结，让学生在活动中互帮互助，在活动中感受温暖，在此过程中凝聚每一个学生的心。

1. 精心设计活动目标

任何活动，教师都要引导学生设立目标，让活动的目标成为每个学生的目标。例如，针对配乐诗朗诵比赛，首先教师要在班级中树立集体目标，如共同讨论朗诵曲目和

适合每位教师的心理健康教育指导手册

表演形式、明确班集体的配合分工，以及确定夺得配乐诗朗诵赛冠军的最终目标。通过师生共同参与讨论和建立目标，让集体目标内化为学生的个人目标。

2. 根据学生特长合理分工

在各种活动中，教师要鼓励更多的学生积极参与。例如，在配乐诗朗诵比赛中，教师应根据学生的爱好、特长、舞台表现力、表演经验等合理分工，充分发挥每个学生的优势，给所有的学生表现的机会。

3. 善于挖掘活动中的教育资源

活动是学生实践的过程，教师要善于抓住活动中的教育资源，适时进行价值引领，让学生在和谐的氛围中进行合作，彼此鼓励支持，促进学生之间有效交流、共同成长。由此，学生不仅能够齐心协力，同时也可以正确认识自己的优势和不足，在集体合作中激发自身潜能。

第二节 形成积极正向的班级文化

通过本节的阅读，您将了解以下方面的内容：

主题 1 共建班集体的价值观

应知
了解班级文化建设的重要意义
理解班级价值观对学生行为具有调控功能
理解班级价值观需要师生共建
了解班级活动在班级价值观形成中的重要意义

应会
抓住开学关键期，构建班级价值观
设计优质班级活动，逐步形成积极的班级价值观
抓住关键事件，引导形成班级价值观

创建和谐友爱的班级氛围 主题 2

应知
了解班级人际关系对学生的影响
了解构建班级良好的生态系统的方法
了解利用"相似吸引法则"营造团结友爱的班级氛围的方法

应会
掌握在师生互动中建立良好的师生关系的方法
指导与引领班级中的同伴互动

主题 3 形成积极进取的学风

应知
了解行为学习理论对建设班级学风的启示
了解认知失调理论对建设班级学风的启示

应会
掌握利用正向刺激与积极强化，培养班集体良好学风的方法
掌握指导学生制定合理目标，培养班集体良好学风的方法
善用教师期待，改善学生的认知失调，助力学生学业进步

主题1 共建班集体的价值观

典型案例

郝老师是一名市级优秀班主任，同时还是学校"班主任工作室"的主持人。新学期，她接手了一个新班级，这个班级以前在年级中一直表现平平：整体学业成绩、参加学校活动情况、纪律水平等都一直处于中游位置；学生家长与学校的联系情况比较松散；班里还有几个自我管理能力较差的学生，尽管前任班主任教育了他们多次，但收效甚微。

郝老师接班后，首先通过家访、与前任班主任及其他任课老师沟通，仔细了解了班级整体情况和学生个体情况。新班级的第一次家长会之前，郝老师进行了教室环境的布置，精心准备会议内容。在家长会上，她详细地介绍了这个年龄段学生的心理特点、学习任务要求、自己的带班理念与策略以及需要家长与学校协同完成的工作，并询问了家长对于学校的意见。班会结束后，好几位家长围住了郝老师，深深赞叹郝老师积极的工作态度并表达了对其所讲观点的认同。此后，这个班级在郝老师的带领下变得秩序井然。对于以前因为学业成绩不佳而被老师忽视的几名学生，郝老师积极邀请他们发挥自己的特长，承担班级的事务与活动，并鼓励全班同学接纳、欣赏他们。这几名学生开始渐渐地融入班集体，和同学们一起学习、活动，学生之间的整体关系也越来越友善。在课堂上，学生们能够认真听讲、积极思考，学习习惯很好；在学校的各项比赛中，成绩也很突出。家长也非常配合老师的工作。各科任课老师都夸奖郝老师带的班级班风正、学风浓、集体荣誉感强。郝老师也获得了学生的喜爱与家长的尊重。

上述案例让我们感受到，教师是影响班级与学生的重要他人，通过自身的努力，每位教师都可以建设出一个优秀班集体。那么，优秀班集体的建设应从何处着手呢？我们不妨从班级文化建设开始。

应 知

班级文化是班级的一种重要资源，教师只有了解班级文化的内容、作用以及形成过程，才能更有效地进行班级文化建设。

一、了解班级文化，重视班级文化建设

班级文化是班级所有或大部分成员所共同持有的信念、价值观及与之相匹配的态度与言行，是在师生互动的过程中所形成的班级价值、规范、态度、信念与生活方式。它使班级独具特色，区别于其他班级。班级文化可分为物质文化（班级建设）、制度文化（班规约定）、行为文化（言行举止、活动）和精神文化（信念、价值观）四个方面的内容。班级文化仿佛教师头脑中的教育蓝图，需要教师在建设班集体时，结合自身特色及学生实际情况与班级全体学生共同创建。

在班级文化的四项内容中，精神文化是班级文化的核心，制度文化是班级文化的重要保障，物质文化是班级文化的基础，行为文化是班级文化的外显。精神文化生发了班级的物质文化、制度文化与行为文化，同时物质文化、制度文化与行为文化又丰富了班级的精神文化。

二、班级价值观对学生行为具有调控功能

班级的价值观反映了班级的精神文化，这种价值观是班级其他文化生发的起点，对学生行为具有调控功能。班级是连接学生个人与宏观社会的纽带，但是这种连接不是一种简单的连接，而是置身于社会、家庭、校外同辈群体与大众媒介之中的一种连接。正因为班级与丰富多彩的大千世界之间存在着这种连接，在班级学生进行共同的教育教学活动与直接性的人际交往时，学校，尤其是

班级的价值观，可以调控社会、家庭、校外同辈群体及大众媒介带给学生的多重影响（图5-2）。

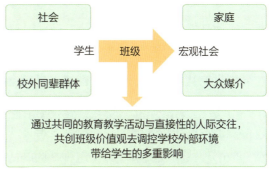

图 5-2　班级价值观对学生的调控

班级文化看似无形，实际上一旦班级倡导的价值观深入每个班级成员的潜意识与观念中，便将成为最有力的"管理者"，从而推动整个班级的发展和学生个体的成长。同时班级文化也将为班级成员以后为人处世的方式奠基，带给学生可持续性的影响。

三、班级价值观需要师生共建

班级文化是动态生成的，是班级建立后，学生与教师在各种班级生活、教育活动、师生交往、课堂学习中不断沟通互动创造出来的，所有班级成员共同认可的基本信念、价值标准和行为规范。

教师要善于通过多种活动，让学生在体验、感悟和讨论中实现自我教育。同时教师要有教育的敏感性和机智，能够通过学生每天的生活、学习、交往等具体细节感知和观察学生，捕捉教育契机。教师要利用具体的教育情境，通过积极的引导、暗示、强化和评价等多种方式，自然而然地提炼出学生们

共同认可与追求的班级价值观。

四、班级活动在班级价值观的形成中具有重要意义

活动是集体形成的重要因素。这种共同的活动指向一定的社会目的。由于参加具有社会意义的共同活动，群体也就能够把社会和成员个人联系起来，因此，共同活动是群体得以形成的纽带，参加共同活动是群体成员形成心理共同性的条件。在这种共同的活动中，每个群体成员把活动目标转化为个体的目标，为了共同目标的实现，个体间彼此合作与努力，同时成员在直接性的人际交往中，形成亲近、团结等心理共同性。以班级群体为例，班级成员之间也会产生矛盾冲突，而这恰恰是教师与学生进行价值观共建的最好资源，通过讨论，可以使班级成员进一步内化班级价值观。因此教师设计具有积极意义的活动，抓住共同活动中的教育资源，开展讨论，可以充分发挥班级活动在班级价值观形成中的作用。

▼ 应 会

如上所述，班级价值观对班级的发展具有重要的指导作用，是促进学生成长的精神力量。教师可以通过以下三个方面构建班级价值观。

一、抓住开学关键期，构建班级价值观

良好的开端是成功的一半。抓住开学关键期，引导学生形成积极向上的班级价值观会为班级以后的学习与生活奠定良好的基调。那么，班主任应该如何抓住开学关键期，引导学生与家长共建班级价值观？这里我们主要介绍问卷调查法与民主讨论形成共识法。

1. 问卷调查法

教师可以结合班级的精神文化、物质文化、制度文化与行为文化，设计相关问卷，调查学生对班级生活的期待与憧憬，从而形成班级大多数成员认可的愿景。对于低年级的学生，还可以邀请家长与学生共同完成问卷。问卷的具体内容设计如表5-1所示。

表5-1　问卷内容示例

关注精神文化的问题	• 你期待在怎样的集体中生活 • 你能为咱们班起班名、设计班徽吗 • 为什么这样设计 • ……
关注物质文化的问题	• 你希望咱们班的墙报展示你的哪些内容 • ……
关注制度文化的问题	• 当你表现好的时候，希望得到怎样的奖励 • 当你表现不好的时候，你认为如何惩罚自己会更有效 • ……
关注行为文化的问题	• 你认为有什么样行为的人是咱们班的榜样 • ……

2. 民主讨论形成共识法

教师要对收集上来的问卷信息进行分类整理，引发学生讨论，并最终形成班级大多数学生都认同的班级价值观。

对于已经形成的价值观念，可以通过班级名称的确定、班徽的设计、班训与班级口号的制定予以外化；还需要经过所有学生的讨论，将班级价值观落实为具体的班级制度与评价方法，并且在实施班级制度与评价方法的过程中，结合具体的情况与效果，组织学生反思实施情况并分析其是否合理。对于班级中需要特殊关注的学生，可以引导学生以接纳与关怀的态度，分层制定出不同的标准。

二、设计优质班级活动，逐步形成积极的班级价值观

教师在设计活动时，要确定活动目标，依据目标开展相关的实践与体验活动，活动的内容与形式要对学生具有强烈的吸引力。无论是在活动设计阶段还是实施总结阶段，都要突出学生的主体地位，让学生成为活动的主人。同时，活动要有计划性，形成系列教育。

例如，围绕"不断攀登、超越自我"的主题，可以设计"势必登顶"的登山挑战活动。让学生组建不同的小组，自主设计小组名称、口号，在保障安全的前提下，带领学生攀登稍具挑战性的山峰。用"势必登顶"的目标激励大家，并让登顶的小组在山顶喊出组名与口号。活动结束后，让学生记录在登顶过程中遇到的困难与挑战，并说一说自己是如何克服的。对于感受深刻且引起共鸣的分享，可以记录下来打印好，贴在班级的专栏中，成为班级物质文化的一部分。之后还可以继续延伸这个活动，让学生设立自己在某方面的目标，通过将这个目标类比为一座新的山峰，自主制订"势必登顶"的小计划，而后开展分享活动，让学生分享自己在计划与实施过程中的心得感受。

三、抓住关键事件，引导形成班级价值观

班级可以通过开展共同的学习活动和营造良好的人际环境，对学生价值观施以积极的影响。教师要善于抓住关键事件，组织积极的学习活动，引导学生形成正确的价值观念。

1. 抓住社会热点事件

教师可以抓住社会热点事件、焦点新闻，引发学生的关注与思考。例如，针对社会上共享单车的不文明使用现象，可以让学生开展调查与讨论，深入理解"共享"的本意，辨别使用过程中正确与错误的行为，从而形成正确的价值观。

2. 抓住班级中具有教育意义的事件

班级中具有教育意义的事件可能是班级群体行为，也有可能是班级中的个体行为。例如，在学校组织的活动中，涉及两个班级的比赛，面对对方的同学喝倒彩的行为，可以让学生展开讨论谈谈自己的看法。结合班

级价值观，引导学生进一步理解比赛的意义，学会人际交往中冷静理智的应对方法。又如，面对班级中个别学生出现的负性情绪，教师应结合班级价值观，进行巧妙的开解与疏导。总之，教师应在与现实情境对接的过程中，引导学生参与学习和讨论，深入内化班级价值观。

主题 2　创建和谐友爱的班级氛围

◎ 典型案例

　　执教英语的蔡老师到五年级不同的班级上课，发现每个班的学生情况各不相同。有的班级学生非常爱发言，如果有同学发言说错了，大家都能善意地接纳，如果有同学声音很小或发言不够流畅，也很少有人会不耐烦地催促。而有的班级学生却很少发言，尤其是当发言的学生没有组织好语言，说得不是很清楚或者说不出来时，同学们经常会流露出不耐烦的表情，甚至还会催促。还有的同学会彼此之间递上一个不可言传的眼神，然后抿嘴一笑。课间，蔡老师询问后一类班级中英语较好的学生上课为什么不举手，学生纷纷表示非常怕说错了被同学们笑话。蔡老师特意继续观察，发现学生发言积极的班级，班级氛围很友善。例如，蔡老师在课间和这类班级的学生交流时说起一个话题，参与讨论的人很多，在交流的过程中，学生们彼此之间经常开一些善意的玩笑，整个过程令人感觉很轻松。这类班级集体外出活动时，也经常是许多学生在一起共同行动。而另外一些学生很少发言的班级则情况刚好相反。当蔡老师在课间引发一个话题时，除了几个活跃的学生，其他人只是听着，很少参与。即使是外出活动时，这些学生的交往也很分散，大多是两三个同学在一起。为什么在同一所学校的同一个年级，不同班级学生的表现会如此不同？

　　虽然在同一所学校的同一个年级，同样接受学校文化的熏陶，但由于各个班级的学生不同、教师不同，各个班级也会形成自己的亚文化，这种文化会反映在学生的各个方面，从而表现出班级差异。例如，注重社会情感培养、关注学生交往的教师，就会重视班级的生态建设及高质量关系的建立，着力建设心理相容、接纳、包容、尊重的班集体，从而形成团结友爱的班级氛围。而忽视这些方面建设的班级，班级会松散，学生彼此之间的接纳、关心也会较少。

◆ 应　知

　　教师在建设良好班级氛围的过程中，不

仅要了解班级人际关系对学生的显著影响，了解在构建班级良好的生态系统方面教师的作用，同时还要了解如何将具有相似特质的学生聚合在一起，打造团结友爱的班集体。

一、班级人际关系对学生的影响

班级的人际关系主要包括师生关系和生生关系。班级良好的人际关系对学生良好道德品质的形成、亲社会行为的培养、学业成绩的提升都有积极的促进作用。

班级是学生学习建立人际关系的重要场所。具有良好社会情感联系的学校氛围和促进积极的人际交往体验的学校氛围，都可以为学生良好道德品质的形成提供必要的基础。道德教育必须把注意力集中于学校各种关系的质量上。研究显示，早期师生关系的质量，对学生的学业成绩和社交效果都有显著影响。

基于班级人际关系对学生的重要影响，教师必须努力建设团结友爱的班集体。

二、构建班级良好的生态系统

生态系统理论认为，班级是中小学生发展的重要环境，班级生态系统并不是单一的系统，它包括同伴生态系统（同伴之间互动而形成的系统）和师生互动系统（教师与学生互动而形成的系统）。这两者并非完全独立存在，而是相互作用、相互影响的。师生互动系统中，教师与班级学生的关系奠定了班级的整体氛围。师生关系主要包括教师支持与师生冲突两个维度。

首先，当教师尊重接纳学生，站在学生的视角理解学生，及时反馈学生的心理需求，建立互信、温暖的师生关系时，教师的态度与行为为班级学生同伴之间的互动提供了榜样和模型。学生在观察和模仿教师的行为过程中，学会利用相同的价值观与同学相处。而师生冲突则会引发学生的不安全感，容易形成集体成员间的人际防御。此外，师生冲突的过程，也在为学生示范一种消极的人际关系，不利于良好班级生态的构建。

其次，教师对学生交往的态度与评价会直接影响班级同伴生态的构建。当教师旗帜鲜明地反对攻击、欺凌等行为时，学生也会习得相同的价值观，排斥同伴中出现的攻击、欺凌行为。

最后，教师对学生合理的教育与引导也会推动班级积极同伴生态的构建。当班级同伴发生矛盾、冲突时，教师通过引发学生共情，站在对方的视角思考问题，可以帮助学生学会相互理解与接纳。

三、利用"相似吸引法则"营造团结友爱的班级氛围

俗话说，"物以类聚，人以群分"，社会心理学研究表明，人们更倾向于喜欢那些与自己有相似特征、态度或者背景的人，且人与人之间的相似度越大，相互之间的吸引力也越大。人需要别人的认同来获得满足感，而拥有相同的价值观、认知、爱好与兴趣的人更容易从对方身上获得认同感，所以相似的人更容易相互吸引。

教师可以挖掘学生相似的兴趣、爱好、特长等，通过班级活动与互动让大家更加熟悉和了解彼此，在同伴的身上找到更多与自己相似的特质，提高学生彼此接纳、吸引的可能性，促进团结友爱的班级氛围的形成。

▽ 应 会

良好的班级生态既有支持型的师生关系系统，也有和谐友爱的生生交往系统。教师可以尝试以下方法来建设良好的班级氛围。

一、在师生互动中建立良好的师生关系

1. 构建"相互磋商型"关系模式

教师要尊重学生的主体地位和个体差异，相信每个学生在教师的引领下，都有能力发挥自我潜能，做得更好。教师要充分发挥学生的主动性，与其共同讨论班级事务，不要因为担心学生做不好，而把所有事务包办代替。过于控制学生的结果是有可能引发"控制与反控制型"的关系模式，这种模式会使师生关系产生一定程度的疏离。

教师可以与学生就班级中的问题与构想，共同制定目标，进行组织分工，确定行动形式、内容、评价方法，以此构建"相互磋商型"关系模式。教师在这个过程中的作用是搭建平台、引发讨论与思考、形成行动计划、做好监控，整个过程中，教师也要发挥引领、指导、激励和唤醒的作用，引发学生积极地参与、行动与反思。

2. 做到"正式关系"中的公平

"正式关系"是指师生在学校组织中所产生的关系。在正式关系中，学生会关注教师是否公平，班级中是否有人受到优待，以及班级出现意外事件时教师处理的方式是否一视同仁，等等。因此，教师要克服自身的好恶标准，突破固有的思维定式，用公平的态度和发展的眼光看待每一个学生。当出现师生冲突的倾向时，教师可以通过自问的方式进行自我觉察与思考：我为什么这样做？我这样做是基于"利于自我"的角度还是"利于学生"的角度？如果是面对班级中我非常欣赏的学生，我也会这样做吗？这样的自问过程可以帮助教师正确认知自身的教育态度和行为，从而不断地进行调试，更加公平地对待每一个学生。

3. 正确地把握"非正式关系"

"非正式关系"是指学校中师生的"私人关系"。在这种关系中，教师与学生可以更加深入地了解彼此，进行积极的情感沟通，使学生更加喜欢教师，提升学生对班集体的归属感。教师可以参加学生的游戏，和学生建立共同的爱好，表达对学生的期待与关心，在一个类似与亲人相处的场景下交流与分享。

同时，教师也应注意把握非正式关系的尺度。非正式关系的建立有利于教师走进学生的内心，更好地了解学生、影响学生，从而产生更佳的教育教学效果；也有利于创建接纳关怀的班级文化、营造团结友爱的班级

氛围。需要注意的是，教师不能因为非正式关系而影响正式关系中的公平性。

二、关注同伴互动的教育与引领

1. 使用"相似吸引法则"组织学生活动

教师可以根据"相似吸引法则"，找到班级学生共同的兴趣点，组织相关活动。例如共读一本书、共看一部影片等，让学生说说自己的兴趣爱好，组织相关的才艺或技能切磋与交流的活动。同时，还可以利用心理游戏，开发学生的相似点。

例如，"我们有缘"游戏，具体内容如下。

（1）教师准备与班级学生人数相等数量的扑克牌，尽量保证数值相同的扑克牌张数均等，让学生在轻松的氛围中任意抽取。

（2）持有相同数值扑克牌的学生组成小组，找到"有缘人"。

（3）学生按小组坐在一起，向小组其他学生介绍自己的兴趣爱好等，之后找出彼此之间两个以上的共同点。

（4）全体学生共同交流，分享感受。

2. 利用同伴互动中的关键资源进行教育与引领

在班级内同伴互动的过程中难免会产生冲突，同时也会存在许多值得同伴学习的正确做法。教师应善于发现这些积极正确的行为并予以巧妙引导，使之成为建设团结友爱班级氛围的良好资源。

对于班级内学生之间的冲突，教师可以让当事双方冷静地思考：如果自己是对方的话会怎样想？利用换位思考的方式理解对方的情绪与感受，并反思自己在这件事中还有哪里可以做得更好。对于班级中同伴交往时容易引发冲突的共性因素，可以通过召开主题班会等方式，集中探讨解决，并根据学生的共识，形成班级同伴交往规则。而对于班级内同伴交往中好的做法，教师应及时公开地进行表扬鼓励，让良好的交往行为在班级内广为流传，同时在宣讲中，将实际的交往行为与班级的交往文化相对接，把班级文化中关于交往的规则嵌入具体的教育情境中，使学生对班级交往规则更加了解、认同与遵从。

主题 3 形成积极进取的学风

◎ 典型案例

崔老师是一名经验丰富的班主任，今年她调到了一所离家较近的小学，接手了一个六年级的新班。通过查看班级档案，她了解到，这个班在升入六年级的期末考试中是年级里成绩最差的。开学后，崔老师很快发现，班级中许多学生学习基础薄弱，对学习缺乏兴趣，不能认真听讲，不主动参与课堂讨论，学习缺乏主动性，班里将近三分之一的学生不能按时或保质保量地完成作业。学生学习习惯较差，很少有学生主动读课外书、复习或者预习。

崔老师在充分了解学生的基础上，开始着力建设班级文化，尤其把"形成积极进取的学风"作为班级文化建设的突破口。崔老师以身作则，制定了自己的学习与生活的5条目标，并把目标贴在班级墙壁上，让学生监督。她带领大家共同寻找学习榜样，和学生分享自己在完成目标过程中的变化与感受。在她的带动下，许多学生纷纷加入目标管理的活动。崔老师指导新加入的学生合理设定个人目标，并每天进行目标完成情况的反馈与交流。在完成目标的过程中，这些学生发生了积极的转变，他们的变化带动了班级越来越多的学生甚至家长加入目标管理。当所有学生与家长都加入后，崔老师制定了一系列的目标反馈与分享机制。

在老师、学生、家长三方共同完成目标的过程中，班级风貌发生了巨大的变化：学生开始主动阅读与思考，认真听讲，班级成绩不但直线上升，而且在学校的各种比赛中也取得了优异成绩。

学风是师生对待学习的情绪、言论和行动倾向，学风的好坏主要体现在全班学生是否能够积极、自觉、主动地学习上。上述案例中的崔老师以学风建设为班级文化建设的突破口，不仅改变了班级学生的学习态度、学习习惯与学习效果，而且推动了班集体的整体发展。

◆ 应 知

了解行为学习理论和认知失调理论，可以帮助教师更有针对性、更有效地进行班级学风建设。

一、行为学习理论对建设班级学风的启示

学风是班级文化的重要组成部分，是班集体成员所认同和内化的学习目的、态度、方法与习惯。学风的几个要素中，无论是学习的目的、态度还是方法与习惯，都是可以通过后天习得的。

行为学习理论研究的重点恰恰是人的行为习惯的养成，该理论认为行为习惯养成的过程就是学习的过程，行为可以被创造、设计、塑造和改变。利用该理论对行为进行塑造和改变主要包括"刺激"与"强化"两个要素，教师可以将这两个要素迁移到班集体学风的建设中来。教师通过不断地给予正向刺激与积极强化，使班集体形成好的学风。

二、认知失调理论对建设班级学风的启示

学风建设既要从整体层面关注班集体，同时也要从个体层面关注学生个体，通过为个体提供有效的帮助，使其获得成功，进而推动班级整体学风的建设。其中，认知失调理论对于个体进行自我学习具有一定的启发。

认知失调理论认为：一般情况下，个体的行为与态度是相互协调的；当出现不一致时，就会产生认知不和谐的状态，即认知失调，并会引起心理紧张。为了解除紧张，个体会使用不同的方法来力图重新恢复平衡。例如，一个学业成绩不良的学生在教师的影响下，树立起努力学习的态度，但是经过一段时间发现考试仍然经常失败，这种态度与行为结果不一致的情况会让学生产生认知失调，有可能使其放弃刚刚树立起来的努力学习的态度，从而引发学习上的消极行为。这时需要教师帮助学生增加新的认知，让其认识到失败的积极作用，学会从失败中反思，以帮助学生巩固积极的学习态度。

▼ 应 会

在教育实践中，教师会遇到各种不同的情境，下面几种方法能够帮助教师结合具体情境强化、巩固学生积极的学习态度和行为，建设班集体良好的学风。

一、利用正向刺激与积极强化，培养班集体良好的学风

根据行为学习理论，教师可利用多种正向刺激与积极强化的方法，为培养积极向上的班级学风奠定良好基础。

1. 发挥班级学习规范的正向刺激和积极强化作用

教师在制定班级学习规范前不妨尝试这样说："我们班是优秀的班集体，我们在座

的每一个同学都想成为一个好学生，那么，我们需不需要制定班级学习规范呢？"在引导学生普遍同意后，可以让学生结合班级整体在学习中需要提高的方面来说一说应该制定哪些规范。低年级可由教师自己负责制定规范，再让学生讨论为什么要有这些规范。在制定了学习规范后，教师应引导学生做到在学习前提醒、学习中内化、学习后评价，并对此不断地进行正面的刺激与强化。

2. 利用同伴效应，树立班级榜样行为

教师应利用同伴效应，充分挖掘班级中的各种榜样行为，进行正面强化。例如评选班级榜样人物、进步最大个人、感动班级人物等，重点强调他们的榜样行为。围绕历史和现实中的榜样人物，教师可以为学生推荐人物传记及优秀影片，并开展"感动我的人物传记""打动我的瞬间"等交流活动。充分发挥榜样的力量，教师要对学生学习过程中的榜样行为进行强化，例如交流榜样作业、交流榜样品质（如专注、有恒心、超越自我）等。同时，教师还可以把班级学习榜样的事迹推荐给学校与家长，通过"榜样与校长合影""校园广播宣传""我给家长的一个惊喜"等方式，不断强化榜样行为。

3. 淡化学生负面行为对学风造成的影响

教师对学生学习中出现的负面行为可以进行冷处理，努力淡化其可能对学风造成的影响。例如，对学习态度不端正、不完成作业的学生，教师可在课下找其单独谈话；对课堂上不认真听讲或违反课堂纪律的学生，教师可走到该学生身边，用眼神及手势进行提醒。教师应当避免公开反复批评对学生造成的负面强化刺激，这会给班级学风带来消极影响。

二、端正学生学习态度，制定合理目标，培养班集体良好的学风

教师应培养学生正确的学习态度，让学生认识到，学习是为了让自己成为一个更优秀卓越的人，运用自己的美好品德与丰富才能，为身边的人、为社会与国家做出自己应有的贡献，实现自身的价值。而这种目标的实现，需要先从小的目标开始。

教师应引导学生学会科学合理地制定自己的近期目标，如本主题典型案例中的崔老师那样。在帮助学生制定学习目标时，一定要符合学生自身的实际情况，且目标一定要能够被清晰地量化。在班级内，应形成目标反馈机制，对目标进行监控与及时强化。例如，可制作目标小月历：教师发给每个学生统一印制的小月历，由学生在月历相应的位置写好自己的目标，并对目标小月历进行个性美化，贴在班级的文化墙上。让学生每天对目标完成情况进行反馈，比如达成目标就在对应日期中画"√"，没有完成则画"×"，并进行相关的评比与交流。

三、善用教师期待，改善学生的认知失调，助力学生学业进步

班级中学生发展水平是不尽相同的，教

师要尊重差异，争取帮助学生取得在其能力范围内最大的进步，从而促进班级整体学风的建设。

学生渴望学业进步的学习态度与当前学业成绩不佳的学习结果之间的落差，很容易让其出现认知上的不协调，从而产生消极的学习行为。因此，教师应善用合理期待，调动多种认知协调方法，避免学生出现态度与行为不一致的情况。教师要相信学生，提供适合学生的学业支持，使学生达到认知协调，最大限度地发挥潜力，尽力取得更大的进步。

从内容上看，教师合理的期待应该符合学生的实际情况。如果教师期待一个长期学业落后的学生突然达到班级平均成绩水平，这种概率较小的情况会让学生选择放弃努力。因此教师应低起点、小步子、密台阶地设立期待学生进步的目标。例如针对经常考试不及格的学生，设立的目标可能就是提高5分或10分，如此才能稳扎稳打，不断进步。

从难度上看，教师可以根据不同学生的具体情况，分层布置作业。通过让学生完成符合自己能力水平的作业，不断获得成功，巩固其良好的学习态度。

从形式上看，教师的期待方式可以是语言激励，如"我知道你的能力和水平，老师相信你一定行"。同时，可以帮助学生寻找与其榜样相同之处并进行激励，还可以运用作业评语、特殊图案等方式进行期待激励，如为学生的进步画一个大拇指或写一段悄悄话。

【本章学习回顾】

请您回顾本章的知识要点，思考如下问题：

复习 对建立班级秩序有参考意义的心理效应有哪些？请举例说明。

联结 结合你自己的实践经验，你是如何进行有效的班级管理，形成具有凝聚力的班集体的？具体采用了哪些方法？

反思 思考自己的班级，你对班级的哪些现象比较满意？你认为哪些现象需要改进？可以借鉴上文中的哪些内容进行提升？

第六章

家校共育促进
小学生发展

　　家庭教育的力量不容忽视，关乎学生的终身发展，是对学校教育强有力的补充。苏联著名教育学家苏霍姆林斯基说过："最完备的教育是学校与家庭的结合。"

　　当前，家校共育由于学生的新变化和信息化带来的新环境，遇到了新的挑战，家校合作模式需要进一步完善和优化。学校和家庭需要明确在学生成长过程中各自的角色、职责和任务。教师需要掌握了解学生、家庭的方法，掌握与家长有效沟通的方式和解决冲突的策略方法；同时需要整合和利用家长资源，通过教师家长协会、家长学校等多样化的途径，基于学生成长和家长需求开展有针对性的活动，建立较为完善的家校共育服务体系，助力学生健康成长。

第一节 家校共育中家庭与学校的分工与合作

通过本节的阅读，您将了解以下方面的内容：

主题1 学校与家庭在家校共育中的职责

应知
理解时代发展对育人质量的要求
知道家长在家庭教育中的职责
了解家长在家庭教育中的误区
知晓学校和教师在育人中的职责

应会
确定学校和家长的共同目标
明确家校合作的分工与边界
妥善处理家校边界不清的情况

家庭是孩子成长的第一课堂 主题2

应知
了解父母对孩子的重要影响
理解孩子的行为表现受到家庭互动模式的影响
了解孩子产生问题行为的原因之一是家庭问题
知晓家庭的互动模式可以改变

应会
明确家长对孩子的期待
掌握搜集家庭互动信息的方法
掌握改变不良互动模式的方法
掌握帮助家长拓展教育资源的方法

主题1 学校与家庭在家校共育中的职责

◎ 典型案例

某班教室墙壁局部污染破损，影响学生手抄报和剪贴画的张贴，因此班级家委会以翻新教室墙壁为由向家长们收取费用。教室墙壁污损，对孩子们的学习有影响，有些家长急于解决问题，保障孩子学习，想出了这个办法，其出发点应该被理解，但其中存在的一些问题不能忽略，比如家校间的职责和边界。

一般来说，公办学校的教育经费是有保障的，而民办学校的收费也能满足教学和管理的需要，所以不应再给家长增加额外负担，更不能向家长转嫁义务，接受家长们的"自愿捐助"。

随着对孩子教育重视程度的提高，越来越多的家长参与到孩子在学校的教育中。但家庭和学校是两个相对独立的教育系统，因此有必要明确家校双方的职责。

◊ 应 知

在家校合作中，教师和家长都需要明确自己所扮演的角色和需要承担的责任，才能更好地促进学生成长。

一、时代和社会发展对育人质量提出更高要求

改革开放40多年来，社会高速发展，对人才提出了更高的要求，同时也对承担主要育人责任的学校提出了更高的期待。如何让学生适应复杂多变的社会环境，如何培养学生适应社会的能力、可持续发展的能力，这些都是学校需要回答的问题。

此外，伴随社会的高速发展和激烈的社会竞争，一些家长陷入教育焦虑。在望子成龙、望女成凤的家长眼中，教育孩子的问题没有试错和重来的机会。这种焦虑促使他们将目光转向学校，表现出对学校的更高期待。

从片面关注学生的成绩到强调"五育并举"，从关注整体发展到强调学生的个性发展，从统一课表到走班选课，个性化教育的内容越来越多，这要求学校增加与学生家庭的互动沟通，携手构建良好的家校共

育体系。

布朗芬布伦纳提出的生态系统理论模型（图6-1）能让我们更好地理解家校合作的必要性。生态系统理论认为，环境不仅包括儿童的家庭、学校、社区等直接环境，还包括影响儿童发展的社会文化等间接环境。生态系统理论中的环境系统具体包括：

（1）微观系统：个体活动和交往的直接环境，如家庭、学校。

（2）中间系统：微观系统之间的相互作用与关系，如家庭和学校之间的合作关系。

（3）外部系统：和个体无直接关系但能对个体产生影响的社会环境，如父母的工作环境。

（4）宏观系统：存在于以上三个系统中的文化、亚文化和社会环境。

在当代教育中具体运用生态系统理论，落脚点是各系统之间的相互作用与相互联

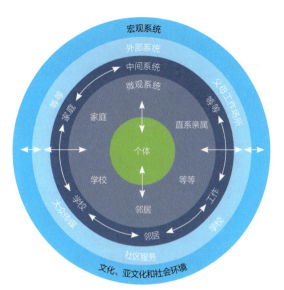

图6-1 生态系统理论模型

系。由此看来，紧密围绕在学生身边的两个圈就是家庭和学校，两者之间相互作用，共同影响着学生的成长。

近年来出台的一系列文件为教育工作者提供了政策支持，也为家庭教育和学校教育的有效协同提供了指导（表6-1）。

表6-1 家庭教育相关政策

年份	政策内容
2015	《教育部关于加强家庭教育工作的指导意见》 充分发挥学校在家庭教育中的重要作用：1.强化学校家庭教育工作指导；2.丰富学校指导服务内容；3.发挥好家长委员会作用；4.共同办好家长学校
2016	全国妇联、教育部等九部门《关于指导推进家庭教育的五年规划（2016—2020年）》 巩固发展学校家庭教育指导服务阵地。在中小学、幼儿园、中等职业学校建立家长学校，城市学校建校率达到90%，农村学校达到80%。各级教育行政部门要切实加强对中小学、幼儿园、中等职业学校家庭教育工作的指导管理，将家庭教育指导服务作为学校和幼儿园工作的重要任务，纳入师资培训和教师考核工作
2019	2019年全国教育工作会议 加强对家庭教育工作的支持，通过家委会、家长学校、家长课堂、购买服务等形式，形成政府、家庭、学校、社会联动的家庭教育工作体系

续表

年份	政策内容
	全国妇联、教育部《家长家庭教育基本行为规范》
2020	树立正确的家庭教育理念，掌握科学的家庭教育方法，不断提升家庭教育水平，为促进儿童健康成长，培养担当民族复兴大任的时代新人贡献力量

二、家长在家庭教育中的职责

良好的家校合作不仅需要学校的努力，也需要家长明确自身的责任与义务，这样家长才能更好地参与家校共育。根据 2015 年《教育部关于加强家庭教育工作的指导意见》，家长在家庭教育中具有主体责任（表 6-2）。

表 6-2 《教育部关于加强家庭教育工作的指导意见》中关于家长主体责任的规定

依法履行家庭教育职责	• 教育孩子是父母或者其他监护人的法定职责 • 及时了解掌握孩子不同年龄段的表现和成长特点 • 创设适合孩子成长的必要条件和生活情境，努力把握家庭教育的规律性 • 与学校、社会共同形成教育合力，避免缺教少护、教而不当，切实增强家庭教育的有效性
严格遵循孩子成长规律	• 小学生家长要督促孩子坚持体育锻炼，增长自我保护知识和基本自救技能 • 鼓励参与劳动，养成良好生活自理习惯和学习习惯 • 引导孩子学会感恩父母、诚实为人、诚实做事
不断提升家庭教育水平	• 全面学习家庭教育知识，系统掌握家庭教育科学理念和方法，增强家庭教育本领 • 以端正的育儿观、成才观、成人观引导孩子逐渐形成正确的世界观、人生观、价值观 • 不断提高自身素质，重视以身作则和言传身教，要时时处处给孩子做榜样，以自身健康的思想、良好的品行影响和帮助孩子养成好思想、好品格、好习惯 • 积极主动与学校沟通孩子情况，支持孩子参加适合的社会实践，推动家庭教育和学校教育、社会教育有机融合

三、家长在家庭教育中的误区

1. 对孩子的期待过高

养育孩子的过程中，家长常常以爱的名义，把自己成长中的遗憾转移到孩子身上，期待孩子能够完成自己的目标，对孩子产生过高的期望。而这种过高的期望会让家长不能正确客观地看待和教育孩子，容易引发亲子冲突，使得孩子产生更多的负性情绪甚至是心理问题。

2. 不能正确看待孩子的学业成绩

家长如果不能正确看待孩子的学业成绩，就有可能阻碍孩子的发展。比如，有些家长经常会将奖励和学业成绩捆绑在一起，使得孩子将学习看作获得物质奖励的过程，忽略了学习本身的乐趣；有些家长只在乎孩子的学业成绩，不让孩子"浪费"时间做家务或参加其他课外活动，忽视了其他能力的培养。

3. 没有承担相应的养育责任

现在很多孩子是由爷爷奶奶、外公外婆带大的，许多父母并没有承担起相应的养育责任。尽管孩子和父母生活在一起，但是父母往往忙于工作，将教育孩子的事情交给祖辈。这样的隔代养育方式会带来一定的负面影响。一方面，缺少父母的陪伴，容易使孩子在成长过程中产生更多的心理问题；另一方面，老人容易对孩子溺爱，当孩子出现一些不良行为习惯时不能及时予以纠正。

4. 无法提供和谐、安稳、健康的家庭生活环境

有的家长不能以身作则，无法为孩子提供和谐、安稳、健康的家庭生活环境。比如，当着孩子的面争吵、打架等。孩子长期生活在这样的环境中，容易出现性格内向、怯懦、紧张等问题。

教师如果发现学生家长在家庭教育中存在上述问题，就需要及时指出问题并指导家长解决，给学生创造温馨和谐的生活环境。

四、学校和教师在育人中的职责

学校要明确自身的责任和义务，携手家长共同构建高效的家校共育体系。2017年，教育部印发《义务教育学校管理标准》，阐明了全面改进和加强义务教育学校管理工作，促进学校规范办学、科学管理的方针，对学校管理职责做出了明确规定（表6-3）。

表6-3　学校管理职责

保障学生平等权益	• 维护学生平等入学权利 • 建立控辍保学工作机制 • 满足需要关注学生需求
促进学生全面发展	• 提升学生道德品质 • 帮助学生学会学习 • 增进学生身心健康 • 提高学生艺术素养 • 培养学生生活本领
引领教师专业进步	• 加强教师管理和职业道德建设 • 提高教师教育教学能力 • 建立教师专业发展支持体系
提升教育教学水平	• 建设适合学生发展的课程 • 实施以学生发展为本的教学 • 建立促进学生发展的评价体系 • 提供便利实用的教学资源
营造和谐美丽环境	• 建立切实可行的安全与健康管理制度 • 建设安全卫生的学校基础设施 • 开展以生活技能为基础的安全健康教育 • 营造健康向上的学校文化
建设现代学校制度	• 提升依法科学管理能力 • 建立健全民主管理制度 • 构建和谐的家庭、学校、社区合作关系

▼ 应 会

教师，尤其是班主任应与家长确立共同

的目标，学会划分家校共育的边界，从而减少家校冲突，提升家校共育的效果。

一、确定学校和家长的共同目标

1. 确定目标：为了学生的发展和健康成长

教师邀请家长参与合作有几条基本原则。首先，要站在学生的角度，基于学生的真实需求与家长合作，而不是因为"我觉得这样做是为了学生好"。其次，寻求合作前要考虑家校合作这一方式是否为最佳途径。

教师可以通过以下三个问题来帮助自己确认就某个事项是否需要和家长合作，同时评估家校工作的开展是否可以真正保障学生的利益。

第一问：是为了满足学生需要吗？

邀请家长是为了更好地教育学生，以促进学生成长和发展为出发点，还是为了让自己承担更少的责任？是为了完成学校布置的任务，还是真的能满足学生需要？在不打扰家长的情况下，能否借助学生、同事和学校的力量解决问题？

第二问：责任应该由谁承担？

教师应注意区分学校和家长的职责，以便各司其职，为学生发展贡献力量。因此，在邀请家长参与时需要考虑：这件事家长有责任吗？学校和教师有充足的理由邀请他们参与吗？

第三问：家校合作有效吗？

在邀请家长参与合作前，需要对合作成效进行预评估，否则可能徒劳无功，甚至适得其反。

2. 合理设定目标的原则

家校合作需要设定合理的目标。目标太小，无法助推学生的成长；目标太大，可能会增加实现的难度，甚至可能打压双方的积极性。

与家长协商，合理设定家校合作目标需要遵循以下原则。

（1）由一到多，由大到小。可以从希望学生改变的诸多方面中，优先选出最急迫、最重要的一点，作为教师与家长合作改善的目标，如学生的数学成绩、语文阅读与写作能力、在校的人际交往情况等。把目标拆分成更小的阶段性目标，逐个达到。在逐一实现目标的过程中，教师、家长和学生都可以逐渐积累效能感，为今后的合作提供经验和动力。

（2）由负面到正面。目标可以分为"不做何事"的负向目标，以及"多做何事"的正向目标。可以先尝试通过与家长合作改善学生的不良行为，然后进一步培养、鼓励学生的良好行为。

（3）符合实际，难度适当。结合学生的学习情况及家庭状况，设定学生及家长可以实现但稍有难度的目标，同时，设定的目标应对学生有吸引力，能让学生在完成之后体验到成就感。

（4）清晰明确，可以测量。设定的目标要能用客观的标准来衡量，而不是一个模糊的概念。如"提高学生语文成绩"这一目标

就不够明确，可以换为"语文总成绩提高 5
分"或"作文提高 3 分"等，以便教师、家
长和学生了解需要改善的程度，以便更好地
采取行动。

二、明确家校合作的分工与边界

家校共育中的很多纠纷都源于学校与家
庭的责权不明确。有些事情，家长认为应该
是学校的责任，学校认为应该是家长的责
任，双方互相责备，就会产生冲突。

在学生入学时就明确边界是非常好的方
法，能避免许多不必要的冲突。例如，一年
级的班主任可以在第一次家长会上告诉家
长，因个人事务，晚上可能不能及时回复家
长的短信，如果有要紧的事情可以打电话。
这样就避免了家长不分昼夜地给教师发信
息，并期待教师"秒回"的问题。也有的班
主任在家长微信群建立的时候，就把清晰明
确的群规发到群里，遇到有家长违反规则，
班主任就会立即提醒和纠正。这样能有效保
证微信群发挥其应有的作用。

关于如何明确家校合作的分工与边界，
还有以下三点建议供教师参考。

1. 教师要树立家校合作育人的意识

教师应积极同家长沟通，促进和家长的
合作。首先，教师要转变态度，积极邀请家
长参与学校教育。其次，教师要认识到家庭
教育给学生带来的影响是学校和教师无法替
代的，教师应指导家长承担起相应的教育责
任，帮助家长认识孩子的特点与需要。

2. 教师要明确家校之间的合理边界

教师要明确学校、家庭两个系统的边
界，并和家长协商在共同教育学生的过程中
各自所扮演的角色以及需要承担的责任。教
师作为家校合作当中的重要角色，要依照边
界对自己的行为进行规范。一方面，不能
爱心"泛滥"，过度干预学生的个人生活；
另一方面，不能推卸责任，逃避自己的分
内之事。

3. 教师要认识到边界是动态可变的，可及时调整

边界是动态可变的，随着孩子年龄的增
长，边界也会逐渐改变：从小学到高中，学
校对于家长参与度的要求不同，很多小学教
师觉得家长参与太多，而高中教师特别希望
家长能更多参与。教师应注意到这种变化，
并在实际工作中根据自身情况予以调整。

教师应积极与家长讨论协商，形成双方
都认可的责任分工。协商内容可以是边界的
划分是否适当，以及具体实施时可能遇到的
困难等。教师还要鼓励家长分享和交流心得
体会，在联系家长反馈学生表现的同时，也
可以给家长提供交流平台，让其通过家长论
坛、家长互助小组等形式交流家校合作中的
心得体会，相互学习借鉴。

三、妥善处理家校边界不清的情况

理想情况下，学校和家庭都可以在相互
合作时遵守边界，在教育学生的过程中明确
职责，互不干扰（图6-2）。同时，也可以根

据实际情况对家校边界进行协商和调整，以达到平衡状态。

然而，在实际工作中，我们常常会遇到各种家校边界不清的情况，对此，教师需要对症下药，妥善应对。

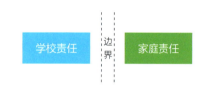

图6-2 家庭与学校的理想边界状态

1. 当家长承担过多时，教师需要强调边界

教师有时会遇到家长突破边界，过多干涉教育教学活动及学校事务的情况（图6-3）。比如，某家长擅作主张，自掏腰包为班级购置净化空气的"新风系统"，干扰了学校正常秩序。甚至还有家长进课堂帮教师管理课堂纪律，指导教师如何上课。

面对这类过度承担责任的家长，教师需与其沟通，强调这类行为对教师及学生带来的不良影响。若家长对教师有要求或不满，可以建议其通过沟通协商、向家委会反馈、向学校提意见等方式表达诉求。

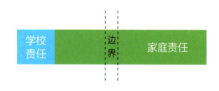

图6-3 家长承担过多的状态

2. 当家长承担过少时，教师需要邀请家长参与

有些家长对孩子不管不顾，未能承担起相应的教育责任（图6-4）。如难以完成教师布置的亲子作业、时常缺席家长会、极少参与学校活动、常常说"这孩子我们没时间管，也管不了，麻烦老师多费心"之类的话。

图6-4 家长承担过少的状态

面对在家校合作中承担过少的家长，教师需要积极与家长取得联系，了解家长疏于管教的原因。若是主观上教育观念有偏差，如认为学校应承担起教育的全部责任，教师则需要向家长强调家庭教育对于学生发展的重要性，并邀请家长参与学生教育。若是出于客观原因，如因外出务工等情况难以保证在孩子教育上的投入，教师则应与其商议替代的解决办法，让家长以合适的方式承担教育责任，尽力营造适合学生成长的家庭环境。

3. 当教师承担过多时，需要适当放权

有时教师出于对学生的关心和对教育工作的责任心等，会过多干涉学生的家庭生活（图6-5）。比如，有的教师非常热心，看到孩子与父母经常发生冲突，就把孩子接到自己家住一段时间。结果，父母不但不领情，

图6-5 教师承担过多的状态

还说教师破坏了亲子关系。

针对这样的状况，教师需要明确哪些属于自己的职责范围，经过审慎思考后再决定该怎么做。

4. 当教师承担过少时，需要反思改进

有些学校要求家长批改孩子作业、辅导孩子功课、为孩子出题等。学校的初衷是通过家长的参与，使学生在家中也能够保证学习质量，但学校不能以此为由，将应承担的责任转嫁给家长，这会引发家长的不满，影响良好家校关系的建立（图6-6）。

图6-6 教师承担过少的状态

因此，教师在邀请家长合作时，首先需要认真思考家长对合作事项是否负有责任。若希望家长参与家校合作，教师可以有针对性地运用一些更有效的方式，如布置能够增进亲子关系、提升学生能力的互动式家庭作业等。

主题 2　家庭是孩子成长的第一课堂

典型案例

昕昕在班上经常发脾气。有同学不小心碰到他，他会发脾气；写错了字，老师指出来，他会发脾气；自己的书找不到了，他也会发脾气。

一天，吃午饭的时候，昕昕说昱辉把脏东西放到了他的汤碗里，昱辉说没有放，两人吵了几句，眼看要动手了，幸好班主任及时赶到，把两个人劝开。

班主任在与家长沟通过程中发现，昕昕的脾气和他的家庭有关，他的爸爸也是个火暴脾气的人，看到孩子犯错了，立马就发脾气嚷嚷。妈妈想要劝几句，但说不过三句话就和爸爸吵起来了。

家庭是孩子成长的第一课堂，父母应对问题的方式极大地影响着孩子。在经常吵架的家庭中成长的孩子，会习惯性地用吵架、发脾气的方式解决冲突；在充满爱的家庭长大的孩子，也会用爱的方式解决问题。

家庭对孩子究竟有哪些影响呢？第一，家庭是孩子的支持系统，给孩子成长所需要的物质、精神支持。第二，家长是孩子的榜样。家长的观念、性格、做事方式等都深刻影响着孩子。良好的家风和家庭氛围会让孩子受益一生。当家庭教育与学校教育冲突时，家庭的影响会大大削减学校的影响，会出现学校 5 天影响抵不过家庭 2 天影响的情况（5<2）。所以教育孩子需要家庭与学校共同努力，才能真正起到学校 5 天加上家庭 2 天大于 7 天的效果（5+2>7）。

那么，教师可以做些什么来帮助提高家庭教育的质量呢？这就需要了解家庭教育的一些基本理念和家庭互动的模式。

应　知

习近平总书记在全国教育大会上说："家庭是人生的第一所学校，家长是孩子的第一任老师，要给孩子讲好'人生第一课'，帮助扣好人生第一粒扣子。"

一、父母是孩子的第一任老师

家庭生活会在潜移默化中影响孩子的成

长。孩子对外在世界的认识来源于父母：生活在一个和睦的家庭，孩子就会认为外在的世界是和睦的；生活在一个争吵不断的家庭，孩子就会认为外在的世界是争吵不断的。

我国著名教育家陶行知先生有一个经典论述："生活即教育。"在他看来，"是好生活就是好教育，是坏生活就是坏教育；是认真的生活，就是认真的教育，是马虎的生活，就是马虎的教育；是合理的生活，就是合理的教育，是不合理的生活，就是不合理的教育；不是生活就不是教育"。因此，父母应该营造良好的家庭环境，给孩子提供正面参照。

二、孩子的行为表现受到家庭互动模式的影响

有句话很流行："孩子的问题都是家长的问题。"这句话把教育孩子的责任都推到家长身上，有失公允。事实上，孩子的问题既不是孩子的问题，也不是家长的问题，而是家长和孩子互动模式的问题。家庭互动模式影响孩子行为的形成，了解良好的家庭互动模式和方法可以更高效地解决孩子的问题，也可以更长效地引导孩子形成良好的行为。

观察孩子的互动方式是看待孩子表现的新视角，也是家庭辅导里一项很重要的内容。如一个人扔石头，扔石头的结果可以通过计算扔的力度和角度以及石头的重量来预测。而父母对孩子说一段话，孩子的反应可能有上千种，可能接受，可能不理不睬，也

可能会反驳父母。孩子不同的反应也会激发父母不同的应对方式，可能给孩子讲道理，可能批评孩子，结果有无限的可能性。因为双方做出的行为都受到对方先前行为的影响，同时也影响着对方的后续行为。这个相互影响的过程就是"循环因果"，也叫"互动"。

孩子的行为和表现背后往往反映了家庭互动状况。比如，孩子认真、负责任，父母信任孩子、给孩子更多空间和自由，孩子也会更多表现出负责任的行为。反之，父母凡事包办代替，就会导致孩子自理能力差、不负责任，而孩子能力差的表现又会让父母更多包办代替，这样就形成了一个恶性循环。

教师要帮助家长看到孩子行为背后的家庭互动状况，极大地调动家庭资源，改善不良的亲子互动关系，共同提升孩子的学业表现，改善孩子的性格，发挥孩子的潜能。

三、孩子产生问题行为的原因之一是家庭问题

孩子在学校表现出的很多问题行为，常常让教师和家长感到头疼。但是追根溯源，这些问题都与家庭的互动模式和家庭关系有很密切的关联。

事实上，孩子表现出的某些问题往往是爱家庭的表现，他们更应该被爱与呵护。例如，在父母经常吵架的家庭中，父母看到孩子表现出了某种问题，出于对孩子的关心，可能会停止吵架，在某种程度上维护了家庭关系。这让孩子找到了中止父母吵架的一种

新方式，他们有可能继续表现出更多的问题行为。类似这样的案例，都是因为孩子看到了家庭的互动模式，才表现出种种问题行为。

教师可以通过这样的思路去进行观察，找到孩子产生问题行为的真正原因。

四、家庭的互动模式可以改变

在透过现象了解其背后的互动模式后，教师一方面要鼓励家长继续维持良好的家庭互动，另一方面要建议家长改变不恰当的家庭互动模式，促进学生的转变。以早晨起床穿衣为例，如果早期父母一直替孩子穿衣服，孩子自己的动手能力就差，到了后期，父母想让孩子自己穿衣服，但是一看到孩子动作笨拙、磨磨蹭蹭，在时间紧张时又忍不住替孩子穿衣服。如此循环往复，就更加无法锻炼孩子的动手能力，这就是一个不良的家庭互动模式。

要想改变这种情况，教师可以建议家长早一点叫醒孩子，留出充足的时间，让孩子自己穿衣服，如果因穿衣服太慢而导致迟到，此时应该让孩子承担迟到的后果。坚持几天后，孩子就可以自己负起责任，更好地安排早晨的时间。家庭系统中任何一个人的改变都可以带来整个家庭的变化，在小学阶段，学生缺乏相应的能力做出改变，因此教师需要鼓励父母先做出改变。

其实，互动的概念不仅仅存在于家庭中，也存在于各种人际关系中，师生关系、同伴关系也是互动的结果，但与他人互动的模式

最初往往来自家庭成员互动的方式。因此，教师需要更多地关注学生家庭的互动模式。

应会

教师想要指导家长，需要先了解家庭的情况，掌握分析和改善家庭互动的方法，才能给出有针对性的、专业的指导意见。

一、明确家长对孩子的期待

每个家长都对孩子有着这样或那样的期待，这种期待影响着孩子的成长。因此，教师应了解家长对孩子的期待。

教师和家长都应该认识到家长的期待不等同于孩子的目标。家长合理的期待可以让孩子产生更大的成长动力，促进孩子进步；不合理的期待则容易给孩子带来思想负担和心理压力，阻碍孩子发展。比如，家长希望孩子每次考试都拿第一，每科都拿满分，这种不合理的期待不仅不能提高孩子的学业成绩，反而会使孩子的自信心受到打击，甚至丧失学习兴趣。

面对家长的不合理期待，教师可以通过家长会、电话、给家长的一封信等形式和家长沟通，进行积极引导。

二、搜集家庭互动的背景信息

教师可以围绕学生的行为表现，搜集相关的信息（表6-4），从而了解学生的家庭互动模式。

表 6-4　家庭互动信息搜集

信息类型	信息搜集点
家庭基本信息	• 常住家庭成员的年龄、职业、家庭分工等
成长经历	• 童年看护者 • 有无搬家等经历
问题表现与历程	• 问题的表现是什么？ • 何时产生？ • 何时加重？ • 何时减轻？
问题互动	• 家庭成员中是否有人存在类似问题？ • 这一问题产生的真正原因是什么？ • 孩子出现这个问题，会有哪些潜在好处？ • 问题行为发生之前，周围环境如何？ • 问题行为发生之后，相关人员做了哪些回应？ • 回应之后，孩子的行为有哪些变化？ • 孩子的行为变化后，相关人员有哪些回应？

教师可以通过间接和直接两种途径了解学生的家庭信息。

1. 间接途径

教师可以进行观察，例如，观察学生的衣着、学生的接送情况、学生的言行举止等，或者让学生写"我的爸爸""我的妈妈"等主题的作文，也可以教学生绘制家庭图。

2. 直接途径

教师可以直接向家长发送信息调查表。更直接的一种方式就是家访，通过家访获得的信息比调查表要更具体、更全面。

搜集家庭信息可以更迅速地了解学生的家庭系统及其行为背后的互动模式。例如，班里有名学生成绩不好，教师在搜集家庭信息的过程中发现这和学生的家庭有关。学生的父母文化程度低，但非常看重学习，当孩子成绩不如意时会对其进行训斥甚至打骂，从而导致这名学生对学习感到厌烦，每到考试就特别紧张。了解学生的家庭互动状况后，教师与父母沟通，指出学生的一些优势，请父母关注学生的努力，有小的进步也要及时鼓励。父母听了教师的建议，不再打孩子；减少了责骂，学生的成绩开始有了提升；家长和学生看到了进展，更加信任教师，也更有信心。经过这样的调整，家庭形成了良好的互动模式，学生不仅成绩有了提升，自信心和性格也有了很大改变。

三、找出不良互动模式并进行调整

教师可根据了解到的家庭信息，画出不良互动模式图，然后试着进行调整。调整互动模式具体可以分为以下三个步骤。

1. 清晰描述问题行为

互动模式是围绕某个特定行为而存在的。同一个学生，爱发脾气和不写作业这两种问题的互动模式可能存在很大的差异。因此，要清晰地列出问题行为，只围绕这个核心问题找出互动模式。

2. 提炼核心的影响因素和互动模式

教师可以从多个方面入手，找到让问题行为减轻或者加重的影响因素。例如，小学生爱发脾气，可以通过以下几个问题进行提问。

（1）"家庭成员中是否有人存在类似问题？"这个问题想问的是学生在模仿谁，比如，父亲在家里就经常用发脾气的方式解决问题。

（2）"孩子做出发脾气的行为之后，您是怎么对待的？"这个问题探讨的是家长的应对方式，比如孩子发脾气之后，家人就会满足他的要求。

（3）"发脾气的情况什么时候会加重？什么时候会减轻？"这个问题针对的是学生问题行为的变化情况，比如奶奶在场的时候，孩子感觉有了依靠就闹得更凶，而只有父母在场时则更少发脾气。

通过这样几个问题，就能比较清晰地勾勒出学生的家庭互动模式，提炼出影响学生问题行为的主要因素。

3. 开启新的互动

完成前两个步骤之后，教师需要引导父母开启新的家庭互动模式，进而改变学生与他人的互动。教师可以通过引导性提问来促进家长的反思和领悟。例如，针对孩子在家里不写作业的问题，教师可以通过以下问题来促进家长思考。

首先，清晰描述问题行为。教师可以询问家长，孩子不写作业的具体表现是什么，比如不写作业的频率、科目和作业类型。

然后，初步了解问题行为背后的原因。教师可以让家长回忆，什么情况下孩子不写作业，是不会写还是不愿意写。

最后，可以通过一些更具体的问题来引导家长。比如：孩子在什么情况下会更愿意写作业？上一次完成作业是什么情景？当孩子表示自己不写作业以后，家人的反应如何（识别强化的因素：可能孩子用"不写作业"的方式卷入家庭冲突，成为家庭冲突的替罪羊，或者引发关注，等等）？为了让孩子写作业，家人都做了什么，效果如何（了解家庭教育的具体措施）？你觉得，可能是哪些因素导致了孩子不写作业？

上述问题仅是提供一个思考方向，教师可以灵活使用不同的提问方式促进家长思考，协助家长形成和孩子的良性互动。

四、帮助家长认识与拓展教育资源

缺乏教育资源是导致很多家长未能积极参与到学生教育中的一个重要因素，因此，教师有必要帮助家长拓展教育资源（表6-5）。

表6-5　教育资源的形式及具体内容

形式	具体内容
外在资源	家庭环境、父母学历、经济状况、职业、生活的社区等
内在资源	父母的性格、父母的投入、父母的教养方式、家庭关系（家庭的情感氛围、家庭的对话质量等）、夫妻关系、亲子关系等

教师在帮助家长拓展教育资源时可以从以下两个方面着手。

1. 给家长提供可以获取更多外在资源的机会

教师可以组织一些活动，帮助家长了解、获取和拓展外在资源。例如，邀请在校表现较好的学生的家长和大家分享家庭教育的经验；开展征文或视频征集活动，收集家长的成功经验；等等。此外，也可以让家长多关注社区信息和公益信息等，充分利用自己身边的外在资源。

2. 帮助家长拓展内在资源，提升家庭教育水平

教师可以通过开设家长课堂的方式，帮助家长认识并充分利用自身的内在资源。例如，教师可以邀请家长参加家长学校的学习和培训，学习正确的家庭教育观念，提升科学教育孩子的技能，提升家庭教育综合素质；可以组织亲子活动，帮助家长了解自己的教养方式，认识自己与孩子沟通的模式，更好地理解孩子。

教师可以通过询问家长以往的成功教育经验来引导他们利用自己的内在资源。比如：孩子现在写作业写不好，那之前什么时候写得好？那时你是怎么让孩子写好作业的？这样的问题通常会让家长想到自己之前的成功经验，找到解决问题的办法。

第二节 家校沟通的艺术

通过本节的阅读，您将了解以下方面的内容：

主题1 家校沟通的方法与原则

应知

了解营造良好的沟通氛围的意义
理解与家长沟通要做到有依据
了解与家长沟通需要遵循的原则
知晓家校沟通中的关键点

应会

掌握设计行为或情绪记录表的方法
巧用"三明治"沟通法
注意选择合适的沟通时机

如何化解家校冲突 主题2

应知

了解解决人际冲突的五种常用方式
理解回避、忍让、妥协、竞争与合作等解决冲突方式的特点

应会

掌握家校冲突的处理原则
掌握合作解决冲突的具体步骤

主题 1　家校沟通的方法与原则

◎ 典型案例

一大早，李老师就被年级主任叫出来，说班里一个孩子家长投诉了她。李老师很诧异，经年级主任解释后才弄清原委。原来昨天她班里一个孩子的腿上有一块青的，孩子回家后说是被老师踢的。于是家长马上找到学校和老师对峙，李老师连忙向家长解释："这不是我踢的，我肯定没有打学生，你们可以去查监控。"可是到了监控管理处，才知道监控需要经过学校审批才能调出。家长当着老师的面没有说什么，带孩子回家了，但第二天一大早就向年级主任投诉了李老师。

这位家长对李老师最大的不满其实是，孩子腿上有块青的，老师一句关心孩子的话都没有，只是为自己辩解，完全不关心孩子。

在与家长的沟通中，沟通内容和沟通方式都很重要。上述案例中，李老师遇到的情况并不复杂，如果当时李老师及时表达了对孩子的关心和对家长的理解，并且想办法找出孩子腿上淤青的原因，这次沟通就会顺畅很多，不至于引发冲突。

◎ 应　知

"良言一句三冬暖，恶语伤人六月寒。"良好的家校沟通能够高效解决问题，化解矛盾和冲突。

一、营造良好的沟通氛围

一次有效的沟通，离不开良好的沟通氛围。教师在与家长沟通的过程中，可能会产生信息交流单向、教师与家长地位不平等、交流内容单一等问题，影响沟通效果。其实，教师并非不善于沟通，他们只是需要更好地营造沟通氛围。家长更愿意在一个好的氛围中开展沟通，他们也希望能够敞开心扉，和教师交换意见，让教师能够听听自己的心声。

例如，一名女生在学校受伤了，伤到了鼻子，这名女生的妈妈怒气冲冲地向教师发火："我们家是女孩子，要是破了相，你们负得起责任吗?"如果教师在这时说"你家孩子也有责任，怎么能全怪学校呢?"，可能就会激化冲突。相反，如果教师给家长倒一杯热茶，请她坐下，说:"我特别理解您的心情，这要是我的女儿，我也会这么着急。我们已经第一时间把她送到了医院，现在我们可以先去医院看看孩子，再一起商量一下，接下来该怎么处理，您觉得怎么样?"这样一来，这位妈妈便能感觉到被理解，情绪就能缓和下来，后面的沟通也能更加顺利地进行。

二、与家长沟通要做到有依据

首先，教师在描述学生行为时应进行事实陈述，而不是评价，这样可以为家长提供更多信息。例如，"您的孩子上数学课时不专心听讲"和"您的孩子撕了同学的作业本"是事实陈述，能让家长了解孩子在学校的表现。"您的孩子不遵守纪律"和"您的孩子不会人际交往"则是一种评价，这种评价性语句容易给孩子贴上标签，也容易引发家长和教师的冲突。

另外，有些孩子在家里和在学校的表现很不一样。因此，在发现家长对教师的描述表现出疑惑时，教师应该提供具体事例，让家长了解孩子在学校的状态。

三、与家长沟通需要遵循的原则

1. 平等原则

教师对待家长要时刻保持平等的心态，不应该以"教育专家"的姿态对家长进行"教育"，而要让家长感觉到是两个平等的人

在交流。

2. 尊重原则

教师要尊重每一位家长，不以贬低、讽刺和挖苦的方式对待家长。向家长描述学生的问题时要用客观的语言，不给学生贴标签，也不给家长贴标签。

3. 真诚原则

教师与家长沟通时态度要真诚，情感真挚，理解家长，关心学生的一言一行。家长看到教师对学生的用心，会非常信任教师。这样有助于家长和教师建立起良好的沟通关系，为有效处理问题打下良好的基础。

4. 共赢原则

家校沟通是为了学生的成长进步、身心发展，这是双方一致的目标。教师以这一点为原则，考虑处理问题的方式方法，就更容易与家长达成一致。

四、抓住家校沟通中的关键点

有效的家校沟通包含多种要素(图6-7)，只有抓住沟通中的关键点，采取合适的沟通方式，才能进行更有效的沟通，维护良好的家校关系。沟通中主要包括以下四个关键点。

1. 我要说什么：编码信息很重要

我们在沟通中说出的每句话和传递的每个信息，其实都经过了一个编码过程。同样的意思，用不同的方式表达，家长的理解可

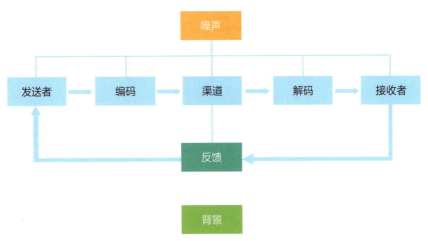

图 6-7 沟通的要素

能就不一样。比如，一位教师希望给家长传达"开卷有益"的信息，一开始用了讲道理的方式，强调阅读的好处。可是，这种方式无法打动家长，他们依旧担心孩子参加阅读活动会影响其他课的学习。于是教师换了一种编码方式，讲了很多阅读有益的实际案例，把"讲道理"变成了"讲故事"，家长听完后感同身受，都愉快地接受了阅读活动，家长会最终达到了期待的效果。

从上面的例子中可以看出，沟通过程中需要选择合适的编码方式，向对方传达出我们想要表达的关键信息，才能获得最佳的沟通效果。

2. 沟通的对象是谁：关注解码过程

当信息发送者通过编码传达了信息后，对方作为信息接收者，需要对收到的信息进行解码，转化为自己所能理解的想法和感受。因而教师需要了解不同家长的语言系统，用他们能够理解和接纳的方式进行沟通，以保证沟通效果。

3. 用什么方式说：信息传递渠道很重要

信息传递渠道的选择应基于要传达的内容：信息多且为标准化的内容，最好使用书面语言，比如，开家长会和春游活动等信息都应以通知等文件形式发给家长，避免学生在口头转达的过程中出现信息丢失、有误等情况；需要互动、非标准化的内容，例如与家长沟通学生在学校的表现，则适合用面谈、电话等沟通渠道，以便进行即时互动和反馈。

4. 哪些因素影响了沟通：不能忽略的背景与噪声

信息接收方的背景差异直接影响着解码过程，因此，面对相同的信息，不同的人可能会有不同的解读。比如，教师对家长说："你家孩子可能需要去做个心理咨询"，有的家长就会理解为"老师说我家孩子有精神病"。这就是背景差异所带来的沟通问题。

应会

教师应掌握家校沟通的艺术，运用恰当的方法，做到与家长沟通有礼有情，有理有据。

一、使用行为或情绪记录表

一张行为或情绪记录表，可以有效地帮助教师向家长描述学生在学校中的表现（表6-6）。这张表格可以由任课教师填写，以学生为主体，记录学生课上课下的一些行为表现。

一张记录表适用于一个学生。在表格中准确记录时间、行为或情绪表现有助于家长了解孩子在学校的表现；记录行为或情绪发生前后的情形，有助于教师和家长找到问题产生的原因；记录处理方式和效果则有助于教师经验的累积。

表6-6　学生行为或情绪记录表

姓名：		班级：		记录人：	时间：	编号：
时间	行为或情绪表现	行为或情绪发生前的情形	行为或情绪发生后的情形	教师处理方式	效果	

二、巧用"三明治"沟通法

情商高的人会更多地结合双方的感受进行沟通，而"三明治"沟通法就是情商高的人常用的一种沟通技巧。"三明治"沟通法是指"先甜后苦再甜"的沟通技巧，当我们向他人表达不同意见时，可以先说一下积极正面的信息，然后陈述自己的观点，最后在结束的时候再加上正面信息，以缓和彼此之间的意见分歧。

1."三明治"第一层：给予肯定

教师应考虑家长的感受。一方面，要真诚地、客观地评价学生的表现，同时要对学生进行积极关注，找到学生身上的闪光点，不能一味地批评；另一方面，要对家长的配合给予肯定，和家长建立良好的合作关系。

2."三明治"第二层：指出问题，提出建设性意见

教师在指出学生问题时，应客观真诚，并提出一些建设性意见。在讲述学生所犯错误的时候尤其要实事求是，同时注意表达方式。要向家长"多报喜，巧报忧"，并且及

时帮助家长正确认识孩子犯的错误，一起分析孩子犯错的原因，讨论纠正错误的方法，帮助家长树立对孩子的信心。

面对家长不妥当的教育方式，比如溺爱或者打骂，教师要及时指出，真诚地帮助家长转变错误的教育观念、教育态度和教育方法，为家长提出建设性的教育意见，提高家长的教育水平。

3. "三明治"第三层：进行鼓励

在与家长沟通的时候，教师应该站在家长的角度，认真倾听家长讲述学生在家里的表现、家长对学生表现的看法以及家长对家庭教育的困惑，然后给予鼓励和肯定。家长与学生相处时间更长，与家长面对面地交流能帮助教师更多地了解学生的真实表现。

三、选择合适的沟通时机

1. 注意邀请和交流时机

教师要考虑家长接电话的情景。如果家长在上班或者在开会，不方便详谈，可以发送信息商定之后交流的时间。

2. 观察家长情绪

在沟通中教师要注意观察谈话环境和家长情绪，应根据情况适度调整谈话内容，但要始终把握问题主旨，适时终止偏离问题解决目标的交谈。

3. 调控谈话时长

刺激过多以及作用时间过久将引起心理不耐烦或反抗的现象，这种现象被称为"超限效应"。因此，教师与家长沟通应注重时间安排，避免谈话时间过长，影响交谈效果。

主题 2　如何化解家校冲突

◎ 典型案例

学校运动会上，悦悦在玩闹过程中打了另一个学生沐沐一拳。这件事并不严重，李老师也及时进行了处理，可是没想到，沐沐的父亲听闻后赶到学校，想要教训悦悦。虽然李老师及时进行了劝阻，不过悦悦仍然因受到惊吓而流泪。恰巧，悦悦的妈妈看到了这幕，便上前向老师讨说法。情况因双方家长的参与而变得复杂，幸好李老师把握住冲突事件的核心，耐心向家长解释说明，最终平息了双方家长的怒气。

教师和家长在对待孩子的问题上存在认识上的差异。家长只需要面对自己的孩子，对孩子的一举一动都很关心，因此将孩子的每个问题都当作大事。而教师面对的是几十个甚至更多的孩子，处理问题需要从全局出发，兼顾每一个孩子，也会分轻重缓急。教师和家长在看待孩子问题上的差异容易导致冲突与矛盾。教师应如何化解这些冲突与矛盾，才能让家校双方都满意？

◎ 应 知

人际冲突的化解是学者们在冲突研究领域最感兴趣的课题，对此，学者们进行了诸多研究，其研究结果有助于我们化解冲突，拥有和谐的人际关系。

一、解决人际冲突的五种常用方式

研究表明，在处理和化解冲突时，有五种主要的方式：强迫、退避、安抚、妥协和问题解决（图6-8）。

图 6-8　化解冲突的五种方式

二、托马斯关于冲突解决的五种方式

托马斯对上述模型加以重新解释和提炼，基于冲突双方的动机——"满足自己的需要"和"满足对方的需要"两个维度，归纳出了影响广泛的五种冲突解决方式。

1. 回避

既不关注自己的需要，也不满足对方的需要，采取压抑或退缩的方式应对，以避免冲突的发生。回避的方式会让双方暂时不发生冲突，但是本质上不能解决问题。

2. 忍让

只关注满足对方的要求，忽略自己的需要，甚至牺牲自己的利益，通过息事宁人来维持关系。长期的忍让会让牺牲利益的一方情绪激动，甚至爆发。

3. 妥协

双方的需要都不能满足，都做出让步，各自牺牲一部分利益，以期实现和平共处。你退一步，我退一步，在满足双方条件不具备的情况下，妥协可以达到平衡。

4. 竞争

只关注自己的需要、利益和目标，忽略对方的需要。长期的竞争关系也会损害双方关系。

5. 合作

既尊重自己的需要，也尊重对方的需要，找到对双方都有利的解决方式，实现共赢。合作解决要了解双方的需求，协商几种可行的方案，最后选出一种双方满意的方案执行。例如，有家长反应作业太多，教师在了解学生写作业的情况后，发现作业确实有些多，于是向家长解释了这些作业的作用，同时调整了一些作业的形式和难度，与家长达成了共识。合作解决是双方满意度最高的解决方式，因为它能兼顾双方的需求。

▼ 应 会

家校双方产生冲突时，一方的理智与冷静应对会让另一方也平静下来。掌握合作式解决冲突的步骤，可以协商出双方都满意的方案，化干戈为玉帛。

一、家校冲突的处理原则

1. 情绪冷静

家校冲突发生时，教师应尽可能保持情绪冷静，不因冲动说过激的话或者做过激的事情，以防止冲突升级。通常，当一方冷静下来的时候，另一方也容易冷静下来，从而能够进行理智的沟通。

2. 及时回应

家校冲突发生时，教师应遵循及时回应的原则，尽快回应家长，表示学校已经了解家长的需求，也非常重视。即使学校还没有采取措施，也要积极回应，告知家长学校可能会采取的措施，这种积极回应、不回避的态度，有助于使家长平静下来，甚至转变对学校的态度。

3. 主动沟通

在处理家校冲突时，教师要主动与家长沟通，及时主动反馈处理结果。例如，一位教师在被家长误会之后，积极主动地与家长沟通。在家长表示不能理解、不予原谅之后，又积极联系班主任，请班主任从中协调。家长听完班主任的解释，才意识到可能错怪教师了。这位教师通过主动沟通化解了冲突。

尤其涉及安全事件时，教师需要主动将调查结果、学校的安全措施等告知家长，让家长放心。

4. 协同应对

化解家校冲突需要相关人员协同应对，一般涉及四类人员：相关教师、班主任、学校相关领导（如年级组长、德育主任或主管副校长等），相关专家（如教育、心理或法制专家等）。这四类人员可以组成一个团队，共同面对相关家长，接待家长代表，召开家长会等。

二、合作解决冲突的具体步骤

合作解决冲突可以有效地让家长、教师都参与到解决问题的过程中来，共同协商、共同讨论解决方案，这样产生的方案满意程度最高。合作解决冲突可以分为六个步骤。

1. 明确冲突与双方需求

明确双方产生冲突的事项，具体到冲突时间、原因、程度等方面。了解双方冲突的

核心在于了解双方的需求，然后基于双方需求进行协商。例如，家长们联名希望学校把某个学生转到其他班，而这个要求校方无法答应。如果双方紧紧揪住是否转班这个问题不放，冲突就很难解决。学校在了解需求后，发现家长提这个要求是因为这个学生在班里的行为严重影响了其他学生的学习。家长们的需求是保证班里大多数学生的学习环境和氛围。学校的需求是贯彻义务教育理念，保证每个学生公平受教育的权利。通过分析，我们会发现两个需求并不冲突，接下来要做的就是尝试寻找能同时满足两个需求的解决方案。

2. 提出可能的解决方案

了解需求后，就需要进行头脑风暴，列出所有可能的方案，暂时不考虑可行性。头脑风暴鼓励所有人发言。在头脑风暴的过程中，不评判他人的方案，激发彼此的创造性，从不同的角度去看待问题。例如，家长提出让问题学生转班等提议，教师不要立即反驳，而应安静地倾听，让家长把他们想到的方案都提出来。教师提出方案时，也建议家长先不要反驳，而是记录下所有的方案。

3. 评估解决方案

将提出的所有方案放在一起，由冲突双方对每个解决方案的有效性和可行性进行评估并排序。这个步骤需要双方对每个方案的有效性以及在当下的可行性如何进行充分的协商。在这个过程中仍然鼓励双方充分表达

意见，尊重双方的需求，然后对方案从最优开始排序。

4. 确定最佳方案

根据讨论结果，双方确定最佳方案。有的问题比较复杂，最后选定的可能是其中几个方案。例如，解决学生之间的肢体冲突，可能包含道歉、支付医药费、和解等几个方案。

确定方案后，可以通过"你认为这个方案能解决问题吗？"等问题明确双方对方案的认可程度。

5. 细化和落实方案

为确保方案能执行下去，真正解决问题，在落实方案前需要仔细考虑以下问题。

（1）准备工作：要执行这个方案，需要做什么？

（2）方案落实：由谁来做？在什么时候做？可以列出计划表，按照计划表落实方案。

（3）方案评估：如何确定方案达到了目标？通过哪些方面评估？如果没有做到方案列出的事情，接下来需要做哪些事情进行补救？

方案评估的方式可以灵活多变：对于一些小的家校冲突，可以进行简单评估；而对于较难解决的冲突，则应留下相应的材料，明确评估方案。

6. 追踪执行结果

按照讨论的情形，判断是否达到了目标。如果没能达成目标，则要按照讨论的补救措施去做。如果冲突仍然没有得到解决，就需要进行新一轮的协商，再次明确需求，协商解决方案。

第三节 建立家校共育服务体系

通过本节的阅读，您将了解以下方面的内容：

主题1 增进家长会的桥梁与沟通作用

应知
了解家长会对于家校联结的重要作用
学习开办特色家长会的具体思路

应会
掌握准备学生成长档案的方法
掌握提前了解家长需求的方法
掌握倾听学生愿望的方法
通过班级座谈会，深入了解学生
通过发送正式邀请函，调动家长的积极性
掌握营造和谐的家长会氛围的方法

主题2 发挥家长教师协会的辅助作用

应知
了解家长教师协会的宗旨
了解家长教师协会的组织形式
知晓家长教师协会的加入条件
知晓家长教师协会的组织架构及主要职责

应会
定期召开家长教师协会成员培训会
组织家长参加访校活动
定期召开家长经验介绍会
布置促进亲子深度交流的作业

主题3 建立完善的家长学校课程体系

应知
了解家长学校的概念
理解建立家长学校的"三共"原则
知晓家长学校必须以学生发展和成长为本

应会
根据学生身心发展阶段和特点设置家长学校课程
根据家长需求调整培训内容
丰富家长学校的活动形式
熟悉信息化时代家长学校的互动模式

主题 1　增进家长会的桥梁与沟通作用

◎ 典型案例

本学期的家长会时间到了，某小学二年级 6 班的家长们行色匆匆地赶到了孩子的学校。正值年终岁尾，家长们都十分忙碌，但仍需要赶过来参加这一场依照惯例召开的家长会。

变化是在家长们踏进教室的那一瞬间展现出来的。家长们看到了教室四周的墙上，贴着每个孩子的照片，手里拿着自己想对父母说的话；看到了教室后面的黑板报，展现着孩子们的稚嫩、童趣与活力；看到了每张桌子上都放着孩子的成长相册，讲述着孩子一个学期以来的成长轨迹。

班主任王老师以 90 度鞠躬开场，带着满脸的骄傲与自信，开始介绍班里的每一个孩子在这学期的成长与进步。一个半小时的家长会结束后，班级里的掌声经久不息。

在上述案例中，为什么家长会结束后，班级里的掌声会经久不息？我们发现，这次家长会和传统的家长会并不相同，我们可以从中看到学生的成长、教师对学生的关注和对家长的尊重，也能看到家长对教师的理解与认可。

◉ 应 知

家长会是家校沟通最常用的形式，教师应打破家长会的常规模式，根据班里的情况设计特色家长会，这能极大地促进家校关系。

一、家长会是家校沟通的桥梁

家长会是学校与家庭建立教育联结的方式，是促进家校沟通的桥梁。从家长的角度来看，家长会是家长了解教师和学校的重要平台；从教师的角度来看，家长会是教师进一步了解孩子的有效渠道。

家长会最主要的目标包括：让家长了解孩子，让家长了解学校，让学校和教师了解家长。家长会可以围绕这三个目标，精心设计，让家长了解孩子的课堂表现及学习、人际、生活习惯等状况；让家长了解学校的教学计划、培养重点，增强家长和学校的联结。同时，教师也应积极和家长沟通，综合

学生在家里和学校的表现，加深对学生的了解。

二、开办特色家长会更有针对性

在小学阶段，学生发展迅速，因此教师需要根据不同阶段的发展目标确定要召开的家长会。阶段不同，家长会的主题、内容和目标定位都存在差异。例如，一年级开学前的入学家长会、期末考试前的家长会和小升初的家长会的侧重点都会有所不同。

在家校共育的背景下，家长会应更具特色，增强教师与家长的互动，而不是只由教师介绍学校情况。例如，有位班主任在开家长会时，并没有给家长贴好座位标签，而是把学生的物品和与学生爱好相关的提示放在对应的座位上，请家长们根据对孩子的了解寻找座位。这一做法既增加了互动性，也具有教育意义：能让那些找不到位置的家长反思，自己到底对孩子了解多少。再如，有位班主任召开颁奖典礼家长会，让家长看到孩子的进步与变化。此外，还可以根据学生在不同年龄段面临的问题设计特色家长会。以小学五年级的学生为例，学习强度和难度大幅增加使得学生无法高效完成作业，那么，班主任和任课教师便可以设计"如何一次性认真做完作业"的主题家长会，有效解决家长的苦恼，增强家校互动。

特色家长会需要班主任有创意和想法，这对教师而言既是挑战，也是机遇，能极大地促使教师进行自我提升。

▼ 应 会

召开家长会需要做好前期准备工作，下面提供几种准备思路，希望能对教师有所启发。

一、准备学生成长档案

教师可以整理学生进步记录，将相关的照片和内容制成"成长档案"，让家长在翻看的时候了解孩子的发展与成长。此外，教师也可以在学生的作品、照片旁边加上评语，让家长感受到教师对孩子成长的关注。成长档案会成为学生宝贵的礼物。

二、召开班级座谈会

在召开家长会之前，教师可以先举行班级座谈会，与各位任课教师交流沟通，了解不同教师眼中的学生，共同总结每个学生的整体表现和特点，更全面地看待学生的成长。

三、提前了解家长需求

教师可通过发放调查问卷的形式了解家长的需求，然后再围绕家长的需求召开家长会，提高沟通效率，有针对性地解决问题。

教师可以根据班级家长的实际情况设计调查问卷的内容（表6-7）。

表 6-7　家长调查问卷

学生姓名：	参会家长（父 / 母 / 其他 ＿＿＿）
1. 本学期您的孩子表现最突出的方面是什么？	
2. 本学期您的孩子最让您头疼的是什么？	
3. 本次家长会您最想解决什么问题？	

四、发送正式邀请函

教师可以和学生一起准备家长会的邀请函，可以制作创意邀请函、邀请短片等，增加庄重感。相比统一发放传统的家长会通知，发送正式的邀请函更能体现学校对家长会的重视，也更能调动家长的积极性。

五、倾听学生的愿望

教师可以在会前开展班级茶话会，倾听学生的愿望，让学生畅所欲言，表达自己对父母的期望，然后以图画或者写信的形式记录下来。在举行家长会的时候再由教师将画作或者信件亲手交到家长手中，让学生和家长开展一次别开生面的交流。

六、营造和谐的家长会氛围

教师在与家长沟通时要使用一定的沟通技巧，营造和谐的家长会氛围。首先，教师可以向家长表示感谢，感谢家长平日对班级的支持和对教师工作的理解；其次，教师应真诚地向家长讲述学生的优点与不足，让家长感受教师对孩子的关心；最后，教师还需要把握好整个家长会的进程，同时把控好整个家长会的情绪节奏，张弛有度，有意识地和家长互动。

知·心育人 小学版

适合每位教师的心理健康教育指导手册

主题 2　发挥家长教师协会的辅助作用

⊙ 典型案例

某校举行运动会，有的家长不仅给自己的孩子准备了活动用品，同时也为家庭困难的孩子准备了一份。在运动会上也有很多家长跑前跑后，为每个孩子拍照，帮着组织活动。有的家长从运动会开始到结束，一直在帮助维持纪律，关注孩子们的安全。

某校班主任在班级的一角开设了读书角，得到了大家的积极响应。学生纷纷将自己的图书放入读书角，有的家长甚至主动带孩子到书店选购图书，以充实班级读书角的藏书。

学生人数众多，班级管理往往离不开家长的支持。从上述两个案例中可以看到，家长的支持对于学校教育有重要意义。因此，有必要成立"家长教师协会"，以加强家校间的合作。

◈ 应 知

家长教师协会在小学阶段的作用非常大，是家庭教育与学校教育的纽带，是学校与家庭联系的桥梁。通过家长教师协会，家长可以紧密地与学校、班级联系和沟通，形成教育合力，促进孩子身心健康发展。

一、家长教师协会的宗旨

家长教师协会旨在让家长充分参与学校管理，加强家校沟通与合作，完善学校、家庭、社会三位一体的教育体系，形成培养学生的合力，促进学生全面发展。

二、家长教师协会的组织形式

家长教师协会中的教师成员由学校根据工作需要指定，家长成员可以自荐，也可以由教师推荐，或者二者结合。家长教师协会成员实行学年换届制，以教师推荐为主、家长自荐为辅的形式产生新一学年的协会成员，原则上每个学生家长均有机会担任。

三、家长教师协会的加入条件

协会的教师成员应该从承担教育教学管理工作的领导及承担班主任工作的教师中产生；协会中的家长成员应该在家庭中承担教育孩子的主要工作，了解孩子。

226

协会中的家长成员的组成应多样化，综合考虑职业、文化、经济、家庭结构等因素。

协会中的所有成员都应具备待人诚恳、有责任心、有爱心等品质。

四、家长教师协会的组织架构及主要职责

1. 组织架构

家长教师协会设名誉主席 1 名（由德育副校长担任）；家长教师协会管理委员会常委 15 名（包括教学及德育主任各 1 名，年级组长 6 名，年级总领事 6 名，秘书长 1 名），其余家长及班主任均为家长教师协会委员（图6-9）。

2. 主要职责

名誉主席：负责指导家长教师协会工作，出席家长教师协会会议，转述和传达学校、教师、教育专家的意见和建议。

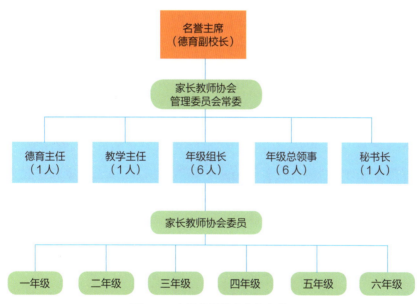

图 6-9　家长教师协会组织架构

常委：负责家长教师协会日常工作，制定家长教师协会工作方案，辅助教师开展教育教学活动。传达学校和班主任的有关要求，组织家长参与重要的学校活动，配合落实学校和班级的教育教学理念。同时，及时向学校和教师反馈家长的意见和建议。

委员：落实家长教师协会的各项具体工作，包括协助常委开展活动、管理家长教师协会资金、整理教学资源、宣传与组织家校活动等。

▼ 应会

家长教师协会需要定期开展活动，提升

协会成员的专业水平，增进家长与学校的相互了解，让家长教师协会成为学校的强大助力。

一、定期召开培训会

学校应该定期为家长教师协会成员举办培训会，向家长教师协会成员宣传家庭教育的科学理念和正确方法，以及家庭教育的重要作用。

培训的形式可以多样化，比如组织家长教师协会成员观看教育电影、参加读书会、阅读家庭教育书籍等。此外，班主任和学校有关部门可以针对孩子存在的不同问题对家长进行有针对性的培训，点燃家长的学习热情，破解家庭教育的困境。

二、组织家长参加访校活动

为有效保障家长对学校教育教学工作的知情权、参与权和监督权，同时拉近家长和学校、教师的距离，可以组织家长参与访校活动，如参观上课、参与班级管理、参加课外活动等，体验学生在校的生活。

三、定期召开家长经验介绍会

为家长提供与专家对话的平台，使家长有机会学习新的家庭教育理念和方法；发掘家长资源，促进家长之间进行交流探讨，分析孩子在家庭和学校的表现，寻找问题产生的原因及解决方法；邀请优秀学生的家长进行经验分享。

四、布置促进亲子深度交流的作业

在妇女节、母亲节、父亲节等节日期间，给学生布置家庭作业，以促进亲子间的交流，增进感情。家庭作业包括但不限于帮父母做一项家务、和父母谈一次心、给父母写一段感恩的话等内容；还可以开展亲子共读活动，让孩子和家长一起读书，一起讨论，制作读书笔记，让家长体验孩子的学校生活。

主题 3　建立完善的家长学校课程体系

🎯 典型案例

某小学开设家长学校，按照学段为家长提供了更有针对性的教学内容，让家长系统学习家庭教育的相关知识。

家长需要了解学生在不同学段的发展特征：小学低年级的家长需要学习小学低年级孩子的身心发展特点，并将之运用到入学适应、习惯养成、隔代抚养等方面；小学中年级的家长需要学习小学中年级孩子的身心发展特点，并将之运用到自主性培养、时间管理、高效亲子沟通等方面；小学高年级的家长需要学习小学高年级孩子的身心发展特点，了解青春期教育、成长性思维和情绪管理等内容。

家长学校可以采用现场讲座、网络直播、讲座回看等多种形式，打破时间与空间的限制，让忙于工作的家长也能学习到专业知识。

孩子的成长带给家长巨大的挑战。2019 年 5 月，全国妇联、教育部等九部门发布了《全国家庭教育指导大纲（修订）》，指出儿童期是人生的重要阶段，有其发展规律，家长在实施家庭教育时不能违背儿童成长规律。儿童成长既有共性也有个性，家庭教育要依据儿童成长特点，采取科学的教养方式。这对于多数家长而言都是巨大的挑战，因此有必要为家长提供科学化、专业化和规范化的指导。

家长学校的建立对于教师、家长和学校三方有什么重要意义？我们应该怎样看待家长学校？又该如何去做？

💧 应 知

不仅孩子需要学习，家长也需要学习。家长应学习儿童身心发展的知识和科学育儿的方法。由学校创办家长学校，能充分发挥学校在家庭教育中的阵地作用。

一、家长学校的概念

家长学校是指以婴幼儿、中小学生家长为主要对象，以传授家庭教育的科学知识和方法为主要内容的教育形式。其工作任务是促进家庭教育观念的更新，配合学校教育的实施，帮助家长掌握家庭教育的现代科学知

识和方法，为孩子的成长营造适宜的家庭教育环境。

家长学校为家长提供了系统学习育儿知识的途径，也帮助学校把教育理念、学生发展要求、家校共育等信息传递给家长。

家长学校主要包括三个学习模块：一是了解学生发展规律模块，包括了解学生不同阶段的身心特点、掌握学生的发展规律等；二是提升家长育人能力模块，包括传播家庭教育新理念、加强家长教育技能学习、促进家长自我成长等；三是促进家校共育模块，包括"五育并举"、安全教育等需要家长合作的部分，比如怎样促进家校沟通、家校如何合作等。

二、建立家长学校的"三共"原则

"三共"原则是建立家长学校的准则、理念和宗旨。

1. 以共同成长为准则

家长学校的建立以共同成长为准则。家长学校是为家长与学校坦诚交流搭建的一个平台，能够增进家校双方的理解与信任，既可以帮助家长更好地理解学校的教育理念和教育目的，也可以帮助学校了解家长的需求和期待。同时，家长学校并不是学校教育系统或者家庭教育系统中单独的一部分，家长和学校需要共同成长，才能谱写出家校合作的新篇章。

2. 以共同前行为理念

"与时俱进"不仅是时代前进的理念，

也是育人的理念。家长学校要秉持和家长共同前行的理念，家校携手助力学生的全面发展和健康成长。

3. 以共育未来为宗旨

家长和学校双方"共育未来"是家长学校的宗旨。一方面，要通过家长学校向家长传递正确的家庭教育观念和方法，提高家庭教育软实力；另一方面，要通过家长学校加深学校对学生在家各方面表现的认识，携手家庭教育，共创适合学生发展的环境。

三、以学生发展和成长为本

家长学校的核心是学生，所有的教育行为都是为学生服务的，因此家长学校要以此为前提才能不偏离初衷，更好地为孩子成长服务。

▼ 应 会

家长学校的课程设置不仅要充分考虑儿童身心发展特点和家长需求，还需要在形式上丰富多样，充分运用现代科技手段提升家长学校的专业性和效率。

一、根据学生身心发展阶段和特点设置家长学校课程

开设家长学校是为了提高家长的家庭教育水平，让家长科学地教育孩子，构建家庭教育和学校教育联系的纽带，促进孩子的健康成长和全面发展。

因此，课程设置的内容需要紧紧围绕少年儿童的身心发展特点和家长关心的教育问题，包括儿童身心发展知识培训、家庭教育知识培训、亲子关系知识培训、学生常见问题解决培训和生命教育培训等内容。

二、根据家长需求调整培训内容

教师可以提前了解家长的需求和学生的情况，把需要解决的问题反馈给学校，成为连接家长和学校的桥梁。例如，如果教师观察到处于青春期的学生在处理与异性相处的问题时有困难，可以提议举办青春期性教育讲座，为家长和孩子讨论青春期问题创造机会。

三、丰富家长学校的活动形式

家长学校的活动形式应丰富多样，比如，教师可以建设班级网站或主页，开辟"家长论坛"或"家长园地"，促进家长与家长之间、家长与学校之间的沟通联系。学校还可以邀请专家进行网络直播，家长使用手机端或电脑端同步观看，这样既可以解决学校的场地困难，又可以解决家长的时间和空间困难。同时，家长可以通过微课、音视频课、直播回看等形式进行反复学习，巩固所学的知识。此外，家长学校还可以通过网上讨论、沙龙、线上训练营等多种形式进行活动。

四、熟悉信息化时代家长学校的互动模式

1. 坚持学练结合，调动家长力量

家长学校可以采用学练结合的方式，家长跟着音视频课学习相关内容，再把学到的方法用到孩子的教育中，然后写成分享文字，与其他家长分享。例如，音视频课教家长如何签订行为契约，家长需要和孩子协商，签一份契约，并且执行。遇到问题可以在线上反馈，得到指导。家长也可以分享执行过程中的收获。这种方式可以完全在线上进行，能让整个年级或全校的家长同时参与，具有鲜明的信息化时代特征。

2. 注意隐私保护，遵守法规制度

在信息时代，隐私保护是绕不开的话题。家长学校在开展相关活动时也应注意保护学生、家长和学校的隐私。

此外，在开展活动的过程中应遵守相关法规。学校应学习相关法律法规文件，结合学校的实际情况，在政策法规的框架下，完善并实行家校合作制度，依法依规开展教学工作，具体包括：

（1）学习掌握国家的相关政策、法律和法规。

（2）制定和完善适合本校校情的相关规章制度。

适合每位教师的心理健康教育指导手册

请您回顾本章的知识要点，思考如下问题：

【本章学习回顾】

复习 家长和教师在学生成长中各自的职责是什么？化解家校冲突的五种方式分别
是什么？

联结 您在工作实践中是如何通过与家长协商来明确各自职责的？本章中呈现的
"三明治"沟通法、选择合适的时机与家长沟通等方法，您使用过哪些？

反思 在信息化时代，您觉得还可以采用哪些方式与途径更好地与家长沟通，开展
家长活动和培训？

第七章

教师心理建设
与职业生涯规划

　　教师是学校教育教学各项工作的主要推动者，更是学生心目中的"重要人物"，立德树人是教师的根本任务。要想成为一名优秀的教师，担负起启迪学生智慧、为学生成长领航的责任，不仅需要具备专精的知识和技能，也需要拥有健全的人格。

　　在多变的教育环境中，小学教师需要对自己有清晰的、积极的定位，适应教师多元角色转换的现实，学习处理角色冲突，建立合理的自我期待；需要具备较敏锐的自我觉察和较广泛的自我接纳能力，乐于自我探索，建立积极的自我概念。

　　如今，众多的教改任务、繁重的教育教学工作使教师面临各种挑战。面对复杂且琐碎的工作情况，教师需要转换视角，以积极的心态去应对，从问题视角转向解决问题的视角。因此，教师需要更多地关注自己的思维方式、认知方式、情绪和情感，学习自我赋能的方法，用成长型思维去生活和工作，做高效能的教师。

　　此外，与压力共舞是教师工作的常态。面对来自工作本身及学校、学生和家长的多重压力，教师需要掌握应对压力的积极策略，拓展工作资源，调整工作目标，改变工作方式，以有效应对压力。

　　教师职业有其特定的成长曲线，教师的职业生涯发展也有其独特的规律，这与从教者本人的职业规划相关。教师需要从自我的职业定位开始，设计自己的职业人生。

　　我们常说"教学相长"，教师唯有在职业生涯中保持积极心态，不断学习提高，不断调整发展，才能发现职业本身的意义并收获职业幸福。

第一节 做关爱自己的幸福教师

通过本节的阅读，您将了解以下方面的内容：

主题1 在压力下提升职业韧性

应知
了解什么是压力
理解教师职业压力的来源
了解职业压力对教师身心健康的影响
理解自我觉察与压力感受的关系

应会
掌握有效应对压力的策略
接纳学生和自己
掌握在教学中与学生共同成长的方法
提升自我觉察能力，悦纳自我
拓展资源，提升心理韧性

在积极情绪调试中促进职业成长 主题2

应知
了解左右情绪的是自动思维
了解思维模式指导着人们解决问题的方式

应会
善于识别和调适情绪，以帮助自己走出困境
掌握成长型思维，从问题视角转向解决问题视角

主题 1　在压力下提升职业韧性

⊙ 典型案例

　　孙老师是一位小学六年级的班主任，因为近期要上公开课，她把主要精力都放在了备课上。而此时学校布置了更新板报的工作，且一周后就要检查。孙老师觉得这点小事交给宣传委员兼美术课代表小红同学组织完成就可以。但到了周四，已经过去四天了，板报仍只有几个大字标题，内容都是空的。小红同学哭着向孙老师投诉：宣传组的同学每人都有自己的板报方案，每天都在争吵，却没人听她的，就连这几个大字标题都是她一个人写的。为此，孙老师放下备课的事，紧急召开学生干部会，布置搜集资料，在周五放学后亲自盯着制作板报，最终才完成了学校的工作。孙老师说："现在的学生，思想活跃且有个性，什么事情都想按自己的想法做，但他们又不具备这个能力。我要准备公开课，每天还要上很多课，批改很多作业，还要完成学校布置的各种任务，答复家长各种问题……，压力真的太大了！"

　　上述这个案例客观反映了部分教师的日常工作状态。现在的学生大多知识面广、思维活跃、兴趣广泛、个性鲜明，这使教师们的教育教学工作压力倍增。但是，教师如何看待这些问题，如何运用有效策略应对，如何变压力为动力，实现教学相长，这就体现出了教师的智慧和能力。

⊙ 应知

　　小学生的心智、品格还处在不断发展和完善的过程中，可能会出现各种成长性的问题。在面对和处理这些层出不穷的问题时，教师会耗费大量的心力，从而倍感压力，时间长了就会有强烈的倦怠感、耗竭感，主要表现为压力倍增、情绪失控和习得性无助等。因而，积极应对工作压力、提升职业韧性是每一位教师都要修炼的功课。

一、压力是什么

　　压力是我们面对外界刺激（压力事件）时，为了寻求保持或恢复正常状态而做出的反应。压力是我们生活中必不可少的一部分，与压力共舞是工作和生活的常态。

　　能够诱发教师心理压力的事情非常多，如制作课件时电脑死机，解决学生突发事件而没法接自己的孩子放学，既要准备公开课又要出期中考试试卷……。但从心理学的观点来分析，个体对压力的感受并不仅仅取决于外在因素，在很大程度上来自个体自身对压力的认知以及做出的反应。也就是说，事件本身并不会引起压力反应，起决定因素的主要是个体对事件的认知和评估，也就是我们怎么看待这件事情。如图 7-1 所示，压

力虽然会让人产生负性情绪，但其中也蕴藏着机会。如果能掌握积极的调节方法（如对事件进行积极评价），很可能会激发自身潜力，让压力变成动力。因此，对于教师来说，正确认识压力，调整自己对压力的感受，保持健康、愉悦的心态是较好的应对压力的方法。

图 7-1　压力事件对情绪和行为的作用

二、教师的职业压力

　　工作的高负荷、社会及个体对教师职业的期望、教师专业发展和自我发展的需求、人际关系以及家庭生活与教师职业的冲突等因素是中小学教师职业压力的主要来源，具体包括社会对教师学历提升的高要求、课程改革对教师职业能力发展的新要求、学校对升学率的高要求、家长对学生学业成绩的高期待、与领导及同事的关系不和谐、个人职业发展机会渺茫、家庭与工作难以平衡等。

三、压力过大会损害教师身心健康

　　教师初入职时都会有培育桃李满天下的豪壮情怀，然而随着日复一日琐碎事务的缠绕、平淡重复性工作的磨损、家庭与工作之间冲突的凸显等，很多教师的教育热情渐渐消退，习得性无助渐渐产生，得过且过的想

法慢慢占据心头，职业的倦怠感随之袭来。

　　"职业倦怠"这个概念最早由美国心理学家弗登伯格提出，他认为职业倦怠是指个体在精力、能力和体力上都无法应对外界要求，从而产生了身心疲劳和耗竭的状态。通常有职业倦怠的教师在生理上会长期处于亚健康状态，呈现出中度或重度疲劳，工作效率和成就感大大降低，严重影响教师的生活质量（具体内容见本章第二节主题 3）。

四、自我觉察与压力感受的关系

（一）自我觉察

　　自我觉察是人对自身存在及外部世界的感知和意会，它包括觉察未完成情结（可能是被压抑的情绪）、觉察信念和模式以及觉察需求和愿望。自我觉察能力不足的人看不到压力背后隐藏的情绪、信念、模式及需求

等方面，很容易走入"自动化反应"的歧途，遭遇负性情绪的困扰。

（二）自动化反应

我们的自动化反应一方面是因为出现了"自我卷入"，另一方面是现实的情境触发了我们"残留的情绪"。残留的情绪来自未完成的事项和未了结的情绪。丹尼尔·戈尔曼在他的《情商：为什么情商比智商更重要》一书中说：人的大脑中有一个记忆情绪经验的区域——杏仁核，它将一些我们过去遇见的事情的情绪反应记录下来，只要再次发生类似的事件，它就会越过大脑的理性分析，直接做出反应。

在现实面前，我们对压力事件的情绪反应非常快且强烈，就好像扣动了扳机一样，完全是下意识的自动化反应，我们如果能够在此时觉察到自己自动化反应背后的问题，就会理解自己的压力感受，为这个反应加装一个"刹车"，这也为合理减压提供了可能性。

（三）自我觉察对教师的意义

自我觉察可以让教师对自己以及他人有更多的观察与了解，具体而言有以下三方面的意义。

首先，觉察自身负性情绪的来源可避免对学生造成心理伤害，避免与协作对象发生冲突。其次，觉察需求和愿望有助于理解学生、家长、同事等，引领学生成长，更好展开协作。最后，觉察到自动化反应对生活的影响，能使思维更加灵活，避免僵化，从而提升工作效率。

▼ 应会

面对压力，教师应通过有效的应对策略积极减压，全然地接纳"不完美"的世界，提升自我觉察能力，在压力之下成长，提升心理韧性。

一、掌握有效应对压力的策略

国内外大量心理学研究发现，个体使用回避、发泄、自我责备等策略时，较容易引发焦虑、沮丧、抑郁等负性情绪；而寻求社会支持、专注于解决问题、暂时转移注意力等策略能够减少负性情绪出现的频率。

很多人都认为，在自己不能缓解压力时，寻求帮助是一种非常有效的减压策略。但心理学研究表明，寻求帮助的策略效果如何，还需要看人们寻求帮助的用意。如果寻求帮助只是发牢骚、抱怨、发泄情绪，那是于事无补的；如果寻求帮助是为了解决问题，则可以减少负性情绪的困扰。

有研究发现，教师认为最有效的压力应对策略依次是：

（1）确保自己能理解所从事的工作。

（2）进行充分的课程准备。

（3）在压力情境中发现事情幽默有趣的一面。

（4）放弃做不下去的事情。

（5）优先解决当前最有压力的事情。

因此，面对压力时，教师不妨正确看待，提前做好压力情境的预期，学习相应的心理学知识，承受压力时专注于问题解决而非抱怨，多跟其他教师沟通探讨教育学生的技巧。这样不仅有利于问题的解决，也有助于教师形成健康的心理状态。

二、接纳学生和自己

小学生处于人生成长的初期，他们需要在学习中积累知识和经验，通过人际交往不断丰富社会阅历。小学生学习的过程是试误的过程，教师引领学生成长的过程是与学生共同面对问题、解决问题的过程。因此，作为教师，如果能用积极心理学的观点看待学生，在工作中更多地换位思考，从发展的视角去理解学生的成长，接纳学生的不足，关注他们的进步，促进他们的发展，那么教师就能更好地解决学生出现的各种问题。

随着互联网的发展，获取信息的途径越来越多元，即使教师努力自我提升、充实头脑，也会因视野的局限出现个人能力不足的问题。教师陪伴学生成长的过程，也是教师个人不断进取、不断完善的过程。作为成长中的教师，如果能够了解并接纳自己的"局限性"，善于提升内在动机和寻求外部资源的支持，学习有效的教育策略，就会大大缓解工作压力。

三、在教学中与学生共同成长

教学相长，意为教与学行为的交互作用促进了个体的发展，也可以引申为教师与学生的相互促进：在教学实践中教师的教学过程促进学生的发展，学生的成长又促进教师的提升。新课程改革倡导民主型的师生关系——师生共同学习，相互促进，教学相长。教师若在面对学生带来的压力时，能够秉持"教学相长"的教育观，将学生视作"共学"的伙伴，尊重学生人格，平等对待学生，给予学生严格要求和正确指导，不仅能缓解职业压力所带来的负面影响，更能对自己的职业发展起到重要的促进作用。

四、提升自我觉察能力，悦纳自我

在面对压力时，教师可以通过回想自己近期的工作与生活状态、人际关系、沟通模式、所面对的冲突或危机等进行自我觉察，还可以通过审视自己的身体健康状况来进行自我觉察和思考。

◉ 知识窗

检视自己的"框"

1. 检视头脑中那些自己认同的想法，即那些用"应该、必须、不能、一定要、决不、就是"等词语表达的句子。

2. 从这些句子中找到自己的信念。

3. 对自己的信念进行评估，找出对自己的行为有影响的不合理信念。

心理学家埃利斯总结出的 11 种不合理信念如下。

● **知识窗**

不合理信念

1. 在自己的生活环境中，每个人都绝对需要得到其他重要人物的喜爱与赞扬。

2. 一个人必须在各方面或至少在某个方面有成就、有才能，才是有价值的。

3. 有些人是坏的、卑劣的、邪恶的，他们应该受到严厉的谴责与惩罚。

4. 生活中出现不如意的事情时，就会有大难临头的感觉。

5. 人的不快乐是外在因素引起的，人不能控制自己的痛苦与困惑。

6. 对可能发生的危险或可怕的事情，应该牢记并随时保持警觉。

7. 对于困难与责任，逃避比面对要容易得多。

8. 一个人应该依赖他人，而且是依赖一个比自己更强的人。

9. 一个人过去的经验影响着他目前的行为，这种影响不可改变。

10. 一个人应该关心别人的困难与情绪困扰，并为此感到不安与难过。

11. 每一个问题都应该有一个完美且正确的解决途径，如果没有找到完美的解决方案，那简直糟糕透顶。

这些不合理信念可以通过自我觉察训练来逐渐消除，从而帮助教师更好地接纳自己，更客观地看待自己的职业发展，提升职业韧性。

以下"知识窗"中"自我觉察的五个方向"的内容为提升教师的自我觉察能力提供了有效路径。

● **知识窗**

自我觉察的五个方向

1. 关于自己、他人（学生、家长、同事、父母、伴侣、孩子、朋友……）

• 能够区分自己和他人内心世界的不同。

• 知道设身处地地理解他人，懂得沟通是有效的方式。

• 明白真正的爱是符合对方利益的爱。

2. 关于局限和不足

• 每个人都有局限，所以追求成长和完善是终生任务。

• 给成长以时间和机会。

• 承认自身不足是积极、健康的态度，并懂得适时改进。

- 不因自己的缺点和失误而否定自己，应从失败中学习经验。

3. 关于积极与消极

- 承认工作与生活起起伏伏、喜忧参半的现实。
- 选择看待生活的方式：从消极中寻找发展的力量，从积极中发现成长的智慧。

4. 关于过去、当下和未来

- 了解过去的生活、工作经验会影响当下的认知。
- 将注意力放在当下有助于现实问题的解决。
- 及时修复问题可以给未来留下好的经验。

5. 关于外部环境（家庭、学校、社会、网络……）

- 明白建立关系比解决问题更重要。

值得注意的是，个体能够觉察的多是现实的一部分，教师在做自我觉察功课的时候需要区分哪些是想象的、哪些是真实存在的，不要被想象的事情迷惑。

五、拓展资源，提升心理韧性

小学教师的工作对象是未成年的少年儿童，他们的心理成熟度与社会化程度较低，好奇心和求知欲强，生活能力和学习能力不足，因而需要教师投入大量的心力来对其进行训练和指导。而每一名学生背后又有其家庭成员的影响，这对教师来说也是一个非常大的考验。同时，教师还面临教学的挑战、同事的竞争以及工作和家庭的协调等各种状况，这就需要教师具备强大的心理韧性来支撑自己的发展。

心理韧性是教师适应环境的种种挑战的结果，在多种因素的动态发展的进程中，教师个体的性格特征、道德观念在互动中体现出其坚韧性。这也体现在教师持续的专业理想、对个体成长的动力和发展热情等方面。有研究者整理了有关教师心理韧性的结构与影响因素的研究，提炼出构建教师心理韧性需要考虑的四个维度：专业相关、情绪、动机和社交（图7-2）。

在面对职业挑战时，教师和学校可以根据这四个维度从以下几方面来拓展职业资源，提升教师的心理韧性。

第一，营造舒适的人际氛围。建立与工作伙伴之间舒适、健康的互动关系，提升职业归属感。

第二，营造积极的校园文化环境。培养积极合作的工作关系，建立学习和成长共同体，建立对话机制等。

第三，做好不同发展阶段教师的身份认同。教师要整合自己的能力、态度以及工作方式等，与职业发展的不同阶段相适应。

第四，对于教师工作的复杂性以及不可

图 7-2　教师心理韧性的四个维度

预测性要有所准备，学习有效利用工作资源，能够灵活处理工作中遇到的各种问题。

第五，教师需要将自己的工作与学校的发展联系起来，持续深耕，扩展工作空间，累积工作经验，得到学校的支持。

唯有如此，教师才可以在变化的教育环境中，在面对多样性的学生时，获得智慧和勇气，百折不挠，在教育事业上获得长足发展。

主题 2 在积极情绪调试中促进职业成长

典型案例

张老师是一名刚刚从学校毕业的新教师，有着高涨的工作热情。然而，当他来到学校后，却发现困难重重。虽然自己已经做了很多心理准备，但是扑面而来的各种状况让他感到灰心。学校教育教学条件很差，教师宿舍因为工程款不足而迟迟不能完工，当地尊师重教风气淡薄。最让张老师头疼的是，学生普遍不爱学习，成绩差，上课维持纪律要花很大精力，会写作业还能按时交的总是那么几个学生。

张老师从小学习就很自觉，通过自己的努力考上大学，学的也是喜欢的专业，从来没有让老师、家长费过唇舌。"学习不是自己的事吗？把学习搞好可以实现自己的理想啊，真搞不懂这些孩子，怎么什么目标都没有，一点动力都没有！"张老师联系家长寻求配合，但他发现很多学生家里只有祖父母照顾孩子，父母能在身边督促、帮助的很少，这让他感觉难上加难。

"苦读这么多年，没想到却要在这里荒废下去了……"张老师心情焦躁，干什么都提不起神，有时候还忍不住发脾气。

很多教师在教育岗位上干得并不开心，他们被工作中各种"麻烦事"缠身，觉得永远有解决不完的问题，因而愁眉苦脸，士气低迷。殊不知，基础教育阶段的教师做的就是陪伴未成年人长大的工作，解决问题是教师工作的主旋律，教师每天不是解决学生的学习问题，就是解决思想问题，抑或是情感问题……，学生也是在解决各种成长问题的过程中慢慢长大、慢慢成熟起来的。教师工作的成就感和幸福感不是取决于他们有没有遇到问题，而是在于他们如何看待和解决问题。

换一个角度，以积极的视角来看待教育工作中遇到的问题，会给教师带来不一样的收获。

应知

情绪会对教师的工作状态产生很大的影响。对情绪有清晰的认知，可以帮助教师更好地理解自己，寻找解决问题的方法。

一、情绪和思维方式互相影响

1. 神奇的 3∶1 效应

美国心理学家芭芭拉·弗雷德里克森提出了积极情绪的扩展和建构理论。她通过研究发现，积极率（积极情绪总量与消极情绪总量之比）需达到 3∶1 的临界值，也就是积极率在 3∶1 以上，人们的生活和工作才会处于欣欣向荣、良性运转的状态。提高积极率有两个路径：一是增加积极情绪，二是减少消极情绪。

2. 影响情绪的自动思维

美国心理学家埃利斯创立的"情绪ABC理论"（图 7-3）解释了人的情绪和行为的产生过程。其中"A"代表与我们的情绪情感相关的事件（Activating events），"B"指我们头脑中的信念（Beliefs），"C"是事件发生后所带来的情绪和行为结果（Consequences）。

图 7-3　情绪 ABC 理论示意图

人们常常认为，一件事情发生后，我们理所当然会随之感受到相应的情绪情感，并做出行为反应。但事实上，我们很可能忽略了"A"与"C"之间的"B"，即我们自己对这件事的看法和解释。当事情发生后我们冒出的第一个想法，便是对这件事的"自动思维"。左右我们情绪的，有可能不是事情本身，而是我们的自动思维。

每个人的大脑，每天都会产生大量的自动思维。这种思维的产生往往是无意识的，大多数情况下我们并不会察觉。例如在课堂上学生吵闹时老师产生的自动思维是"学生太不懂事了，我必须让他们安静下来"，但碍于人数众多难以管理，老师就会产生挫败感和无力感。若老师将学生们的"吵闹"理解为"这些孩子真是充满活力"，进而投入更多的耐心或寻找更合适的课堂管理方法，可能会在授课过程中感受到更多的成就感和幸福感。消极情绪的产生往往与负性自动思维有关，负性自动思维多的人，往往感到非常不快乐，因为遇见任何事的第一反应都是糟糕的、负面的。

二、思维模式指导问题解决方式

一般来说，人们的思维模式决定了他们对事件的看法，也指导着他们对问题的解决方式。美国心理学家卡罗尔·德韦克提出了两种不同的思维模式——固定型思维和成长型思维（图 7-4）。

拥有固定型思维的人认为，聪明才智等能力是天生的，后天无法改变。遇到挫折失败，他们会归咎于自己不具有这方面的天赋，所以会不惜一切代价去避免尝试新的挑战。

拥有成长型思维的人认为，智力是可塑

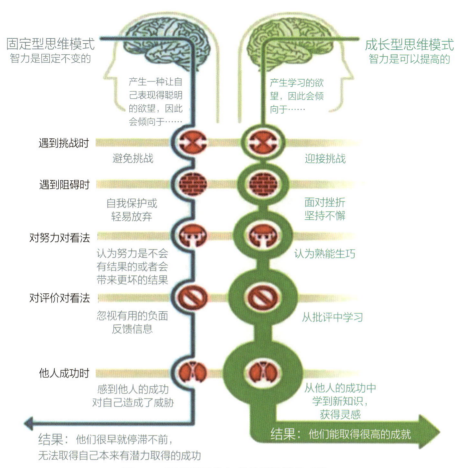

固定型思维模式
智力是固定不变的

成长型思维模式
智力是可以提高的

产生一种让自己表现得聪明的欲望，因此会倾向于……

产生学习的欲望，因此会倾向于……

遇到挑战时

避免挑战

迎接挑战

遇到阻碍时

自我保护或轻易放弃

面对挫折坚持不懈

对努力对看法

认为努力是不会有结果的或者会带来更坏的结果

认为熟能生巧

对评价对看法

忽视有用的负面反馈信息

从批评中学习

他人成功时

感到他人的成功对自己造成了威胁

从他人的成功中学到新知识，获得灵感

结果：他们很早就停滞不前，无法取得自己本来有潜力取得的成功

结果：他们能取得很高的成就

图 7-4　固定型思维与成长型思维的对比

的，天赋只是起点，智力可以通过教育和努力提高。他们用乐观积极的态度面对各种问题和挑战，不轻言放弃，所以更容易获得成功。

固定型思维模式中，成功来源于事情的结果，事情的结果能够证明自己的天赋和能力。成长型思维模式中，成功来源于尽自己最大的努力做事，源于学习和自我提高。

固定型思维模式者认为，一次考试失利、输掉一场比赛、被拒绝等，都意味着自己是一个失败者，不具有这方面的天赋。并且，他们不会从失败中学习并纠正自己；相反，他们可能只是去尝试修复自尊，不愿意面对挑战。而成长型思维模式者则认为，失败意味着自身没有成长或者没有尽最大的努力，他们会把遇到的挫折和挑战看作提高自己的机会，从而不断改善和进步。

研究表明，成长型思维在商业职场、人际关系和教育等众多领域都发挥着非常重要的作用。具有成长型思维的学生在教育过程中更能享受到学习的乐趣，遇到困难会主动寻求帮助，不轻易放弃，拥有更强的复原力。具有成长型思维的父母，更善于称赞孩子的努力，教孩子拥抱挫折和挑战。具有成

长型思维的教师，更乐于引导而不是评判学生。父母、教师应作为成长型思维的传播者，言传身教，和孩子、学生一起成长。

▼ 应 会

在教师的自我觉察中，识别与调适情绪是走出情绪困扰的第一步。以成长型思维看待和处理问题可以帮助教师获得更多正能量去解决问题。

一、识别和调适情绪，走出困境

1. 学会识别和调整自动思维

既然在同一件事情上，不同的自动思维会带来不同的甚至截然相反的情绪体验，那么我们就可以通过改变我们的自动思维来调节情绪。

首先，我们需要学会识别自己的自动思维。

● 知识窗

自动思维识别方法

1. 确定情境或者问题。把情境或者问题固定下来，才能找到对应的自动思维。

2. 确定情绪。因为自动思维总是在情绪的"旁边"，和情绪如影随形。

3. 提问：这时候你脑子里在想什么？

找到自动思维后，就可以使用以下方法来调整你的自动思维。对自动思维的识别和干预是一个非常好的自我探索的途径，既能增加我们对自己的认识，又有助于我们走出消极的情绪。

● 知识窗

自动思维调整方法

1. 寻找证据法。支持和反对这个想法的证据各有哪些？

2. 有没有别的解释？

3. 我相信自动思维会有什么影响？我改变自动思维会有什么影响？

4. 如果我的家人或朋友也处于同样的处境，我会对他说什么？

5. 我会做什么？

2. 从关注问题到自我赋能

俗话说，人生不如意事十之八九。人们

之所以会有这种感觉，首先，与人类普遍的"问题视角"有关，人们总是容易看到自己、他人以及环境中存在的不足，而对我们已经拥有的却经常视而不见。其次，事情是否如意或有多不如意，在一定程度上也与人们是否善于从表面消极的事件中发掘深层的积极因素有关。

另外，人们可以通过挑战（驳斥）自己看待事件的不合理信念，选择健康的、理性的、有成长性和建设性的信念来改变自己对事件的看法（认知），从而摆脱消极情绪的影响，获得全新的积极感受。因此，通过积极关注对消极事件进行认知重构，就是一个有效的情绪管理策略，值得我们加以了解和练习（图7-5）。

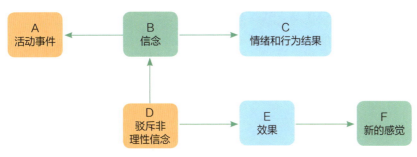

图 7-5   信念对情绪与行为的作用

好方法贵在坚持。我们可以经常运用这个技术，每天练习或每周练习。练习时，将相关内容写在一个专门的笔记本上效果会更好。这个技术适合所有人，尤其是那些比较悲观的人。注意这里的"消极事件"是那些我们无法改变、只能接纳并需要去努力适应的事情。而对于那些可以预防或可以改变的事情，采用预防或改变的方法会更好。

3. 变换句式，转换心情

调整心情有一个最简单的小方法，就是变换你解释事件时的句式。当你用"多亏了……，我才……"替换"我不得不……"的句式时，看看会有什么不同的感受，会带来哪些不同的行为和结果。其实，句式的变化即为一种认知方式的变化。当你从更加积极的角度来看待事件时，你的心情自然也会随之阳光起来。此外，我们还要在变换句式中寻找积极因素带来的变化。现在，我们就试一试变换句式，来挖掘日常"麻烦事"中的一些积极因素。

以托管班为例，变换句式后，教师可以发现延时托管工作也有积极的意义。

（1）多亏了延时托管，我才可以一边看管学生，一边改作业，这样就不用把工作带回家了。

（2）多亏了延时托管，我才能在看管学生时督促和辅导他们写作业。

（3）多亏了延时托管，我才晚于另一半下班，吃到了他为我准备的晚餐。

（4）多亏了延时托管，我才可以解决部分家长的一些后顾之忧。

以大班额的课堂教学为例，变换句式后，教师的工作似乎变得轻松起来。

（1）多亏了班里学生多，我才可以在教学时轻松调动课堂气氛。

（2）多亏了班里学生多，我才会收获更多孩子的爱戴和尊重。

（3）多亏了班里几个让人操心的学生，我才知道该怎么更好地帮助学生，更好地做一名温暖的老师。

（4）多亏了给这么多学生上课，我才有机会锻炼自己的教学和管理能力。

（5）多亏了上课的辛劳，我才发现原来我的家人如此包容我的"坏脾气"。

二、换一个视角寻找转机

一个人的思考方向会影响其思考的内容，进而影响其问题解决的决策及效能。当教师将思考焦点放在简单感受教育教学问题上，就很容易陷入抱怨与无助的情绪中，这对自己、他人和环境都没有帮助。若把思考焦点放在问题解决上，或许可以催逼自己朝着期待的方向积极行动。因此，教师们不妨用正向的、朝向未来以及问题解决的积极视角去思考与做决定。其实我们所看到的问题往往不是真问题，而我们处理问题的方式才是真问题。对于教师来说，如何处理问题及向学生示范处理问题的方式，也是育人的一部分。

1. 如何获得成长型思维

（1）了解大脑的可塑性

科学研究表明，大脑的可塑性可以持续终生。我们的思维模式、才智等，可以一直

通过训练来塑造和优化。在我们意识到犯错或遇到挑战时，大脑会异常活跃。也就是说，有时候犯错可能是我们成长的契机。我们需要改变对错误的态度，并从中汲取经验。

（2）获得成长型思维的步骤

如图7-6所示，获得成长型思维分为四个步骤。

图 7-6　获得成长型思维的流程图

第一步：接受

首先要接受自己的固定型思维模式。我们既有的思维模式是以往生活中积累的经验，有其存在的价值。然而事随境迁，每一天都会有新的变化，旧有的模式未必能解决当下的问题。所以我们需要进行观察和反思。

第二步：观察

通过观察来明确是什么激发了自己的固定型思维模式，观察它通常在什么时候出现：也许是在面对一个巨大挑战的时候，它开始出现并劝你退缩；也许是在遭遇失败时，它突然出现并泼你冷水。观察自己在固定型思维模式下是怎么对待他人的，而这种思维模式会带给自己怎样的影响。

第三步：命名

给自己的固定型思维模式起个名字，然后描述一下它是什么样的，什么时候出现，以及如何影响自己。自身对固定型思维模式要有一个客观的认知。

第四步：教育

给固定型思维模式命名之后，我们就可

以开始教育它。具体做法是：在遇到可能激发自己固定型思维模式出现的事情时，首先要保持警惕；其次，在它出现并阻止自己时，尝试说服它，邀请它和你一起面对挑战，"我知道这可能会失败，但是我愿意试一试。你能不能对我有耐心一些"，然后尝试做一些改变。

2. 从问题视角转向解决问题视角

从问题视角转向解决问题视角是我们尝试促进心理灵活性改变的方式，也是重建希望的方式。教师在看到错误、了解到自己的局限之外，更要关注自身的优势、潜能以及资源。教师不仅要看到问题，更要能找到解决之道——问题中常常就包含着解决的种子。我们不妨通过下面几条途径来寻求解决之道。

（1）接纳问题的出现

教师可以尝试以下两种方式来促进对问题的接纳。

第一，扩大认知背景。如"看到学生不学习，我就来气"，可以换一个角度，"也许是我对他的学习还不太了解，我要看看他在学习上有哪些困难，哪一科或哪个阶段学得还算主动，也许能发现可以帮到他的地方"。扩大认知背景可以从三个方向去进行：在更长的时间段，以发展的视角看问题；在更广阔的空间里，做横向的比较；或者换一个方向，站在对方的立场上去思考。

第二，用积极的视角理解不同的表现。给人或事物一个积极的解释，如"我性子比较急"，可以换一种态度，"急性子有时效率高，也是优势，只是很多时候需要多一些耐心"。

● 知识窗

准备好自己

1. 每个人都拥有资源和能力去解决自己遇到的问题，每个人都是自己问题的专家。

2. 与可以共同面对问题的伙伴合作与沟通，彼此支持。

3. 思考这个问题："可以做什么让问题不再继续下去？"

4. 抱怨只会使人停留在挫折的无可奈何中，所以应该及时停止抱怨。

（2）运用焦点解决的技术

焦点解决短期治疗是以寻找解决问题的方法为核心的短程心理治疗技术。焦点解决短期治疗的信念包括"以正向为焦点的思考""改变永远在发生"等，教师可以借鉴其中的理念和方法，将其应用到自己的问题应对中。

本主题典型案例中的张老师可以静下心来，梳理思路，与同事多沟通，寻求外援；也可以秉持成长型思维，对学生做深入的学情调研，找到学生学习失能的止损点、提升学习动机的切入点。张老师可以用焦点解决的方法，分步骤改进教育教学方式，获得更好的育人效果。

● **知识窗**

解决问题的具体步骤

1. 重新建构问题。"问题症状"有时也有正向功能，正向的期待也可能隐藏在问题背后，挖掘问题以促成新的理解。

2. 寻找多种可能。每个问题都有其特殊性及多面性，可以找出解决问题的多种可能性，找到更为弹性的问题解决的途径。

3. 推动雪球效应（骨牌效应）。看重小改变的价值，促进小改变的发生与持续，不断调整着力点，积累成功，以使自己产生信心及力量去处理更困难的问题，进而带动整个情况的改变。

4. 从"例外"入手。无论是多么困难、顽固的问题，总有问题没有发生的时刻，这便是"例外"。以"例外"为突破口，了解"例外"是如何发生的，如何增加"例外"发生的机会，从"例外"中寻找解决方法。

5. 做时间及空间的改变。如果暂时无法解决问题，可以让大脑"放个假"，暂时放下手头的工作，也许在做别的事情时突然有解决问题的灵感。

第二节 促进教师的职业生涯发展

通过本节的阅读，您将了解以下方面的内容：

主题1 教师职业生涯发展的规律

应知
了解动态的教师职业生涯周期模型
学习施恩的职业锚理论

应会
掌握开展教师职业生涯规划的策略
运用 SWOT 分析法制定职业规划
根据职业生涯规划流程图，设计自己的职业人生

教师职业生涯规划的策略 主题2

应知
了解职业生涯目标确立的原则
理解合理规划内生涯与外生涯的必要性

应会
能够用 SMART 原则规划职业生涯目标
选择适合自身的职业发展路径

主题3 教师职业倦怠的预防

应知
理解倦怠是教师职业生涯的绊脚石
了解教师产生职业倦怠的原因

应会
识别教师职业倦怠的信号
掌握预防和缓解职业倦怠的方法

主题 1　教师职业生涯发展的规律

◎ 典型案例

张老师年近 40 岁，作为小学一年级班主任，她说自己最近快要抓狂了。她目前的状态是：每天早上 7 点半进班盯早读，然后就是满脑子数学、语文等各种教学内容，中间还要不时地解决班里学生的问题，午饭时间要值班，下午 5 点下班后还要继续处理工作上的一些事务。此外，针对一年级学生的适应问题，还要经常和家长沟通到很晚。"我每天像上了弦的钟表不停地往前赶，偶尔停下来却不知道自己要走向哪里，这种日复一日的盲目奔波究竟为了什么？真羡慕那些马上退休的老师。"张老师对自己的职业生涯发展感到十分茫然。

教师的职业生涯贯穿整个从教经历，是一个动态、持续发展的过程。从准备成为一名教师到临近退休告别教师岗位，教师职业生涯分为多个阶段，教师在每个阶段都会遭遇不同的发展困惑。如果没有很好地应对，教师在发展的道路上会很难享受到教师职业的幸福感，甚至会产生强烈的挫败感和无价值感。但是，如果教师具备职业生涯规划的概念和意识，沿着有准备的职业发展之路一步步前进，并逐步实现这些规划目标，就会获得成就感，能够积极调适不良状态，解决迎面而来的问题。

◎ 应知

教师有其独特的生涯发展路线，从一个教育新手到熟手，再成长为教育高手，这需要经历漫长的成长和磨炼过程。教师应遵循教育行业从业者发展的规律，秉持终身学习和成长的理念，早做规划，不断调适，如此才能获得长足的进步与持久的发展。

一、动态的教师职业生涯周期模型

美国麻省理工学院的施恩教授首先提出了教师职业生涯规划的概念，此后研究者们开始关注教师职业的不同发展阶段。费斯勒、克里斯坦森建立了教师职业生涯周期动态模型。在模型中的不同阶段，教师承担的职责不同、角色不同，职业发展任务和成长需求也不同，因而产生了不同的困惑，不同发展阶段职业发展关注点也不同。在个人环境与组织环境的影响下，教师在各阶段之间来回转换（表 7-1）。

表 7-1　教师职业的不同发展阶段及发展任务

发展阶段	主要内容	发展任务
职前期	在学校接受师范的初始培训，或教师因角色变化、承担新任务而接受再培训；培训的提供者可以是高校，也可以是工作中教职工发展培训的相关部门	1. 勾勒自己的教师职业形象 2. 培养对教育工作的积极态度 3. 建立基本的师德师风
职初期	入职后的最初几年，或者在更换年级、更换工作单位等时候；在学校中完成个体社会化；在工作中争取领导与同事的认可，赢得学生的信赖；积累经验，锻炼处理问题的能力	1. 结合自己的兴趣、能力与机会，探索可能的从教方向 2. 发展符合现实的教师形象和教育教学风格 3. 拓展学习、成长的机会
能力建构期	通过多种途径提高教学技能，增进教育智慧，不断寻找新的教学素材，学习教学方法，更新教育策略；易于接受新观念，积极参与学习和研讨，渴望在挑战中提升自己的能力	1. 把握发展机遇 2. 建立密切合作的同事关系 3. 精进教育教学技能 4. 寻求稳定发展的平台
热情与成长期	工作能力水平提升；热爱本职工作，对学生投入更多情感，渴望交流，在专业能力方面不断探寻新方法；对工作有较高热情，对工作的满意度也较高	1. 寻求晋升机会 2. 承担工作重任，追求工作胜任感 3. 实现教育理想，体验职业幸福感
职业挫折期	工作满足感下降，怀疑工作的意义，体验到挫折感，出现倦怠状态	1. 走出教育教学困境 2. 提升教育职业技能，找到职业增长点
职业稳定期	这是职业的高原期，一部分教师停滞不前，仅完成本职工作，放弃追求专业成长；另一部分教师则始终坚持自我提升，保持教育热情	1. 接受个人在教师职业中的局限性 2. 发展新的工作技能 3. 维持既有的教育工作地位与成就
职业消退期	为离开职业生涯做准备，一部分教师对离开后的生活充满期待，欣然接受；另一部分教师则感到被迫离开心爱的岗位，难以适应变化	1. 发展教育以外的社会角色 2. 调整重心，发展生活兴趣 3. 减少工作时间
职业离岗期	教师退出教学岗位之后的一段时期，一些教师正式退休；一些教师可能是自愿退职，寻找更为满意的职业；还有一些教师因为个人或家庭原因暂时离职	1. 发展新的兴趣爱好填充闲暇时间 2. 规划人生的新目标 3. 将重心由工作转移到生活 4. 建立和发展新的社交关系

表 7-1 作为一个规律性的参照，为教师了解职业生涯的不同时期需要完成的不同发展任务提供了参考。

教师对教师职业生涯发展的一般规律的了解，可以帮助教师认识自己所处的职业生涯阶段。从纵向的发展阶段出发，教师可以制定适合自己的发展规划；从横向上可以了解自己在教师群体、工作伙伴中的位置，找到差距，及时调整，挖掘潜力，保持自信。同时，它也帮助教师不断提升教学技能，增长教育智慧，增强自我管理能力，总结反思形成职业经验，在职业成长的不同阶段里经历反复的锤炼而形成自己的教育教学风格和独特的成长路径。

二、施恩的职业锚理论

教师在职业生涯中所形成的个性化的发展路径和独特的教育教学风格很大程度上取决于其坚守的价值和所具有的特征等。个人坚守的价值也是职业生涯的核心要素。美国人力资源管理专家施恩将职业锚定义为："当一个人必须做出选择时，他或她永远不会放弃事业中最重要的事情或价值。"施恩将职业锚分为八种类型（表7-2）。

施恩认为，职业锚对一个人的职业生涯规划有着非常重要的作用。在不断探索职业

表 7-2 职业锚的八种类型

名称	内容
技术/职能型	这一类型的人追求技术/职能领域技能的成长和持续改进，以及应用该技术/职能的机会；他们对自己的认可来自他们的专业水平，他们喜欢面对专业领域的挑战；他们通常不喜欢做综合管理工作，因为这意味着他们会放弃他们在技术/职能领域的成就
管理型	这一类型的人想要承担整体责任，并把组织的成功视为自己的工作；具体的技术/职能工作仅被视为实现更高层次、更全面管理的唯一途径
自主/独立型	这一类型的人希望摆脱工作环境和个人的限制，摆脱工作和组织的限制，以发挥最大的作用；他们宁愿放弃晋升或工作拓展的机会，也不愿意放弃自由和独立
安全/稳定型	这一类型的人追求工作中的安全感和稳定感，稳定感包括诚实、忠诚和按老板说的去做；通过预测未来的成功，他们会感到轻松；他们关心的是财务保障，比如养老金和退休计划；虽然有时他们能做到很高的职位，但他们并不关心具体的职位和具体的工作内容
创造/创业型	这一类型的人想要用自己的能力来创建自己的事业或创造自己的产品（或服务），并愿意承担风险和克服障碍；他们想向世界证明，他们是靠自己建立事业的；他们可能在别人的公司工作，但与此同时他们也在学习和评估未来的机会，一旦他们觉得时机已到，他们就会辞职去建立自己的事业
服务/奉献型	这一类型的人一直在追求自己认可的核心价值，例如帮助他人、保障人们的安全、通过新产品消除疾病；他们总是在寻找这样的机会，即使这意味着换组织，他们也不会接受不利于实现这一价值的工作变动或晋升
挑战型	这一类型的人喜欢解决看似不可能解决的问题，击败强硬的对手，克服难以克服的困难和障碍，等等；对他们来说，加入一份工作或一份职业的原因是它可以让他们战胜各种各样的不可能；新奇、变化和困难是他们的终极目标
生活型	这一类型的人喜欢能让他们平衡并结合个人需求、家庭需求和职业需求的工作环境；他们想把生活的主要方面整合成一个整体；他们需要一个职业环境，提供足够的灵活性，使他们能够实现这一目标，即使是以牺牲他们的职业生涯的某些方面为代价；他们将成功定义得比职业成功更广泛

生涯的过程中，教师通过对职业锚的认识会找到自己长期稳定的职业贡献区，以此来缩短职业探索的盲目期、犹豫期，进而迅速确认自己独特的职业成长路线。教师也可以根据各自职业锚的特征而形成自己的职业风格和成长路线。

后，教师可以根据自己的特点来绘制独特的职业蓝图，解析自己的职业增长点，规划从教职业路径。

▼ 应 会

在了解了教师职业发展阶段及职业锚以

一、规划属于自己的教师职业生涯

以本主题典型案例中的张老师为例，尝试规划属于自己的职业生涯发展之路，可以借助"职业生涯五问表"（表7-3）来实现。

表7-3 职业生涯五问表

问题	回答
我是谁？	1. 有近二十年的工作经验，具备一定的课堂教学、组织管理、教育研究、人际沟通等能力，是学校发展的中坚力量 2. 随着工作时间增加、年龄增长，工作热情逐渐消减，精力和体力明显不如从前 3. 面对社会舆论和各种教育改革任务，感到压力较大 4. 家庭的需要逐渐增多，在工作与家庭之间难以平衡
我能做什么？	1. 发挥优势，贡献自己的带班与教学经验 2. 引领周围青年教师做好学生组织管理和家长沟通协调工作 3. 力所能及地承担学校工作 4. 结合自己的工作经历，撰写一些教育案例和论文
我想获得什么？	1. 获得教师专业发展的动力 2. 在教师专业发展上取得更好的成绩，成为学校乃至区内的骨干教师，得到周围人的尊重与肯定 3. 提高教育工作和家庭生活满意度
我能得到哪些支持？	1. 学校提供的学习和发展机会 2. 网络继续教育平台 3. 学生的认可和同事的帮助 4. 家人的关爱与支持
我期待自己最终达到怎样的状态？	1. 突破现在的状态，形成自己的教育教学风格 2. 向专家型教师发展 3. 为学校、学生发展贡献自己的力量

在不同的阶段，教师具有不同的教育教学职责和角色，面临不同的职业发展任务或成长需求。借助以上对5个方面中18个问题的梳理，张老师对于自己现阶段的职业发

展状态、发展需求、发展目标、发展内容、发展过程和发展前景一定会有所了解。在做好自我梳理后，张老师就会明晰自己可以为未来做些什么，从哪里开始做起，怎么做，以及多久可以实现目标。教师的职业成长之路就是在这一个个"自问"中明朗起来的。而更重要的是基于这些"自问"开始的行动规划。

教师通过提高自身的教学能力和自我管理能力，扩大专业资源，丰富自身的专业经验，以及在职业成长的不同阶段里经历反复锤炼，最终将形成自己的教育教学风格和独特的成长路径。

二、运用 SWOT 分析法制定职业规划

SWOT 分析法是一种情境分析方法，由美国旧金山大学管理学教授海因茨·韦里克于 20 世纪 80 年代初提出。SWOT 是优势（Strengths）、劣势（Weaknesses）、机会（Opportunities）和挑战（Threats）的缩写。优势是指一个人可以控制并利用的内在积极因素，如能力优势；劣势是一个人可以控制并努力改善的消极因素，如经验的缺乏；机会是一个人不可控制但可以利用的外部积极因素，如社会需求、机遇等；挑战是一个人不可控制但可以弱化的外部消极因素，如竞争者等。

所谓 SWOT 分析法，就是根据个人和环境两方面的内容，思考一个人的优势、劣势、机会和挑战。具体方法是将与一个人的生涯发展密切相关的优势、劣势、机会和挑战等因素

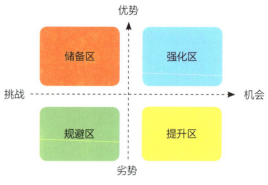

图 7-7　SWOT 分析法示意图

一一列出来，然后把内外因素相互匹配起来加以分析，从中得出一系列相应的结论，从而帮助个体全面、客观地思考与抉择。

在 SWOT 分析法示意图（图 7-7）中，优势 – 机会区（强化区）是有利于个体发展的，我们应该充分利用这些优势并把握机遇；优势 – 挑战区（储备区）表明个体虽然在某些方面具有优势，但很可能面临非常激烈的竞争；劣势 – 机会区（提升区）是需要个体去努力提升的方面，这样才能获得更多的发展空间；劣势 – 挑战区（规避区）需要个体客观面对，根据实际情况尽可能避免。

这个分析过程一定要结合教师工作的现实和前景来开展，才能够切实地帮助教师规避职业风险，利用既有的和潜在的资源在自己的优势区域获得长足的发展。教师在职业发展的不同阶段，都可以通过 SWOT 分析法来协助自己梳理当下的发展状况，校正发展方向。

三、根据职业生涯规划流程图，设计自己的职业人生

职业生涯是一个持续的过程，受环境因素的影响。职业生涯周期在个人和组织环境

因素的作用下以动态方式发展。因此，我们可以按照以下流程图（图7-8）进行职业生涯规划。

职业生涯规划是一个循环往复、不断修订的过程。人随境迁，事随时移，我们所处的外在职业环境与我们的内在职业需求都会随着时间的推进、社会的变化不断发生改变。因而教师在做个人的职业规划时要把它当作一个动态的过程，更多地了解外在环境的变迁，让职业规划能够适应环境的变化。同时教师要更多地做自我对话，让职业规划能够满足自己成长的需求。

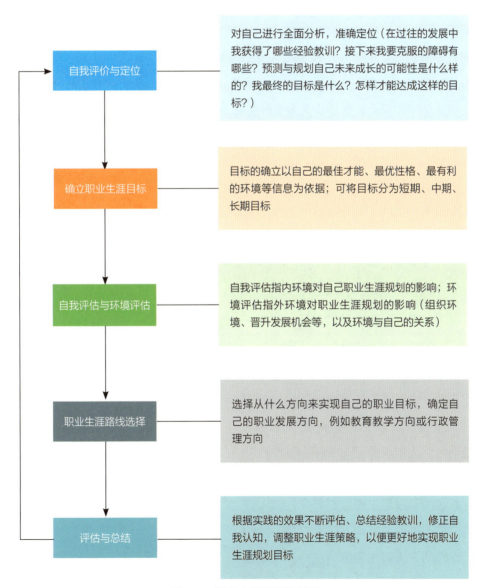

图 7-8 职业生涯规划流程图

主题 2 教师职业生涯规划的策略

🎯 典型案例

> 李老师是一名新入职的小学教师，他说："我时常担心自己做得不好，因为我感觉自己还没做好准备去适应学校环境和承担教育教学职责。尽管自己很努力、很用心，会牺牲自己的休息时间来辅导、陪伴学生，但效果仍然不理想。我觉得自己的付出看不到回报，这份理想中的职业没有带给我期望的成就感和幸福感。我该怎么开展今后的工作？"
>
> 张老师是一位热爱工作且有一定工作经验的中年教师，她经常寻找新的方法为班级创造令人振奋的学习环境。然而，就在她的热情处于最高峰的时候，她被告知所在学校被并入一所集团校。她说："我的工作环境、工作伙伴、教育对象、教学内容以及工作量都将发生很大的变化。此时的我对未来感到迷茫，仿佛回到了刚刚参加工作的时候，有期待，也有担心。"
>
> 他们的问题究竟出在哪里？又该如何改变现状？

从上面两个案例中我们可以看到，虽然一位是新入职的教师，一位是经验丰富的教师，但对于未来，他们都站在了同一个起点上——职初期。李老师需要尽快地转换职业角色，融入学校系统，夯实教育教学基本功，站稳讲台。而张老师因为所在的学校被并入新的集团校，工作环境、工作伙伴、教育对象、教学内容以及工作量都将发生很大变化，她同样面临融入环境、获取支持的发展任务。他们两个人对未来感到迷茫，不知所措，其中的重要原因是他们不清楚自己接下来的发展目标和工作重点是什么。

💧 应 知

确立发展目标是规划教师职业的开始，它就像一座远方的灯塔，指引着教师在学校的成长。教师需要了解自己内在的资源与需求以及外在的机遇与挑战，在此基础上进行综合规划。

一、确立职业生涯目标

教师在确立自己的职业生涯目标时，可遵循以下几个原则。

1. 水平适度原则

根据自身实际情况，确定可以达到的目标。需要记住的是：好的目标会让自己充满信心而不懈努力，而不恰当的目标则会让自己失去信心而放弃努力。

2. 梯度合理原则

注意考虑时间梯度和目标幅度。时间梯度即体现阶段性、按照时间维度确定目标（如短期目标、中期目标和长期目标）。目标幅度即根据目标的广度选择一个精细的目标并付诸实践。

3. 适合自身原则

目标的确立应与自身特点相适应。教师要试着把目标建立在个人最热衷的兴趣和最大的长处上。此外教师的职业生涯还有其独特性。小学教师工作虽然相对稳定，但事务性、重复性工作较多，小学生的管理工作细致繁复，使得教师容易产生倦怠感。因而教师除了要有职业热情和职业技能外，还需要在从业过程中不断进行自我梳理，不断学习以及不断做心理建设，根据行业环境的变化而修改发展目标，以此来提升职业能力，优化职业环境。

二、合理规划内生涯与外生涯

施恩把职业生涯分为"内生涯"和"外生涯"。"内生涯"是指职业所需要的知识、观念、经验、能力、心理素质、身体健康状况和内心感受的组合和变化过程。"外生涯"

一般包括工作单位、工作时间、工作地点、工作内容、工作职位和职称、工作环境、薪酬等因素的组合和变化过程。

内生涯由从业者自己控制和发展，与从业者的兴趣、性格、能力、价值观等内在因素密切相关，是职业发展规划的核心内容。外生涯受客观环境的控制，它通常是别人认可和给予的，很容易被否定和收回。

在教师职业生涯发展初期，外生涯因素往往与自己的付出不符，但是信念的确定、经验的积累、能力的提升和心性的磨砺会影响到未来的发展。外生涯发展是以内生涯发展为前提条件的，只有做好长远规划，内外兼修，才能成为优秀的教师。

内生涯的发展主要取决于教师自身的努力。艺多不压身，教师内生涯的要素内容一旦获得，就能够长期支撑教师职业的发展。内生涯匮乏的人，总是担心自己做不好工作，难以晋升，进而处于焦虑之中。此外，他们也很容易放弃教师行业。而内生涯丰富的人，会把关注点放在教育知识和观念的更新以及教育能力的提升上。他们会努力抓住每一次发展机会，并积极与同事合作，谋求发展，让自己不断成熟，找到职业生涯的最佳贡献区，扎下"职业锚"。

▼ 应 会

教师需要正确定位自身的职业发展目标，制定相应的策略，不懈努力，抓住机遇，提升职业素养。

一、达成大目标的小奥秘

根据时间梯度，教师职业生涯规划目标可分为短期目标、中期目标和长期目标。短期目标应具有可操作性，明确规定具体的完成时间，需要适应现实环境，能够服从中期目标。在我们的教育教学工作中，学期目标、学年目标都可以看作短期目标。短期目标越小，越容易达成。中期目标是达成长期目标的一种中介目标。中期目标应该既有激励价值，又要现实可行。长期目标主要勾画个人的职业前景和职业生涯高峰。教师的长期目标一般是指十年左右，甚至更长时间的目标。

在规划职业生涯目标时，教师要结合自身的实际需求情况，如学历提升、职称晋升、岗位提升、家庭计划等内容，把短期目标、中期目标和长期目标结合起来，统筹思考，合理计划。

● **知识窗**

SMART 原则

现代管理学之父彼得·德鲁克提出制定目标的 SMART 原则。SMART 原则包含五个部分：

S=Specific 明确性

目标一定要明确具体，能落实到行动中。

M=Measurable 可测量

有具体衡量的标准，可以对目标达成的程度进行评估。避免使用形容词等概念进行模糊的描述。

A=Attainable 可实现

目标的设定要根据实际情况，首先要评估自己目前的水平，然后设定通过努力可以达成的目标。目标不能太高，也不能太低。

R=Relevant 相关性

要与总目标或其他目标有关，通过达成这个目标能进一步实现自己更长远的目标。

T=Time-based 时限性

根据任务权重和优先级，确定实现目标的时间，并定期检查目标的进展情况。

相关研究者将彼得·德鲁克提出的 SMART 原则做了改进，对 SMART 进行了重新定义，并将其应用到职业生涯规划中，形成了 SMART 规划模型（图7-9）。Specific：具体、明确；Measurable：可以量化，能度量；Achieveable：可达到、有挑战；

图 7-9　SMART 规划模型图

Rewarding：目标有意义、相关、有价值的；
Time-Bounded：有明确时间限制。

参照 SMART 原则，教师在做职业规划的时候，不能凭空构想或者照搬他人的模式，而是需要结合自己内外职业生涯的实际情况做如下考量。

第一，要制定具体、可操作的教师职业发展目标，比如，评上小学中级职称，进入名教师工作室或者参与教育科研课题等。

第二，要为这个规划确定一个可检测的标准，比如，每年上几节公开课，提交几篇教育教学论文，或者读完几本专业书等。

第三，职业发展目标应具有一定挑战性。这需要教师走出自己原有的舒适区，努力学习，提升教育教学技能，丰富工作阅历，获得实际的成就，比如，尝试一种新的教法，培养一批优秀的学生等。

第四，目标必须有价值，比如，带出市区优秀班集体，撰写学科校本读物等。

第五，要为目标达成确定一个明确的时间段，比如三到六年。

运用 SMART 目标管理原则，能够将教师从职业发展的漩涡里带出，让教师在实施职业生涯规划的过程中获得切实的成长与收获。

二、选择适合自身的职业发展路径

教师需要结合自身的特点和所处的环境进行合理的职业生涯规划。教师职业生涯规划主要包括教师职业生涯规划的道路选择和教师职业生涯规划的角色定位等内容。

1. 教师职业生涯规划的道路选择

事实上，教师在职业生涯中会面临很多的选择。一旦教师开始了自己的职业生涯，他们需要选择适合自己的职业道路，比如是走教学发展方向、教学与科研发展方向，还是走行政发展方向等。如果选择做教学一线的教师，那么就要在专业知识、专业技能以及专业态度方面加强修炼；如果选择做班主任，那么就要多多钻研育人方法与技巧；如果选择行政教学双肩挑，那么既要学习管理的知识，又要积累教育教学的经验；如果选择做教育教学研究者，就需要在理论水平和科研能力等方面加强修炼；如果选择做管理者或中层干部，就需要在领导才能、领导特质以及管理艺术等方面加强修炼。不管教师选择哪一条职业生涯发展的路线，都要对所选择的道路做出具体的规划，设置相应的目标并不断地为实现这些目标而努力。

2. 教师职业生涯规划的角色定位

教师职业生涯规划的角色定位，就是明确自己在不同阶段的发展目标，并按阶段不断努力实现这些目标。无论选择哪种职业发展道路，教师的角色定位大多与其专业发展、职称晋升密切相关。教师对自身的角色定位直接影响其在职业生涯中动力的大小和努力的程度。一般而言，教师职业生涯规划会遵循"条件分析—目标定位—策略制定—反馈评估—动态修正"的路径。其中，"条件分析"这一步尤为重要，它是角色定位（即目标定位）的前提，教师要学会对内部条件（包括兴趣爱好、气质性格、知识技能、专业特长、思维方式等）和外部条件（包括环境的特点及变化趋势、人际关系等）进行综合分析，判断内外条件中的有利因素和不利因素，进而选择水平适度、梯度合理、适合自身的目标状态进行角色定位，以达到循序渐进的发展目的。

主题 3 教师职业倦怠的预防

典型案例

担任小学班主任工作十余年，李老师每天早出晚归，在学校里处理各种事务性工作，晚上回家还要备课、接家长电话、在微信群里盯着学生作业打卡……。她感觉自己日复一日重复工作，成效甚微，疲于奔命。渐渐地，她觉得越来越没意思，开始怀疑自己是否适合教师这份工作，当初的意气风发也消磨殆尽，经常独自坐在办公室发呆，和学生、同事的沟通也越来越少……

上述案例中，李老师表现出的状态是一种典型的职业倦怠。教师的深度职业倦怠不仅会对教师的身心造成伤害，还会对学生的身心发展和学校管理产生不利影响。预防和有效缓解教师职业倦怠对于教师的身心健康和教育的可持续发展具有重要意义。

应 知

教师是一个高输出的职业，容易身心耗竭产生倦怠。如何通过教师的自我成长来减轻和消除职业倦怠是每位教师的必修课。

一、倦怠——教师职业生涯的绊脚石

1. 职业倦怠的表现

目前，职业倦怠被广泛认为是个体在工作重压下产生的情绪耗竭、去人性化、低个人成就感的一种症状。

（1）情绪耗竭

情绪耗竭是职业倦怠的压力维度，表现为个体处于极度疲劳、完全丧失工作热情的情绪和状态。在上述案例中，李老师对工作缺乏热情，出现懈怠和消极情绪，就是情绪耗竭的表现。

（2）去人性化

去人性化是职业倦怠的人际维度，表现为个体以消极的、否定的、冷漠的态度对待同事和服务对象。在上述案例中，李老师与学生和同事的交流越来越少就是去人性化的表现。

（3）低个人成就感

低个人成就感是职业倦怠的自我评价维度，表现为个体倾向于对自己有消极的评

价，感到无助，自尊水平较低。在上述案例中，李老师认为预期和实际结果相差较大，从而认为自身的努力没有用，导致其自我效能感降低，这就是低个人成就感的一种表现。

教师职业倦怠是指教师由于无法平衡教学压力或对当前工作状况不满而导致的情绪、态度和行为的疲惫状态。

2. 职业倦怠的影响

教师的职业倦怠会降低教师的工作热情和工作效果，使其产生易怒、暴躁等不良情绪。这不仅会严重影响师生之间的关系，甚至可能对教育教学产生恶劣影响。总的来说，教师职业倦怠对个人、工作、家庭和社会都有影响。

（1）对个人的影响

有职业倦怠感的教师会经常在工作中出现疲倦状态，这会影响教师的个人情绪，继而使教师待人冷漠，影响人际交往。长此以往，将严重影响教师的身心健康，并使教师对工作产生负性情绪，从而影响教师的职业发展。

（2）对工作的影响

教师若将负性情绪带到教学和课堂中，会降低工作热情，导致对学生缺乏耐心，影响沟通效率，从而影响教学进度，造成教学质量和教学水平的下降，不利于学校教育工作的开展。

（3）对家庭的影响

教师工作的情绪化容易被迁移至家庭环境中，这会激化家庭矛盾，产生冲突，从而破坏家庭的和谐氛围。

（4）对社会的影响

职业倦怠会导致师资的流失和师资队伍的不稳定，从而导致人们对师资队伍的整体评价下降，影响教师的整体社会形象和教育事业的发展。

二、教师产生职业倦怠的原因

导致教师职业倦怠的因素包括主客观两方面。主观因素主要是指教师的个人因素；客观因素主要涉及职业、学校和社会三个方面。

1. 主观因素

（1）教师的认知方式

一些教师对自己的工作缺乏热情，并且没有意识到该职业的价值和意义。而较低的职业素养和较差的工作积极性很容易导致职业倦怠。此外，信念是个体的内在动力，是教师工作积极性的重要保障。教师如果对工作缺乏信念，就很容易"知难而退"，难以在教师职业道路上走得长远。

（2）教师的人格特征

通常，一个人对压力的反应是他所面临的压力源与他的人格特质相互作用的结果。许多实证研究表明，专业能力较差、低自尊、外控型、易紧张和焦虑的教师在不能实现对周围环境的支配且自己的努力也没有得到回报时，往往会表现得愤怒暴躁、紧张焦虑、沮丧无力，从而易产生职业倦怠感。

2. 客观因素

（1）职业因素

一是教师的工作强度大。教师工作期间需要长期站立，嗓子使用频率极高，易产生一些职业病，如咽喉炎、颈椎病等，这些职业病直接损害了教师的身体健康。此外，我国许多中小学教师每天的实际工作时长大多超过国家规定的 8 小时。他们除了在学校里工作，晚上回家还得备课、批改作业。繁重的工作量在一定程度上影响了教师的正常生活，这会使教师对职业产生一定的不满，增加职业倦怠感。

二是教师讲课内容重复率高。某些教龄较长的教师或同时任教多个班的教师可能因讲课内容的重复率较高而不自觉地对讲课产生厌倦感，使教师对自身工作的满意度降低，职业倦怠感增加。

（2）学校因素

一是学校的教学氛围、管理机制等需要改善。学校是教书育人的场所，拥有宽松的教学氛围、合理灵活的组织与管理机制的学校能够为教师营造一种良好的教学环境，给教师一种很强的归属感。但目前许多学校的教学氛围不够宽松、管理机制不够完善、组织氛围不够理想，使得教师很难对教育教学工作产生热情，从而加重了职业倦怠感。

二是学生管理难度大。小学生活泼、好动，自我控制能力不强，在课堂中容易出现不认真听讲、扰乱课堂纪律的行为，比如交头接耳、随便走动、看课外书、发呆、做小动作等。尤其是小学低年级段，教师在进行课堂教学时，还需要下很大功夫维持班级纪律。这会对教师的教学工作产生很大的干扰。此外，面对小学生违规违纪问题，教师是应该"严"，还是应该"慈"，对于管教方式的选择和惩戒程度的把握，也会给教师带来一定的心理压力。学生管理难度大使得教师工作压力增大，从而容易使其产生职业倦怠。

（3）社会因素

随着社会对教育的期望和要求的逐步提高，家长对孩子的学校教育寄予了更高的期望，而教师正是这种压力的直接承担者，这会导致教师不堪重负，从而逐渐丧失对教育的热情。此外，一些父母总是批评教师的工作，而教师则抱怨父母不配合学校教育。长期在这种工作氛围下，一些老师会感到沮丧，从而失去对工作的热情，产生强烈的职业倦怠感。

▼ 应 会

教师职业倦怠通常隐藏在教师身心的疲惫状态之下，很难被教师及时察觉。这容易造成很多教师积郁成疾、身心崩溃，产生对教师职业环境厌倦、对工作失望的心情。因此，特别需要引导教师识别职业倦怠，并有效挖掘教师本人及其工作、生活环境的资源，以此来预防和缓解教师职业倦怠。

一、识别教师职业倦怠

教师职业倦怠不是无迹可寻的。很多时候，我们已经被它"打扰"到，只是"工作太忙"而无暇去感知它。例如：对工作产生无力感，焦虑、抑郁、自卑等消极情绪频繁登场等。这些都会影响教师的身心健康、工作状态以及与家庭的关系，也会降低他们的自我评价以及幸福感受。及早地识别教师职业倦怠，并进行适当的调整，对于每一位教师来说都很重要。

以下是识别职业倦怠的一些前期信号。

1. 职业倦怠的生理信号

（1）常常感觉疲倦和劳累。

（2）频繁的头痛、背痛、肌肉痛。

（3）免疫力低下，经常感觉身体不适。

（4）饮食和睡眠习惯改变。

2. 职业倦怠的情绪信号

（1）失败感和自我怀疑感提升。

（2）丧失工作积极性。

（3）感觉无助、困扰和挫败。

（4）越来越消极与愤世嫉俗。

（5）感到孤独与焦虑。

（6）成就感不足，幸福感下降。

3. 职业倦怠的行为信号

（1）疏远人群。

（2）行事拖沓，工作效率降低。

（3）暴饮暴食或以烟酒解愁。

（4）把挫折归咎到别人身上。

（5）常迟到、早退或者请假。

二、预防和缓解教师职业倦怠的方法

社会、学校与家庭的支持和肯定对预防和缓解教师职业倦怠起着积极作用。同时，教师自身的努力与进步也很重要。即使教师并没有发现自己有职业倦怠的现象，也要做到积极预防。以下是一些预防和缓解教师职业倦怠的方法。

1. 发现工作中的闪光点，增强职业认同感

教师职业认同感指的是教师对自身工作的高满意度和满足感，以及教师能够真正地理解和热爱教育对象以及教育事业的心理感受。其实，教师在工作中会遇到很多令人愉悦的事，教师要善于发现职业中的幸福点，如教师节学生会给自己送节日贺卡，学生成绩逐步提高，家长认可教师的工作等。此外，教师应增强自身的使命感，关爱学生，包容学生，理解学生。当学生对教师的认同感和信任度大大提升时，教师的职业认同感自然也会上升，从而能够预防和缓解职业倦怠感。

2. 加强专业发展，提高适应能力

教师需要结合自己的学科专业不断学习，广泛涉猎，开阔视野，努力达到新课改环境下对教师的要求。教师平时在生活和工作中要善于学习，学会学习，用知识武装头

脑，充分利用现在发达的网络信息，掌握与专业相关的先进理念，不断更新专业知识，在教学过程中有所创新。教师在加强自身专业发展的基础上，还应提高各种基本能力，诸如激发学生创造力的能力、适应新课程改革的能力等，以使自己具有摆脱职业倦怠的能力。

3. 培养兴趣爱好，养成良好的生活习惯

在繁忙的工作任务之外，教师也要培养个人的兴趣爱好，做一些让自己感到身心愉快的事情，如读书、烹饪、运动、旅游等。此外，教师要养成良好的生活习惯，多进行一些户外活动，通过加强体育锻炼来强化体格，使自己身心舒畅。

4. 保持充盈的心理资本，掌握心理调适的方法

教师要在认识自己的基础上，制定合理的发展目标，做好教师职业生涯规划，提高自信心和自我效能感。同时，找到适合自己的调整心态的方法，如培养兴趣爱好、进行反向思维以及发挥自己的专长等。教师需要培养自身积极的心态，保持愉悦的心情，及时排解不健康的情绪，保持充盈的心理资本，避免因为外部因素的变化而感到沮丧，以及因消极心理而带来的职业倦怠。

【本章学习回顾】

请您回顾本章的知识要点，思考如下问题：

复习 教师如何提高职业韧性？
教师职业发展的有效途径有哪些？

联结 教师如何确立一个可行的发展目标？
教师的职业倦怠会给教师成长带来哪些影响？

反思 如何成为一个成功的教师？

第八章

重大公共卫生事件下的
师生心理建设

　　2019 年年底开始席卷全球的新型冠状病毒肺炎疫情给人们带来了巨大的挑战。受其影响，学生的学习、生活和交往方式发生了变化，其情绪和行为也出现了新的特点。教师的教学管理与组织、育人方式、家校沟通方式等也面临新的巨大挑战。在这样的背景下，帮助教师、学生了解心理变化的过程和特点，掌握心理建设的有效方法成为重要任务。

　　除了疫情，还有其他一些不可预估的突发事件也会带来同样的问题和挑战。每次大的变化，都将打破原有的平衡，建立新的平衡状态。这个过程需要教师、学生以及家长能够调整心态，提升适应新环境的能力，更好地迎接和面对新的挑战和变化。

第一节 在疫情防控中促进师生心理成长

通过本节的阅读，您将了解以下方面的内容：

主题1 为小学生提供心理支持

应知
了解疫情期间小学生常见的心理问题
了解复学阶段小学生容易出现的情绪状态
理解特殊时期开展心理健康教育的必要性

应会
指导学生居家阶段的健康生活
指导学生复学阶段的心理调适

提高教师的生涯适应力 主题2

应知
了解当今教师需要具备的基本素质
理解生涯适应力四维度模型

应会
具备关注外部世界变化的能力
保持主动应对变化的态度
掌握制定职业成长规划的能力

主题 1　为小学生提供心理支持

◎ 典型案例

2020 年年初，新冠肺炎疫情期间，随着每日确诊人数的增加，小东感受到了日益增加的焦虑和恐惧。居家隔离期间，小东的日常学习和生活都受到了巨大影响。因为不能像往常一样与好友外出玩耍，小东感到十分苦闷和孤独。同时，线上的学习任务让刚刚接触网课的小东产生了不小的压力，家中舒适安逸的环境也使小东更加依赖电子产品。小东渴望能够尽快开学，恢复正常生活，但是真正复学后，他发现其实并没有想象的那么轻松。全球疫情依然在持续蔓延，学校里戴口罩、测体温、禁止亲密接触等严格规定让小东仍旧感到不适。小东面临着前所未有的挑战，一直积压在心底的负面情绪不断发酵，让小东感到痛苦不尸，一时间竟不知如何是好。

上述案例中，小东在疫情居家隔离期间和复学后出现的一系列生活和学习上的不适与心理上的负性情绪，都是学生在经历疫情的过程中容易出现的现象。面对疫情给学生带来的心理冲击以及返校复学后的多种压力，做好学生的生活调适与心理疏导是教师和家长应该重视的问题。教师需要知晓学生在疫情期间及复学后的心理发展状态，识别学生的不良情绪状态，同时能够运用相关技术帮助学生进行情绪疏导、自我调节以及形成健康的生活方式。

◎ 应 知

教师需要了解学生在疫情期间常见的心理问题以及复学阶段可能出现的情绪状态，认识到特殊时期开展心理健康教育的重要性，进而为学生提供有效的心理支持。

一、疫情期间学生常见的心理问题

中国社会科学院社会学研究所社会心理学研究中心一项针对新冠肺炎疫情期间的社会心态的调查数据显示，在疫情期间大众的主流情绪表现比较典型的为担忧、恐惧和愤怒，占比分别为 79.3%、40.1% 和

39.6%。这些情绪反应说明大众的身体正处于"应激"的状态。中小学生作为身心发展尚未成熟的特殊群体，是心理应激反应的易感人群。疫情期间的情绪适应问题、同伴交往受限问题、学习方式改变带来的心理适应问题是学生面临的主要问题。

1. 情绪适应问题

孩子的情绪会潜移默化地受家长情绪的影响，当家长的情绪表现为焦虑与慌乱时，孩子也会感到莫名的压力、紧张与担心。小学中高年级的学生获取信息的渠道增多，除了与家长交流、和同学互动，他们还能够自主地从网络自媒体等途径获得有关新冠肺炎疫情的多方面信息，这些信息会增加学生对自身及家人的变化的关注，从而使他们产生可能直接或间接传染上新冠肺炎的恐惧感或担忧情绪。疫情期间的作息安排、自我管理都会出现不同程度的紊乱。这种情绪状态长期存在，会影响学生的睡眠质量、身体健康、学习与生活状态。

2. 同伴交往受限问题

疫情防控期间的居家学习和生活使小学生离开了正常的学校教育环境，离开了自己的老师及同伴，除了与父母、家人的日常交流，其他直接的社会交往被切断。小学生对同伴交往的需求较为强烈，长期缺少同伴交往可能会导致学生行为的变化，如一些学生可能会表现出社会性退缩，与班级同学、教师的互动急剧减少。

3. 学习方式改变带来的心理适应问题

在"停课不停教、不停学"政策的指导下，小学生开始了"互联网＋教育"的在线学习。在家中进行网络学习、自主学习，这对学生的自主管理能力提出了很高要求。而小学生自主管理能力的发展尚不完善，还需要教师和家长的监督。因此，网络教学的形式可能会导致部分自主管理能力弱或者家长没有时间监督的小学生出现学习懈怠、学习效率不高等问题，从而导致部分学生出现慌乱心理，学习节奏上较难适应，产生焦虑和无力感。

二、复学阶段学生易出现的情绪状态

1. 担忧恐惧

复学之初，虽然学校已经为复学工作做好充分准备，但是疫情造成的阴影还没有完全消除。学校采取的戴口罩、控制距离等严格的政策以及家长的叮嘱可能会给学生带来较大的心理压力，加上全球新冠肺炎疫情蔓延，各地疫情形势不明朗，这种情况会让一些学生对重新开始校园集体生活充满担忧，对未知的感染风险产生恐惧。

2. 焦虑不安

复学信息公布后，大部分学生虽然会为能回到阔别已久的校园而高兴，但居家期间的学习成果能否经得住现实的检验也让他们备感焦虑。相对舒适、自由、闲散的居家生活和学习状态需要转变成规律的学校生活，学生在作息时间、心理状态、学习方式等多方面都有待调整，这样的过渡期也会让部分学生因为不适应而感到焦虑。

3. 烦躁厌学

学生从比较闲散松弛的居家生活状态直接进入紧张有序的在校学习状态时，会出现"开学综合征"。这是由于返校复学时，学生需要进行重新调整以快速适应学校生活的节奏。每一次调整和适应都将消耗大量的心理能量，当心理能量不足时，就会造成适应困难，出现焦虑、烦闷、厌学等心理反应，同时可能伴随注意力下降、学业适应不良、人际交往困难等问题。例如，自律性差的学生成绩落差较大，有些学生甚至沉迷于玩手机，无法自拔。再加上伴随开学而来的各科作业与学习压力及测试检查，学生心理上可能会对返校更加排斥，从而产生厌学情绪。

三、特殊时期开展心理健康教育的必要性

一些重大传染性疾病的发生在一定程度上与人们的生活方式有着密切的关系。因此，改变小学生不良的生活方式，提倡健康的生活方式是小学健康教育的重要内容，突如其来的新冠肺炎疫情更是凸显了健康教育的必要性。有数据表明，目前我国小学生的生活方式和健康状况不容乐观，在某些方面尤其令人担忧，因此对小学生开展健康生活方式的教育不仅必要，而且尤为迫切。作为消极体验易感人群，儿童在疫情的影响下，

更容易产生一些心理问题。因此，学校在做好教育工作的同时，应该更多地发挥家校协同作用，通过多种方式和途径，帮助家长指导儿童掌握一些有效缓解心理问题的方法，更好地发挥家庭作为应对疫情应激反应"第一战场"的作用。

在疫情期间，学生面对全新的远程教学模式，可能会产生一些压力与不适。因此，教师需要根据教学的实际内容合理安排教学难度和作业难度，引导学生正确面对学业压力，增强学生的学习效能感。此外，无论是在居家期间还是复学后，教师需要多关注班级中心理方面亟待支持的学生，例如，对于学习压力大、性格敏感多疑、喜欢钻牛角尖、思维容易走极端、社会支持系统较差的学生，教师可以通过电话、网络平台等多种途径和形式，加强对他们的关心和爱护，做好特殊学生的心理疏导和心理支持。

▼ 应 会

教师应学会利用相关知识为居家阶段和复学阶段的小学生提供健康指导，帮助他们更好地适应居家生活，并为复学做好心理准备。

一、居家阶段的学生健康指导

1. 指导家长保证学生营养供给，增强学生身体免疫力

营养是维持人体健康的基础。由于小学生生长发育迅速，给他们准备的食物不仅要

能为他们提供日常活动与学习所需要的营养和能量，还要兼顾他们这一时期成长发育的特殊营养需要。所以在居家期间，教师需要提醒家长特别注意学生的饮食搭配。饮食营养均衡能够提高免疫力，为学生更好地应对疫情和身心健康成长打下基础。教师在线上教学时可以设计均衡饮食方面的内容，通过线上家长会或班级群等途径宣传如何为学生制定健康饮食表，帮助学生及家长养成均衡饮食的良好习惯。

2. 帮助学生养成良好生活习惯，保持积极健康生活

教师可结合学生的实际情况，建议学生合理安排居家学习和体育运动时间，指导学生参加体育锻炼和适当的劳动，促进发育，增强体质，提高对疾病的抵抗力。确保学生必要的休息和睡眠时间，提供体育、艺术课程资源。可以向学生介绍一些减压性、宣泄性、娱乐性的有益于心理健康的室内活动。

3. 开展心理健康教育，提高学生的心理抵抗力

拥有健康的心理，能更好地应对疫情带来的影响，从而更好地适应社会生活。教师可以设计一些学生参与度高、更易于接受的心理健康教育活动，如心理健康知识讲座、心理健康知识竞赛、读书征文活动等，也可利用各种社交软件、网络平台分享人文故事、抗疫事迹、心理科普文章等，以此提高学生的心理抵抗力。

4. 密切家校互动，共助学生心理健康发展

教师可以利用电话、短信、微信、校讯通、家校报等多种形式与家长定期联系，进一步了解学生在家中的真实情况，保证学生家校生活心理状态的一致性。教师要及时向家长反馈学生返校后的情况，倾听家长和学生的困惑，给予适当关怀，缓解家长的焦虑，争取家长的支持、配合和协助，鼓励家长在出现问题时及时向学校求助，创建家校合作共同体，为学生的心理健康发展保驾护航。

二、复学阶段的学生心理调适

1. 有针对性地开展心理健康问题的识别与预警工作

经过长时间的居家生活与学习后，学生的心理状态可能会出现一些新的特点。因此，需要评估学生复学后的心理健康状态，包括识别可能出现的一些典型心理问题。首先要对全体学生开展心理健康筛查工作，在此基础上建立学生的心理健康档案，并根据不同学生的心理特点和需求，有针对性地设计、组织开展个体心理咨询或团体心理辅导，帮助学生解除心理疑惑，缓解心理压力。

学生心理问题和危机的识别与预警主要依托以下三大途径。

（1）班主任和心理委员的日常观察。

（2）将测评与观察相结合，利用心理测

评工具或软件，在开学后的第2~3周开展心理普查，识别学生可能存在的心理问题。

（3）心理教师通过常规的心理健康课、团体心理辅导、主题讲座、心理信箱、心理咨询等途径及时发现学生的心理问题。

班主任和心理教师在发现处于危机状态的学生后，要为其建立较完善的心理档案。同时，学校要建立心理危机干预领导小组，定期组织专门的人员对心理处于危机状态的学生进行评估分类，特别是对高危学生，要将其纳入学校心理危机预警库并进行阶段性动态调整，由心理教师定期开展心理访谈，摸排学生心理问题的严重程度，从而采取有针对性的干预措施。

2. 营造班级氛围，建立互帮互助机制

要在班级内建立能够促进学习和心理疏导的互帮互助机制。采取"一对一"或"一对多"的方式，开展教师和学生、学生和学生之间的双向互动活动，加强彼此之间的交流和沟通，促进相互间的了解与真正有效的互动，激发学生的学习动力和热情。除此以外，教师还可以设计与培养学生积极心态有关的主题班会课，请学生分享自己有效的经验和做法，传递防疫抗疫正能量，帮助学生克服恐惧、焦虑、担心、紧张等心理，从而营造有温度、有力量的班集体。

3. 开展疫情心理专题教育活动

根据疫情期间学生可能产生的情绪困扰（如紧张、焦虑、恐惧等）开展心理专题讲座、团体辅导等活动，帮助学生掌握简便有效、容易操作的心理调适方法，如"自我抚慰""呼吸训练""蝴蝶拥抱"等。面向各年级开设有针对性的系列辅导课程，培养学生对于突发事件的心理应对能力。

4. 构建"学校—家庭—社区"一体化模式，合力开展心理健康教育

在对小学生进行心理健康教育的过程中，在共同抗击疫情、维护小学生心理健康目标的指引下，积极组织和促进学校、家庭、社区多方教育力量的协同参与，发挥各自的优势，做到相互补充与促进，逐步探索和建立"学校—家庭—社区"心理健康教育模式一体化的路径，通过学校、家庭、数字与网络平台、社区服务站、社工志愿者团队等多种途径开展心理健康教育，携手促进学生心理健康教育工作。

主题 2　提高教师的生涯适应力

◎ 典型案例

疫情期间，从小学到大学都开启了居家学习模式。对于小学生来说，居家学习挑战较大。这是因为小学生的自我管理能力较弱，专注的时间和学习的效果都不如中学生、大学生，操作和使用电子产品及平台的能力也不足。同时，居家学习对所有小学教师来说也是全新的，如何能够在居家情境下更好地抓住学生的注意力、更高效地组织教学，成为小学教师亟待解决的问题。除此之外，居家授课的形式对于教师则是另一重挑战，教师需要下载并熟练使用各种应用程序。这些问题对于年轻的小王老师来说比较容易解决，可是对于年过半百的李老师来说就很头疼，李老师最后还是在同事的帮助下完成了各种应用程序的调试。年轻、好学又善于思考的小王老师主动承担了一些集体备课的任务，让直播课程生动活泼起来。小王老师用心钻研，教学效果明显，还被区里邀请录制区级示范课程，获得了同行认可和发展机会。

每个教师都会遇到困难和挑战，面对困难和挑战的态度与行动不同，也会有不一样的结果。如果畏难不前，得过且过，那只能是达到学校要求的最低标准，完成工作任务。而如果像上述案例中的小王老师一样积极应对，主动适应变化，就有可能在有计划、有步骤地完成基本教学任务的同时，扩展自己的职业领域，给自己甚至给学校带来机会和荣誉，迎来职业发展的新契机。因此，对于教师而言，面对变化和不确定性的生涯适应力是非常重要的。

◎ 应　知

疫情的突发让我们感受到了很多不确定性，我们无法预测未来会发生什么。在面对未来的复杂变化时，传统的、固有的、一成不变的思维模式和工作模式已无法适应社会的发展和教育变革的要求。因此，有意识、有规划的主动学习将成为教师生涯发展的新常态。作为一名小学教师，我们应该充分了解时代背景和特点，掌握教育教学工作中的新问题、新挑战，了解自己在面对快速变化的时代时需要怎样的生涯适应力。

一、教师需要面对不确定的时代

我们目前正处在一个充满易变性、不确定性、复杂性、模糊性的世界里。其中易变性是指事情变化非常快；不确定性是指我们不知道下一步的方向在哪里；复杂性是指每件事会影响到另外一些事；模糊性是指事物之间的关系不明确。

"变"与"不确定性"是这个时代的主旋律。这样的时代特点，主要是由科技革命、互联网浪潮、金融危机、地区冲突以及全球化带来的社会变化等因素的共同作用造成的。具体来说，信息技术的不断进步导致了易变性，文化的开放和多元导致了不确定性，"互联网＋"时代的不断创新导致了复杂性，传统的思维习惯导致了模糊性。

尤其是在 2020 年，我们深切地感受到了不确定性对我们的工作和生活所带来的影响，教师在这样的时代环境下需要以不变应万变。人们曾经以为教师职业是很难被网络和人工智能替代的，但在疫情防控期间，当我们不得不依靠网络进行教育教学活动的时候，我们发现了它的高效和便捷。教师只有走在变革的前面，为即将出现的各种情况和改变早做准备，才能适应变化、把握机会、创造机会。因此，基于未来世界的不确定性，教师需要具备的基本素质是生涯适应力，要能主动接受挑战、主动适应变化。

二、快速变化的时代需要生涯适应力

1. 生涯适应力的内涵

人们在快速变化的现代社会中获得职业生涯的成功需要一种关键能力，这种能力就是生涯适应力。生涯适应力指个体对于可预测的生涯任务、所参与的生涯角色以及生涯变化或不可预测的生涯问题的准备程度与应对能力。

今天的社会变化如此之快，人们随时都有可能面对从未遇见过的各种变化。不可预测性与不确定性已经成为生涯发展的本质特征，以开放的心理系统去适应复杂动态的生涯系统才是正确的成长路径。因此，我们也可以将生涯适应力定义为个体应对生涯角色变化并与之保持平衡的能力。它具有三个典型特点：一是可以培养，借由生涯困境或危机来彰显；二是能够帮助个体"前进"；三是源自个体与环境的交互作用。

2. 生涯适应力的四维结构及其功能

如何将对生涯适应力的理解应用到个人的生涯发展实践中？在此，一个重要且必须解决的问题是，如何有效评估个人的生涯适应力水平。这一问题自生涯适应力概念提出以来就引起了不少学者的关注。其中，萨维卡斯于 2005 年提出的生涯适应力四维度理论，从个体与环境交互作用的视角，比较全面地阐述了生涯适应力的本质特征。根据该模型，个体的生涯适应力包括生涯关注、生涯自主、生涯好奇、生涯自信四个维度。每一个维度都有一个核心的问题需要个体做出回答，分别是："我有未来吗？""谁拥有我的未来？""未来我想要做什么？""我能做吗？"

生涯关注是指个体对未来的关心，它有助于个体确立未来；生涯控制是指个体为了应对未来的生涯任务能做到自律并付诸努力，坚持不懈地塑造自己或周围环境，体现出主动性人格的特质；生涯好奇是指个体积极地探索周围的环境及自己的生涯角色，对自我和未来愿景形成认识；生涯自信是指个体不断增强对自己的生涯抱负的操控能力，在探索中建立实现人生设计的信心。

个体生涯适应力的发展涵盖了这四个维度，最终形成其与生涯规划、决策和调整有关的独特的态度、信念和能力，而这三个因素对生涯适应力的四个维度均具有调节功能，会影响个体在面对生涯发展任务、生涯转换或生涯困境时的应对行为。

面对复杂多变的社会环境，教师需要思考自己的教师生涯该如何适应和发展。现在再也不是一本教材、一块黑板、一支粉笔走天下的时代了，如果教师不主动反思自己的职业生涯，主动提升生涯适应力，可能就会很难适应未来对教师职业的要求。同时，教师也是学生成长发展的引领者，除了传授知识，还是学生的生涯榜样和生涯领路人，学生如果能够从教师身上看到职业人的精神面貌和积极主动适应变化的职业态度，也会反思自己的成长和生涯发展。

▼ 应 会

教师应及时关注外部环境的变化，学会主动应对变化并付诸行动，不断提高自己的生涯适应力。

一、关注外部世界的变化

面对科技的高速发展，我们不得不开始思考人工智能时代教育的方向和可能性。人工智能给传统教育带来挑战，教育将发生怎样的转变？未来科技对教育带来的冲击包括：对教师教学方法的冲击，对学生学习方法的冲击，对教育模式的冲击。与之相应，教师也应完成从教知识到帮助学生成长的转变，让学生完成从学知识到会研究的转变。未来学习方式将呈现主动学习、深度学习、无边界学习、有意义学习的变革趋势，使学习走向个性化、终身化。面对这样一个时代，面对这个时代的学生，一方面教师需要培养有反思力、有预见性的学生，另一方面教师也需要思考如何适应变化的环境以及在变化的环境中发展自己。由此，教师除了关注教育教学外，还需要关注更加丰富的外部世界。

1. 关注科技发展前沿方向

科技发展与教育的关系越来越密切，了解科技前沿动态，反思其与教育的关系和对教育的影响，也许会帮助我们更早看到机会，更早做出准备。

2. 关注国家发展规划和社会变革

教育是一个民族最根本的事业，在国家发展规划中都会有关于教育发展的规划且被放在优先发展的战略地位。关注国家发展规划和社会变革，对于了解未来教育的方向具有至关重要的作用。

3. 关注教育改革政策及趋势

教师需要及时了解教育改革的相关政策，包括教学改革、课程改革、育人方式改革等方面的政策，把握教育发展的方向和育人理念的变革，及时调整自己的教育教学理念和思路。

二、具备主动应对变化的态度

1. 主动接纳和拥抱变化

不变的东西，安全、确定、可以预见，往往在我们的舒适区之内，而变化总是伴随着挑战。对待变化和不确定的环境，选择退缩、抱怨、愤怒、拒绝，还是接纳变化、拥抱变化、主动适应，决定了我们在未来的职业生涯中的可能性。时代不会因为我们拒绝改变和进步而停止，相反这个时代正在以前所未有的速度前进，变化是这个时代的主旋律。只有开始接纳变化，我们积极应对变化的智慧和行动才能出现。

2. 在变化中发现机会、创造机会

我们要看到变化中蕴藏着机会，当我们不抱怨、不拒绝改变的时候，就能发现机会、抓住机会，甚至可以主动创造出机会，为自己的职业生涯开辟更广阔的天地。疫情防控期间，很多优秀教师利用网络平台共享优质教育教学资源，开设名师工作室、家庭教育讲堂等，在服务社会的同时，也为自己的生涯发展创造了更多机会和平台。

3. 打破思维限制

长期处于某种职业状态，很容易形成一些思维定式，这种思维定式或许可以在一定程度上帮助我们快速高效地解决问题，但是当面对新问题的时候，也可能成为一种限制。所以，我们只有保持思想开放、破除思维定式、多角度看问题，才能更好地适应多元变化的世界。

三、制定规划，积极行动

1. 为自己制定成长规划

作为教师，我们有没有给自己制定成长规划？我们期待自己3年、5年、10年后的职业状态是什么样的？为了实现这一期待，我们打算做些什么，为自己储备哪些能力、资源和经验？本年度、本学期打算做什么？如果我们有长期的规划和有效的行动，那么可以由此预见我们适应变化的能力以及成长的速度。

2. 随时保持对自己职业生涯的好奇

好奇是我们探索世界最宝贵的特质。好奇包括对自己好奇、对环境好奇、对变化好奇、对未来好奇。时刻保持对自己职业生涯的好奇，可以帮助我们发现机会、看到希望，并愿意为此探索和尝试。教师要想积极适应变化，需要主动搜集教师职业生涯中关于专业和职业的发展变化的信息，了解专业领域的最新进展以及与教育教学相关的信息，了解社会发展和教育变革对教师职业生涯的新要求，随时保有好奇，积极、主动适

应新环境。

3. 储备应对变化的知识和技能

社会进步、科技发展带来的变化对教育工作者提出了很多新的要求，因此，教师需要具有更多的技能才能适应当下的教育环境。教师可以结合自己的学科和职业特点，为自己列出一张应对未来快速变化的时代所需要的教师必备技能检核表（表8-1）。

表 8-1　教师必备技能检核表

序号	技能名称	自评得分	待学习提升	资源和途径
1		1 2 3 4 5 6 7 8 9 10		
2		1 2 3 4 5 6 7 8 9 10		
3		1 2 3 4 5 6 7 8 9 10		
4		1 2 3 4 5 6 7 8 9 10		
5		1 2 3 4 5 6 7 8 9 10		
6		1 2 3 4 5 6 7 8 9 10		
7		1 2 3 4 5 6 7 8 9 10		
8		1 2 3 4 5 6 7 8 9 10		
9		1 2 3 4 5 6 7 8 9 10		
10		1 2 3 4 5 6 7 8 9 10		

（注：自评得分数值越大，表明该项技能水平越高）

想要跟上时代的脚步，适应时代的变化，我们需要不断提升和拓展自己的职业技能，走出舒适圈，在挑战和主动学习中持续成长。

总之，生涯适应力是我们适应快速变化时代的必要能力。作为一名教师，无论是为了自己的生涯发展还是为了学生的成长，主动提升生涯适应力都是一项重要任务。

第二节 线上教学中的育人效果提升

通过本节的阅读，您将了解以下方面的内容：

主题 1 加强线上教育活动组织

应知
了解线上教育活动的内容与形式
了解线上教育活动的组织原则
了解线上教育活动的组织流程

应会
掌握确定适切的活动内容的方法
选择能够吸引学生的活动形式
加强线上教育活动中的互动与反馈、监控与调整

提升线上教学质量 主题 2

应知
了解线上教学带来的挑战
了解线上教学带来的机遇

应会
转变教学观念，培养学生的自主学习能力
掌握优化课程设计的方法
做好线上线下课后衔接
激励学生积极参与课堂教学环节
掌握线上教学技巧，提升线上教学能力

主题 3 优化家校协同育人

应知
理解家庭是居家学习的重要场域
理解深化家校协同共育的必要性
理解居家学习期间家校合作对教师和家长提出了更高要求
学习畅通高效的双向交流方法

应会
掌握建立良好的家校关系的方法
指导家长做好家校协同共育
指导家长对孩子进行线上学习的管理与监控
指导家长与孩子顺畅沟通

▶▶▶

主题 1 加强线上教育活动组织

🔘 典型案例

2020 年突如其来的新冠肺炎疫情，让广大师生开启了居家教育教学模式。王老师刚刚开始利用网络授课的时候，班里的学生或许由于新奇，参与率很高。但是没过两周，王老师就发现，每次听完课后，很少有学生请教不懂的问题，也出现了许多学生不能按时交作业的情况。王老师私下访谈了一些学生和家长，通过了解学生在家的学习与生活表现，才知道有的学生作息时间紊乱，晚睡晚起，有时候网课开始了还没起床，有的学生在听课期间去厕所、玩游戏，做一些与学习无关的事情。在和一些学生、家长深入沟通后，王老师认为造成这一现象的原因是许多学生缺乏学习动力与毅力，责任心不强，学习目标不明确，时间管理能力不强。针对本班情况，王老师开始利用线上班会，开展"我心中最亮的星——班级感动人物评选""我要成为他——践行榜样人物"等活动，引导学生感受榜样人物身上的美好品质，反思自身问题，制订学习计划，并结合学生的在线学习、活动情况，进行"我前进了多少"的评比活动。随着活动的深入，王老师欣喜地发现，班级线上教学良好的学习秩序逐渐形成，学生自主学习能力不断提升，家长及其他任课老师对本班学生的积极评价也越来越多。

上述案例中，王老师根据学生的行为表现，寻找学生思想层面、心理层面及行为层面的问题，并组织相应的教育活动，进行有效的引导，促进了学生的自主发展。根据学生的需要开展有针对性的教育活动，可以帮助学生解决许多学习与生活中的问题，提高学生的适应能力和心理健康水平。学生居家生活期间，教师应该怎样开展教育活动，提升线上教育活动的组织效果？

💧 应 知

教师需要充分了解线上教育活动的内容与形式、组织原则及组织流程等，以更好地开展线上教育活动，实现育人效果的提升。

一、线上教育活动的内容与形式

线上教育活动是指学校通过在线互动工具所开展的促进学生身心健康、全面发展的各种教育活动。线上教育活动与学校教育活动的内容、形式基本相同，区别在于线上教育活动隔空开展，物理距离远，教师无法面对面直接观察学生，无法直接了解学生对活动的接受与参与情况。学生对线上教育活动的参与，更多地取决于活动自身的魅力。因此，为组织有效的线上教育活动，教师应遵循相应的规律。

1. 线上教育活动的内容

线上教育活动包含智育活动、德育活动、艺术体育劳动活动和综合实践活动。

智育活动是帮助学生更好地掌握相关知识，配合课堂教学所开展的激发学生学习动机、提高学生学习品质与学习效果的活动。

德育活动是为了提高学生思想政治与道德水平，促进学生心理健康，形成良好行为习惯所开展的活动。

艺术体育劳动活动是教师结合艺术、体育、劳动等内容开展的促进学生身心健康、全面发展的活动。

综合实践活动是以促进学生发展为目标，基于学生的真实生活，从生活情境中发现真实问题，并且转化为系列主题活动，通过实践探究、志愿者服务、实际制作、真实体验等方式，提高学生综合素质和能力的跨学科实践性活动。

开展线上教育活动时，内容既可以独立，也可以和活动目标进行有机整合，开展跨内容边界的丰富多彩的活动。

2. 线上教育活动的形式

线上教育活动有多种形式，如竞赛、辩论、演讲等。教师在组织线上教育活动的过程中可以结合活动目标及学生心理特点，恰当地选择与组合相关活动形式。特别是可以设计一些让学生能够主动参与的情境，让学生在体验的过程中获得积极情感，提高认知水平，发展思维，提升综合能力，促进身心和谐发展。

竞赛：可以是小组之间的竞赛，也可以是同质群体的个人挑战赛，甚至可以是个人自我挑战赛。例如，线上古诗飞花令、21天习惯养成挑战赛、知识答题挑战赛等。

辩论：通过正反两方的辩论，引导学生多角度、深入地认知某一问题或某一事物，培养学生全面看待问题与做出选择的能力。例如，针对两难情境的行为取舍或对同一事物的认知分歧较大时，可以组织辩论。

演讲：围绕不同主题，结合收看热点焦点新闻、阅读、观看电影、调查、采访等活动形式进行。

交流：可以结合活动中自己的发现、思考、心情、体验、感受、收获与困惑，以及对活动形式的评价与反馈、对活动的设想与建议等多方面内容展开交流。

实践：引导学生亲历某事的过程。例如，学科内容的实验、艺术工艺品制作、体育与劳动实践等。

展示：通过图画、文字、音乐、视频等多种方式展示学生的思考、创作与实践成果或鼓励学生进行相关的角色扮演。

二、线上教育活动的组织原则

线上教育活动与学校常规教育活动相比有其特殊性。一是活动时间更加充裕。线上教育活动是在学生居家期间开展的，在此期间，课业安排密度与时间长度远远小于学校统一学习，学生自主时间更多。居家期间的线上教育活动的开展，更利于发挥教师的智慧，提升教师的教育水平。

二是组织实施难度大。在开展学校场域下的教育活动时，教师面对面布置活动任务，调控活动进程，学生的参与受外界因素干扰较小，因而更容易组织实施。而线上教育活动的组织实施，由于受物理时空的阻隔，难度大于学校常规教育活动。因此组织线上教育活动，必须遵循线上教育活动的组织原则，提高线上教育活动的魅力，吸引学生深度参与。

1. 活动内容与组织形式的适切性原则

学生喜欢能够满足真实情感和心理需求、与生活紧密联系的教育活动。因此线上教育活动的内容一定要来源于教师对学生细致深刻的观察与充分的了解。组织形式要充满情趣，要选择学生喜闻乐见又能巧妙实现活动目标的形式与方法，并且应突出以学生为主体。内容与组织形式的适切，能极大地提高活动对学生的吸引力。

2. 组织方式的开放性原则

为了提升线上教育活动组织的实效性，活动需要具备开放性特征。线上教育活动可以整合更多资源，形成系统的教育方法，对学生产生深远的影响。

反映在内容上，线上教育活动可以尝试打破学科和课堂边界，根据活动目标和需要巧妙地融入德育、智育、体育、美育、劳动教育、综合实践活动等相关内容要素，把课上所学与社会生活紧密对接。

反映在人员上，线上教育活动可以尝试邀请家长、相关教师、不同年龄段学生、相关专家等参与活动。

反映在组织形式上，线上教育活动可以运用各种网络技术，运用不同活动形式，运用小组、班级甚至跨年级等多种方式进行组合，以满足不同学生的需求。

3. 活动参与的自主性原则

在活动育人的全过程中要始终坚持学生的主体地位，将学生作为独立的、能动的、自主的个体，通过创设情境，引导学生内在的动机，激发学生的自主意识，让学生成为教育活动的主体。同时要把学生看成重要的资源，重视学生已有的经验、智慧和学习热情，尽量吸收学生参与活动的组织与实施。充分发挥社团、学生会、班干部等自治组织的作用，使学生有充分的机会参与、创造、体验，并在这一过程中发现、感悟活动的快乐与教育意义，积极地进行互动与反馈，通过活动找到归属感，感受到自我价值。

三、线上教育活动的组织流程

线上教育活动的组织流程主要包含制定活动方案、组织实施、反馈调整、总结交流四个环节。

1. 制定活动方案

制定活动方案是后续几个环节的基础与前提，因此教师要格外重视。在设计与制定活动方案时，要摸清学情，活动内容、目标、组织形式要与学生的需求相匹配。

2. 组织实施

在活动组织中要做好人员分工与协调，活动内容和要求要传递清晰。要重视师生、生生间的互动，教师对互动中生成的资源要具备敏感性。在活动中要关注全员的参与情况，尤其重视有特殊需要的学生的心理诉求，并为其提供相应的支持。

3. 反馈调整

反馈调整是教育活动顺利开展的重要一环。活动过程中，教师要倾听学生对活动内容与方式是否满足他们需求的看法，观察活动进程中学生参与的广度与深度，随时了解学生的实际情况。在教育活动组织中，可结合实际需要设立相关反馈机制，推进教育活动的顺利开展。

4. 总结交流

在总结交流中，要做好学生活动收获与活动感受的收集，开展交流工作。每个学生在活动中的感受与收获，都会为其他学生提供思维、信念和行为方面的支撑，帮助其他学生更好地解决在学习与成长中遇到的相似问题，从而促进学生更好地发展。

▼ 应 会

在实践中，要提高线上教育活动的效果，尤其应注重以下三个方面。

一、确定适切的活动内容是提高线上教育活动效果的前提

1. 准确把握学情，确定活动内容

线上教育活动服务的对象是学生，教师需要对学生在居家期间的思想、心理、学习状况以及行为习惯进行及时、深入的了解，这样才能根据学情精准定位活动内容。把握学情的关键在于有畅通的沟通渠道，教师在实践中可以通过班级家校委员会、打电话以及关注家长的朋友圈动态等方式了解学情。

例如，一位教师看到一位家长在朋友圈倾诉了孩子居家期间无所事事、生活没有规律的烦恼。教师敏锐地察觉到这位家长的烦恼可能并非个例，于是通过班级家校委员会进行了解，果然许多家长也面临这个问题。因此教师组织开展了"做生活小达人"活动，让学生学习收拾书包、整理书桌等技能。活动增强了学生居家自理的能力，及时解决了家长的困难，得到了家长的广泛好评。

2. 关注社会生活，寻找活动内容

生活是最鲜活的课堂，教师要有关注社会新闻的习惯，能敏锐地捕捉相关信息，并将其转化成生动的线上教育活动资源，如那些为了人民群众利益勇于付出的党员同志，那些为大家舍小家战斗在各个岗位上的普通

人,他们是爱祖国、爱人民的生动榜样。教师要善于透过新闻媒体,去挖掘这些真实人物动人的事迹,让这些行为背后熠熠闪光的品质浸润学生的心田,并将其转化成活动内容,使学生获得努力向前的精神动力。

3. 加强学习交流,借鉴适宜的内容

教师可以通过微博、微信等网络平台学习其他学校与优秀教师的活动开展情况,寻找活动灵感,还可以通过组内教研共同讨论,借鉴别人成功的做法。

例如,一位教师通过观看某优秀教师的个人微博,发现他们班开展了"朗读者"活动。活动首先让学生学习相关 APP 中名家朗读的《西游记》原文,然后组织学生模拟实践,并发到公众号中,号召本班学生家长以及学校不同年级、班级的学生进行评论,收到了非常好的效果。于是这位教师尝试借鉴了这一活动形式,果然效果同样良好。

二、选择吸引学生的活动形式是提高线上教育活动效果的关键

1. 活动形式需要体现情感性

以"情"做活动的底蕴,不仅可以满足学生的精神需求,让学生获得积极的情感体验,还可以帮助学生更好地体验归属感和安全感。

例如,一位教师在疫情刚刚出现的时候,为了消除班级学生恐慌的情绪,在 2020 年 2 月 20 日（2 是"爱"的谐音）开展了"爱的抱抱"活动。教师做了张开双臂拥抱的姿势,拍成照片,配上这一天日历的解读和暖心的活动内容要求,发到班级群里,号召学生们都加入,用拥抱的姿势、积极的语言为同学加油鼓劲。这个充满人情味的活动立刻得到了班级学生与家长的积极反馈,收到了非常好的效果。

2. 活动形式需要彰显趣味性

活动如果趣味性强,能给学生带来愉悦的感受,将会非常吸引学生。增强活动的趣味性可以借鉴真实的生活,创设生动的情境;也可以利用学生喜欢的故事、游戏、电视节目中的相关情节创设活动。

例如,一位教师在培养学生自主学习时,利用学生熟知且喜欢的《西游记》中孙悟空降妖除魔的情节,让学生思考讨论"哪些行为与坏习惯影响了自己主动学习",反思后一一记录,并把这些坏习惯想象成妖怪,看看自己能否像孙悟空一样"打怪闯关",这一活动受到了学生的欢迎。

3. 活动形式需要彰显收获感

当活动能够满足学生真实的情感与心理需求,并能帮助学生养成良好行为习惯、提升学习技能时,就会受到学生的欢迎。

例如,一位教师在"宅家厨艺技能大赛"活动中,把学生们上传到班级群中的展示照片与视频编辑在一起,配上《舌尖上的中国》的背景音乐制作成班级视频。教师特意把一位平时在集体活动中不太露面的学生所发的内容放在了班级视频开始的部分,这名学生兴奋地看了三四遍,感受到了自己在集体中

的价值，在后续活动中参与的积极性也越来越高。

三、加强活动中的互动与反馈、监控与调整是提高线上教育活动效果的保障

1. 加强活动中的互动与反馈

教师在设计、组织、实施线上教育活动时，要及时了解学生、家长的需求，并鼓励学生之间进行友善的互动与反馈，引导学生不断挑战自己，在活动中提高自我效能感。

例如，一位教师在"古诗创意展示"活动中，首先在家长群与家长沟通，要求家长引导孩子在观看其他同学上传的作品时，要善于发现同学的优点，进行积极的评价。班级空间里，同学之间相互鼓励，相互学习，由衷赞美，增进了对彼此的了解，深化了彼此的情谊，强化了线上教育活动的效果。

2. 加强活动中的监控与调整

开展线上教育活动时，教师要加强对活动的监控，通过评价了解学生参与活动的情况，并随时进行活动的调整与完善。

例如，在"在线班级日报"活动中，教师要求学生以小组为单位进行，每个小组负责"班级日报"的一个栏目，小组确定相关内容与展示形式，组员分工合作完成。活动中，教师建立了小组监控机制，让组内的学生结合每次活动的具体要求进行自评与他评。通过小组反馈，教师发现，在小组中组长的参与积极性是最高的，其他学生参与的积极性参差不齐，同时在活动工作群中，组长也频繁提及组员的不配合，表达作为组长的难处。于是教师及时调整活动规则，请每位组员都轮流当一当代理组长，负责组织小组活动，并在活动后针对每位组员的表现进行评价，还要说一说当代理组长的感受。一次小小的角色互换让学生更加理解别人的不易，学生之间有了共情，之后的小组活动就顺利多了。

主题 2　提升线上教学质量

典型案例

　　突如其来的新冠肺炎疫情不仅改变了人们的生活方式，也使教育教学发生了巨大的变革。根据教育部提出的"停课不停教、不停学"的要求，各地学校陆续开展了线上教学。于老师是某小学二年级的语文老师，同时也是班主任。对于线上教学，她心里充满忐忑。线上教学与平时传统课堂最大的不同就是老师看不到学生的课堂反应，不能及时了解学生的学习状态，比如，学生是不是坐得住，有没有认真听课，能不能跟上老师的思路。这些担心让她感到有些无所适从。同时，在课程设计方面，由于课程时长大大缩短，需要对课程内容进行凝练，如何在规定时间内讲完课程的核心内容，也给她带来了很大挑战。此外，语文课采用的是录播课形式，老师们根据各自的任务安排进行单独录制，共同完成语文课程的录制工作。她不知道其他班的学生能否适应自己的教学方式，也不清楚自己班的学生能否适应别的老师的教学风格。这一系列问题一直困扰着她，如何才能保证线上教学的效果？

　　上述案例中这些困扰于老师的问题，也是广大中小学教师面临的共同问题。疫情防控期间的居家学习为线上教学提供了契机。随着疫情防控的常态化，线上教学逐渐成为当下基础教育改革的新实践，与线下教学同步推进。如何在适应教育新形势的情况下，有效保证线上教学的质量和效果，成为教师面临的最大挑战。俗话说"知己知彼，百战不殆"，教师只有充分认识线上教学的特点，准确把握线上教学的规律，同时结合小学生的发展特点，才能发挥线上教学的优势，提高教育教学质量。

　　无论是线上教学，还是线下教学，都是教与学两种行为的有效结合。教学效果的好坏，不仅取决于教师"如何教"，更取决于学生"如何学"，教与学的有效衔接是良好教学效果的重要保障。

应知

　　教师需要充分了解线上教学可能给教师和学生带来的各种挑战和机遇，为有效应对挑战、抓住机遇，提高线上教学质量奠定基础。

一、线上教学带来的挑战

新冠肺炎疫情居家教学、学习期间，线上教学主要有两种形式：直播课和录播课。直播课就是教师实时在线直播，学生实时在线学习，可以实现实时互动与交流。录播课就是教师提前录制好课程，将课程视频在教育平台上统一发布，学生根据自己的时间进行自主学习。疫情防控期间的小学课程以录播课为主。无论是直播课还是录播课，相对于传统的课堂教学而言，教与学都发生了巨大改变。

1. 教学形式具有"云端性"

相较于传统课堂教学，线上教学的最大特点，就是教学形式由师生的"面对面授课"转变为"云端教学""远程授课"，可谓"千里课程一线牵"，即教师在"云"的这一端，学生在"云"的那一端，师生之间存在模糊的距离感，具有明显的云端性。课堂中，原本近在咫尺的教师，变成了网络屏幕上的动态画面，教师角色也变成了"网络主播"，很多时候都是教师一人在屏幕里讲，学生在屏幕外听，缺少现场教学的师生互动，时间久了，学生难免会产生疲倦心理。

教学形式的改变也给教师带来巨大挑战，例如，对学生学习情况缺乏有效管控，存在教学"盲区"。教师可能无法及时了解学生的课堂学习情况与学习状态，比如，学生是否认真听讲、有没有做笔记等。

当然，如果是录播课，屏幕上的教师还会随着课程内容的改变而变换。但整体而言，线上教学受时空的限制，会产生"云端效应"，即师生之间互相捉摸不透，难免会加大师生之间的心理距离，使得教与学的衔接缺乏有效性。

2. 教学内容具有"精简性"

线上教学的内容也有了较大调整。在传统的课堂教学中，教师会对教学内容进行详细讲解，有时为了更好地帮助学生学习和掌握新知识，还会补充很多拓展知识。线上教学大大缩短了课程时长，一方面是考虑到学生的用眼健康，另一方面是考虑到学生的专注力有限。通常传统的课程时长在40分钟左右，而线上教学则控制在20分钟左右。这就需要授课教师对原有的课程内容进行重新筛选和布局，做到既能够突出课程核心内容，又能够保证课程的高质量、精准化、短时长。这就对教师的课程设计和备课安排提出了更高的要求。此外，传统课堂中对知识的细化、补充和拓展，在线上教学中还需要课后通过其他方式进行弥补。因此，如何科学布置课后作业对教师来说也是一种考验。

3. 学习状态具有"差异性"

线上教学模式也改变了学生的学习形式，即从集体式学习变为个体式学习。这种学习形式的改变，不仅对教师的教带来了挑战，同时也对学生的学提出了较高要求。

在传统的课堂教学中，教师采用"一对多"的教学组织模式，能够同时掌握班级学生的学习状况，还能根据课程需要让学生进行合作学习和分组讨论，可以说是一种集体式学习。线上教学使得每个学生成为单独的学习个体，更具个性化特点，教师需要根据学生的具体情况进行个别化指导。

对学生而言，线上学习带来的最大挑战是课堂学习氛围不像在教室里那样浓厚，这样的学习环境对学生的自我管理能力和自主学习能力提出了更高的要求。在传统的课堂教学中，教师会通过课堂互动来吸引学生的注意力，有效维持课堂秩序；而居家学习是学生个体进行学习，缺少了教师的监督和同学的带动，没有了"互相学""比着学"的学习氛围，学生需要具备较强的自我管理能力才能保证学习效果。此外，在录播课中，师生之间和生生之间不能及时交流，无法现场答疑解惑，学生的自主学习能力就显得更为重要。同时，面对网上各种各样的学习资源，如何进行选择，也是对学生自主学习能力的一种考验。

4. 学习环境具有"非正式性"

线上学习带来的变化还体现在学习环境的改变上。传统的课堂学习有固定的教室、稳定的教师、熟悉的同学，学生一步入校园，走进教室，就跨进了学习的场域、知识的海洋，能条件反射式地开启一天的学习生活。

然而，居家学习期间，学习环境由学校变为家庭，学习场所也由教室变为卧室、书房（或其他地方），这种非正式的学习环境是舒适而放松的，没有教师的时时监督，缺乏约束性，考验着小学生的自律能力。在家庭环境中，存在很多干扰学习的因素，如随时活动的家人、唾手可得的食物、舒适的床等，由此也出现了有些学生不能按时上课，有些学生边吃东西边上课，有些学生坐姿不端正，甚至躺在床上听课等现象。缺乏约束的学习环境会导致学生出现不良的学习行为，这不仅会在一定程度上影响学习效果，也会造成思想上的松懈，不利于良好学习习惯的养成。

5. 教学衔接具有"延迟性"

线上教学使学习反馈无法像原来课堂教学那样及时，教学环节的过渡和衔接存在延迟现象。在传统的课堂教学中，师生之间可以进行实时反馈与互动。学生可以随时举手提问，教师给予及时的指导或解答，学生的困惑能够及时得到解决，便于学生的学习继续跟进。线上教学大多是录播课，缺少了实时互动反馈这个重要环节；即使是直播课，由于时间限制，互动频率也会极大降低。学生有了疑问只能暂时保留，这会影响他们接下来的听课效果，有些学生等到课后的答疑环节时早已忘记了上课时的困惑。这种本应课堂上完成的互动，大部分被以答疑的方式安排在课后。可以说，这种延迟性一定程度上割裂了教与学的联系，影响了教学效果。同时，课后答疑增多，学生与教师之间的单线联系增加，也在一定程度上增加了教师的工作量。在学生居家学习期间，一部分教师变身为"24小时在线教师"，时刻准备接收和回复来自学生及家长的信息或电话。

二、线上教学带来的机遇

事物都具有两面性，线上教学也不例外。线上教学不仅给教师的教和学生的学带来了挑战，同时也带来了机遇。牢牢把握这些机遇，可以有效提升教学质量。

1. 线上教学使得教学资源极大丰富

随着线上教学的深入开展，各大教育平台纷纷投放了大量的名师课程等公共课程资源，使得线上教学资源极大丰富，如一些教育频道、网络教育平台、在线教育机构的各种免费课程等。

传统的教学资源仅限于学校内或地区内使用，居家学习期间的线上教学平台打破了传统的空间限制，基本实现了教育资源的共享，只要有网络、有设备，师生就可以观看各种课程。教师可以通过观摩、学习这些课程，不断充实、完善、优化已有的课程内容，不断提升在线教学能力。学生也可以通过观看这些课程，不断加深和拓展自己已有的知识。从某种意义上说，线上教学也是促进教育资源公平的一种手段。

2. 线上学习使得学习方式更加自主、便捷

线上学习为学生提供了更加自主、便捷的空间和条件。

首先，学生可以根据自己的时间规划和

节奏来安排每天的课程学习。比如，针对录播课，有的学生选择利用上午的时间集中学完一天的课程，下午和晚上便可以自主安排其他事情，这属于集中式学习；而有的学生将一天的课程分散在不同的时间段，进行分散式学习。这样一来，每个学生都可以选择适合自己的时间，根据各自的学习节奏来安排课程，真正实现了学习的自主化。

其次，学生可以反复学习。线上教学的课程资源会保存在网络平台上，学生如果有不懂的地方或课上没有学透的知识点，还可以利用课下时间观看视频回放，进行反复学习，直到学会为止。

最后，学生还可以进行拓展学习。除了学校教学计划内的课程安排以外，线上学习还有很多其他课程，包括各种名师讲堂、学科课程、专题课程、拓展课程、素养课程等。学生拥有更大的自主选择空间，可以根据自己的兴趣爱好、原有基础、能力水平挑选适合自己的课程，充实知识储备，提升综合能力。

总之，线上教学对学习的时间和地点没有限制，学生可以根据自己的需要随时随地学，还可以反复学，也可以重点学，或者加速学。线上教学不仅是一场教学的变革，也是一场学习的革命，它改变了教与学的模式，也使得教育资源空前丰富且均衡。

▼ 应 会

教师应学会一些方法和技巧来应对线上

教学带来的挑战，提升线上教学质量。

一、转变教学观念

线上教学不仅改变了教师的教学方式，也改变了其教学理念。过去多媒体教学资源常作为一种辅助性手段用于常规课堂教学，现在线上教学已是大势所趋。"线上"和"线下"融合发展，需要教师改变传统的教学观念。

首先，教师要将"我教给你什么"转变为"我希望你学什么"，即教的行为指向从原来的传授知识转变为现在的引导学习。线上教学时间有限，教师在课上给学生讲解课程的核心内容，学生拥有更多课后进行拓展、练习和巩固的机会。因此，教师主要传授的是学习方法，引导学生举一反三。

其次，教师要不断开阔自己的教育视野，形成资源融合的教学观念。由于网上的学习资源非常丰富，教师需要引导学生进行有效的自主学习。例如，教师可以设计"学习任务单"，对学生的学习计划、学习进度进行引导；还可以按照"一生一案"的方式，引导学生根据自己的学习节奏、学习基础制订最优学习计划。

换言之，教学不仅是教给学生知识，更重要的是培养学生的自主学习能力，包括指导学生如何进行自主学习、如何养成自律习惯、如何制订学习计划、如何筛选学习资源等，真正做到"授人以渔"，而非仅仅"授人以鱼"。

二、优化课程设计

线上教学尽管存在一些现实挑战，但我们可以通过优化课程设计予以应对。通过"内容"纵向贯通，"形式"横向多样，提高课程的吸引力，激发学生的学习兴趣和参与动机。

1. 选择多样化的教学素材

对于线上教学，课程的吸引力非常重要。尤其是小学生，他们处于形象思维阶段，更喜欢颜色鲜艳、有动画和视频的画面。教师可以根据课程内容需要，选取多样化的素材，整合优势资源，提升教学内容的吸引力。

2. 采用多元化的互动形式

考虑到小学生的注意力水平，教师可以多设置思考或互动环节，例如，提出互动邀请"大家跟着读一读"，提出思考问题"大家想一想"，等等，让学生真正参与进来，营造良好的课堂气氛，焕发课堂活力。

3. 提高课程节奏的紧凑性

教师要做好课程进度规划，科学把握课程节奏，给学生一种环环相扣、引人入胜的感觉。例如，可以用一个故事、一条主线来贯穿一堂课。

三、做好课后衔接

线上教学的课堂时间有限，学习内容精简，这就更加凸显了学习反馈和课后拓展的重要性。教师可以从以下几个方面入手，做

好课后衔接，密切教与学之间的关联，形成教学闭环。

1. 课后答疑

课后答疑是密切教与学关系的重要手段。教师可以根据实际情况分别运用班级答疑、小组答疑和个人答疑三种形式，以满足不同学生的学习需要。在播放录播课时，教师可跟班听课，充分了解线上教学的相关内容。根据课程难点和重点，教师可以采取录音讲解的形式对线上课程进行补充和拓展。此外，教师还可以通过问卷等形式定期搜集学生的困惑，进行集中答疑。

2. 线上学习小组

线上学习小组是增进生生交流、师生交流的互助学习和资源平台。在组建小组的时候，教师可以采取组间同质、组内异质的原则对学生进行分组。每个小组选定 1~2 名小组长，定期组织组内同学进行学习交流，分享经验，提出学习中自己遇到的问题和困惑。教师也可以以指导者、支持者的角色，在学习、沟通等方面为学生提供建议和指导。

3. 线上学习评估

线上学习评估是检验学生学习效果的直接手段，可以通过多种方式进行。例如，教师可以通过批改作业掌握学生的学习情况，及时将作业结果反馈给学生。教师可以将线上教学、课后辅导、学习评估三者进行无缝衔接，形成闭环，以增强学习的延续性。

四、激励学生积极参与

课堂上时间有限，鼓励学生课前和课后积极参与是提高学习效果的有效手段。课前，教师可以引导学生以周为单位，做好一周的学习规划，设定个性化的学习目标（如制订学习任务单）。课后，教师可以鼓励学生在小组内分享学习收获，可以是听课笔记的照片，也可以是题目讲解的视频或音频，以激励学生积极参与课堂教学环节。

以"今天我是小老师"活动为例，教师可以根据课程内容，每天安排学生讲解其中的一部分，并以视频的形式发到班级群里。单元课程结束后，大家可以评选"我心中的小老师"，给予小贴画、小奖状等奖励，以此提升学生在课堂学习中的专注度和参与度。

五、提升线上教学能力

线上教学是对教师信息技术应用能力的集中考验。这种教学方式，无论是课前备课、课堂授课还是课后辅导，都要求教师了解和熟悉互联网、多媒体、移动设备、相关教学软件等的功能及特点，掌握常用设备的操作，熟练应用相关软件，不断提高自身的信息技术教学本领。同时，在教学方面，需要教师具有主动探索新技能的意识和积极学习新知识的理念，不断掌握在线教学技巧，包括教学资料的选取和整合、课件的制作、网络授课的技巧等，不断提升线上教学能力。

主题 3　优化家校协同育人

🔘 典型案例

　　2020 年春天，受疫情影响，学生们在家里上网课。一天，吴老师接到一位家长的电话："老师，我家孩子上网课期间听课特别不认真，好好的桌椅不坐，非要钻到书桌下面去听课，说这样不受打扰。而且，一边听课，一边拿支铅笔转来转去。我批评他，他还振振有词：'我都听懂了！'老师，该怎么办呀？"

　　吴老师听出这位家长非常焦虑，想了想这几天孩子的作业情况完成得还不错，便先安抚家长的情绪："我理解您的心情，看到孩子不认真听课，特别着急。孩子的作业是自己做的吗？"家长说："那倒是自己做的，就是写得慢。"

　　吴老师也放心了一些："您家孩子的情况不是个别现象，现在上网课期间，缺少了老师的监督、同学的带动，很多孩子的听课状况确实不如在学校上课期间。您先放宽心，一方面，从孩子的作业来看，知识掌握情况还是不错的；另一方面，您告诉孩子，老师会查看他的上课状态，并要求家长拍摄听课的照片。看到他认真听课的照片，我也会表扬他。这样他可能就会认真听课了。"家长说："老师，拍照片这个主意特别好，由您这边提出要求，孩子肯定放在心上。"

　　过了几天，吴老师又特意问了家长孩子听课的状态，家长反馈说："一听到要拍照片，孩子就坐得端端正正地听了。谢谢老师！"

　　在疫情下的居家学习期间，教师无法面对面地接触孩子，学生的各项任务都是通过家长指导完成的。这不仅对教师提出了新的挑战，也对家长提出了更高的要求。因此，如同上述案例中的吴老师一样，教师要帮助家长应对网络学习带来的一些困难。

💧 应　知

　　教师要充分认识居家学习期间家校协同的重要性，以及居家学习对家校合作提出了哪些高要求，进而为优化家校协同做好准备。

一、家庭是居家学习的重要场域

学习要有相应的学习环境，学习环境的布置、设计会极大影响学生的学习状况。在居家学习期间，学习环境发生了很大的变化，从统一的教室变成了学生自己的家。每个家庭条件差别很大：有的学生有独立房间、独立书桌；有的学生没有独立房间，只能在客厅学习；有的学生家里有弟弟妹妹，可能在一定程度上会受到干扰，影响学生学习的效果。

要引导学生的居家学习，教师必须关注学生的学习场景，帮助学生应对学习环境不良可能带来的问题。

二、居家学习期间要深化家校协同共育

居家学习期间，教师对学生的学习过程、学习环境都比较难以掌控。家长虽然可以观察学生的学习过程，改善学习环境，但是缺少专业的指导，不知道如何科学引导学生。所以，居家学习期间，家校合作变得尤为重要。教师要与家长加强沟通，形成合力，互为补充，通过科学指导家长，帮助学生提高学习效率，保证学习效果。

教师需要了解学生居家学习的具体环境，并指导家长掌握一些具体的方法，尽可能地给学习创造独立、安静、利于专注学习的环境。教师需要了解学生的学习过程，指导家长在哪些关键环节进行监督，哪些环节放手让学生自己去完成，并和家长相互配合，共同指导学生。

三、居家学习期间家校合作对教师和家长提出了高要求

1. 居家学习指导是家校合作的重要内容

居家学习不是在疫情发生后才出现的新鲜事，学生在寒暑假期间以及放学后写家庭作业，都是一种居家学习。当然，长期的居家学习，比寒暑假的要求要多得多。家校合作推动者认为，家长在家帮助学生学习，并不仅仅意味着辅导学生在校学习的各种科目，也包括鼓励、倾听、回应、表扬、指导、监督学生以及与学生就各种问题进行讨论等。疫情防控期间的居家学习指导具备同样的功能。

2. 居家学习需要家校双方强化合作

家校社合作的重要理论——重叠影响阈理论指出，影响儿童发展的外部因素有学校、家庭和社区三个部分。当三者合作比较好时，重叠影响阈增大，对儿童发展有持续的、积极的、正向的影响（5+2>7）。当三者合作较少时，重叠影响阈的范围就会大大缩小，对儿童的影响可能会不一致，或者互相抵消（5+2<7）。因此，学校、家庭与社区之间应该有意识地加强合作，扩大重叠影响阈，增强正面影响。

家校社合作通常有六种类型：养育子女、多方沟通交流、开展志愿活动、在家学习、参与相关决策、与社区合作等。其中在家学习是六种合作类型中比较难的一种，因为它对家长和教师都提出了较高的要求。

3. 居家学习对教师和家长的要求

居家学习要求教师对所有学生的发展情况、学生之间的关系、学校的课程以及学生在家学习时父母的参与情况等都有一定的了解。只有全面了解，教师才能同时对学生和家长进行有针对性的指导。

居家学习要求家长具备指导学生的技能，通过监督、讨论、互动、帮助和观察等参与形式，协助学生更好地进行居家学习。

四、居家学习要求家校之间加强交流

1. 家校沟通的立场

家校沟通最重要的是教师与家长结成统一战线，发挥教师和家长各自的优势，共同促进学生的学习和成长。

居家学习打破了原有的边界和平衡，教师和家长需要重新界定各自负责的范围。教师需要更深入地了解学生在家庭中的学习情况，从而进行有效的指导；家长要承担教师的一部分工作，所以教师和家长都需要适应新的职责，学习新技能。

在形成新的职责边界的过程中，教师与家长双方会进行探索和尝试，在这一过程中也会出现失误。重要的是教师要理解家长，并获得家长的理解支持。家长和教师共同的目标都是更好地促进孩子的成长，有这个共同的目标做基础，双方更容易达成一致。

2. 家校沟通的渠道

在居家学习期间，家校沟通应在形式和内容等方面做到适合、准确。

根据具体情况，家校沟通可以采用书面通知、电话通知、语音、视频、小程序提醒等多样化的形式。教师应根据沟通的内容，采用不同的沟通形式：书面通知的形式适用于传达教委、学校的通知；语音或视频通话互动性强，适用于与家长讨论孩子的问题；短信、小程序提醒之类的形式适用于每天要做的高频、内容简单的常规性任务。

在沟通内容方面，教师需要向家长提供学生作业反馈等信息。教师不仅要将信息传递给家庭，还要让家长正确理解。这要求教师提升有效沟通的能力。

双向沟通是有反馈的沟通，有反馈的沟通效率更高，家校沟通不仅仅是从学校到家庭，还需要从家庭到学校。教师要及时了解家长的反馈，提高沟通效率。

总之，长期居家学习期间，线上教学、线上批改作业等新的学习模式不可能是尽善尽美的，需要教师不断摸索，与家长磨合。教师应积极主动与家长沟通，及时收集家长的反馈，了解家长遇到的困难和问题并及时做出回应，改善教学流程，提高教学效果。

3. 家校沟通的内容

家校沟通的内容包括以下几个方面：促进孩子的全面发展，引导家长帮助孩子解决问题，加强对家长的指导和教育能力培养。

（1）促进孩子的全面发展

教师与家长沟通的内容，不能仅限于学习，教师还应该指导家长关注学生德智体美劳各方面的全面发展。家庭环境中蕴含了丰富的教育机会，孝敬与照顾老人、向家里的长辈学习、布置房间、参与家务劳动等都是非常好的教育内容。教师应指导家长充分把握机会对孩子进行教育，而不要只关注孩子的学业成绩。这样既能缓解家长的焦虑，也能促进孩子的全面发展。

（2）引导家长帮助孩子解决问题

小学生在学习过程中可能会遇到各种问题。居家学习期间，由于不能像在校学习那样与教师近距离接触，及时获得教师的帮助，家长在一定程度上承担了原本属于教师的教育者、指导者的角色。因此，教师要引导和协助家长帮助学生解决问题。比如，教师应当与家长就学习的目标、学习的内容、学习的重点难点、孩子的特点等进行有效沟通，帮助家长了解孩子的学习情况和要求，引导家长帮助孩子解决问题。同时，班主任、任课教师还应借助线上班会等机会，做好学生的教育引导工作，为家长居家指导赋能、赋权。

（3）加强对家长能力的指导和培养

居家学习期间，家长要承担更多的教育者、指导者的工作。教师进行家校沟通时，需要给予家长一些指导，并培养其教育能力。例如，教师可以讲解教学计划的设计方法、孩子的心理发展特点以及与孩子沟通的技能等。教师可以向家长推荐讲座资源，引导家长学习亲子沟通的有效方法；鼓励家长在遇到问题的时候及时与教师沟通，形成合力，对孩子产生积极的影响。

▼ 应 会

教师应学会充分利用家长资源，不断深化家校协同，具体可以从以下几方面入手。

一、建立良好的家校合作关系

1. 邀请家长参与合作

教师以邀请的态度与家长沟通，请他们参与到家校合作中来。邀请家长参与合作需要注意家长的工作状态、工作时间、能够参与的时间等问题。沟通中要以协商的方式与家长交流问题，让家长感受到尊重，这样他们的参与度会更高。

2. 共同促进孩子的发展

教师邀请家长参与教学管理、监督等工作时，可以强调这是特殊时期，为了孩子的发展，需要家长做更多工作，对家长的辛苦和时间不足等困难表示理解。家长的目标也是让孩子更好地发展，共同的目标会让合作双方求同存异，携手共进。

二、指导家长协助教育工作

居家学习期间，教师与家长沟通仍然需要遵循日常沟通的原则。同时，还有一些需要特别注意的要点。

1. 全面了解家庭的学习环境

教师可以通过访谈或问卷了解学生的家庭学习环境，重点了解以下信息。

（1）学生在哪里居住？

（2）学生与谁同住？是否有兄弟姐妹？

（3）学生是否有专属的学习环境，如单独的学习房间？

（4）学生是否有专属的学习设备？电脑、网络等的性能是否满足要求？

（5）学生学习时是否会受到干扰？是什么样的干扰？

教师应重点关注学生居家学习时遇到的困难，例如，弟弟妹妹在一旁干扰，家里没有网络、电脑等。发现学生的困难之后，教师需要及时与家长沟通，请家长帮助学生解决学习中的困难。

2. 了解家庭对居家学习的态度

家长对居家学习的态度直接影响其与学校的配合程度，教师需要通过交流或问卷等方式了解以下信息。

（1）家长对居家学习的态度是什么（支持、反对还是无所谓）？

（2）家长为什么会持这样的态度？

（3）家长对居家学习有哪些担忧？为什么？

（4）学生居家学习有哪些困难？

教师应了解家长的心态，重点关注家长担忧的部分，可以通过沟通、有针对性地解决问题等方式消除家长的焦虑，让家长把积极的心态传递给学生。

3. 及时认可和鼓励家长

好学生是激励出来的，好家长也需要及时、有效的反馈与激励。教师在与家长沟通时，要及时发现家长的有效做法，激励和鼓励家长。家长对于居家学习有很多不确定的问题，教师的认可、鼓励，会给家长极大的信心和力量。

疫情防控期间，整个社会都受到影响，家长也可能处于压力状态，容易对学校要求配合的工作产生烦躁和排斥心理。学校、教师对家长所做的工作表达感谢，有助于缓解家长的烦躁情绪，拉近教师与家长的距离，有助于家长更加积极地配合学校开展工作。

4. 积极帮助家长解决困难

教师应及时了解家长的反馈，运用专业的力量帮助家长对学生进行指导。

家校合作中，教师可以设计互动式的家庭作业，要求学生向家人展示所学的知识，并与家长讨论。例如，有的学校会设计亲子共读、亲子体育、亲子实验等活动环节，让家长也参与到学习进程中来。

教师直接指导学生，提升学生的能力，也是在帮助家长解决困难。尤其是对于小学中高年级的学生，教师可以指导学生运用学习平台，自己拍照、提交作业等。

此外，教师可以通过简化沟通流程，减轻家长负担。例如，疫情防控期间，教师统计学生信息，一开始家长要在微信群里接龙，写很多字，非常不方便。有的教师就探索了打卡等形式，简化了信息上报流程，节约了家长的时间，受到家长的认可与好评。

三、指导家长对孩子进行线上学习的管理与监控

1. 帮助家长掌握线上学习的必要技能

居家学习需要家长准备好网上学习的硬件设置，调试设备和程序。教师要帮助家长掌握线上学习的必要技能，制作说明时要充分考虑不同家长接受能力的差异，说明文档要清晰、明确、详细。

2. 指导家长辅助与监督学生居家学习

居家学习期间，家长承担了教师的一部分工作，家庭学习环境等同于学校。教师需要和家长一起，给学生拟订恰当的学习计划，做到"一生一案"。

教师可以指导家长了解学生在不同阶段要学习的内容，还可以邀请家长和学生一起讨论学校的学习任务，制定学习规划。

3. 指导家长应对学生过度使用电子产品的问题

线上学习带给家长的一个困扰是学生可以名正言顺地使用电子产品，他们可能会趁机上网、玩游戏，这令家长非常头疼。教师可以指导家长与学生签订电子产品使用契约，约定上网或玩游戏的时间，以及违反约定需要承担的责任。

四、指导家长与孩子顺畅沟通

1. 指导家长对学生进行价值引领

2020 年 8 月 24 日，全国妇联、教育部出台《家长家庭教育基本行为规范》，强调"注重家庭、注重家教、注重家风，构建平等民主和谐的家庭关系，营造相亲相爱的家庭氛围，弘扬向上向善的家庭美德，为子女健康成长创造良好家庭环境"。

家长是学生成长的第一任老师，家长的世界观、价值观、人生观以及行为方式都对学生有着深刻而长远的影响。家长首先需要做好学生的榜样和示范，同时在教育学生的过程中潜移默化地进行价值引领。

2. 引导家长关注"五育"并举

家长在居家学习期间容易只关注孩子的学习。教师需要给家长发送学习资料，让家长了解学生全面发展的重要性，认识"五育"并举的教育才是对学生最有利的。教师可以为家长提供类似表 8-2 这样的"五育"清单。

表 8-2 "五育"清单

	具体内容
德育	• 读一本感兴趣的文学著作（如童话、寓言、故事等） • 了解抗疫期间发生的感人故事
智育	• 每天课外阅读半小时 • 观察植物生长，写观察日记

续表

	具体内容
体育	• 每天做一项体育运动 • 和家人一起锻炼
美育	• 提高艺术审美，如了解名画的历史背景 • 学习一种乐器，坚持每天练习
劳动教育	• 收拾、整理自己的房间 • 帮助家长做自己力所能及的家务劳动

3. 指导家长进行有效的亲子沟通

教师可以鼓励、指导家长多与孩子进行有效的沟通，可以从以下几个方面进行。

（1）增加亲子相处时间，注重陪伴和互动。小学生需要家长的陪伴，陪伴有助于建立良好的亲子关系，沟通也会因此顺畅。

（2）换位思考。请家长站在孩子的角度思考问题，帮助家长更好地理解孩子的内心。

（3）指导家长在反馈孩子的状况时，要用描述性语言，不用评价性的语言，尤其要避免负面评价，否则可能会激化亲子冲突。

（4）指导家长用孩子的话语体系，了解孩子喜欢的人物，用孩子喜欢的方式进行沟通。

（5）为家长提供一些易于学习的亲子沟通书籍、讲座等资源，引导家长学习。

【本章学习回顾】

请您回顾本章的知识要点，思考如下问题：

复习　重大公共卫生事件背景下，学生在心理方面可能会产生哪些变化？这些变化给教师带来了哪些挑战？教师如何给予学生积极的支持？

联结　在您自己的实践中，复学后的学生状态有哪些新特点？教育教学又有哪些新特点？您是如何将居家期间线上教学的经验与线下教学相结合的？

反思　疫情防控背景下，教师和家长的合作有哪些新的内容？在沟通的途径和方式上有哪些新变化？

后记 POSTSCRIPT

为贯彻落实党的十九大精神和全国教育大会精神，加强社会心理服务体系建设，教育部委托北京师范大学校长董奇组织编写了《知心育人——适合每位教师的心理健康教育指导手册》(以下简称《手册》)，教育部基础教育司对《手册》的目标定位、整体架构、撰写思路等提出了重要指导意见。

编写团队由高校研究者、教研员、一线心理教师共同组成。董奇、张云运、吴洪健、任萍、陈师韬承担了整体设计、章节主题设定、样稿确定和全书统稿工作，张云运、吴洪健、任萍、陈师韬具体推进组织编写工作，基于一线调研、素材征集、团队式撰写、广泛征求意见、反复打磨、多版本迭代，使得书稿最终定稿。胡迟、白玉萍也全程参与了书稿的修改工作。小学版各章节主要执笔情况为：第一章，张俊等；第二章，柳铭心、张俊等；第三章，张俊等；第四章，白玉萍、张树东等；第五章，马金鹤等；第六章，刘朝莹等；第七章，胡迟、齐亚静等；第八章，白玉萍、宋飞、马金鹤、刘朝莹、齐亚静等。中学版各章节主要执笔情况为：第一章，胡迟等；第二章，柳铭心等；第三章，屈智勇、张彩等；第四章，白玉萍等；第五章，宋飞、张丽等；第六章，刘朝莹等；第七章，胡迟等；第八章，田媛、宋飞、马金鹤、刘朝莹、齐亚静等。

在编写的过程中，除了编写组成员的倾心付出，还有更多教育、心理领域的专家和一线校长、教师在相关政策、内容框架、案例素材、编写体例等方面提供了专业支持，在此一并表示感谢，他们是马兰、尤佩娜、于雅玲、方清、邓嘉欣、邓利、王昌海、王红霞、王絮飞、王英敏、王耘、申子姣、毕文秀、李彩娜、李晓梅、刘春晖、刘珂昕、刘霞、刘宇晨、吕丹丹、伍斐、邢淑芬、邢艳、许建春、朱虹、陈沛昱、陈文凤、陈萱、邰美秋、吴捷、张蔚、张雯、林丽、郭筱琳、姚瑶、赵福江、赵君燕、柴松针、耿申、顾克、夏翠翠、徐寒玉、徐璐、袁泉、黄杰、梁丽婵、梅海燕、彭曦、赫嘉番等。教育科学出版社在本书的编辑出版过程中也付出了大量心血，在此同样致以衷心的感谢。

由于时间和篇幅限制，本书尚有不妥之处，恳请读者提出宝贵意见。

《手册》编写组

2021 年 6 月